강태공
기다림 끝
천하를 얻다

강태공 기다림 끝 천하를 얻다

초판 1쇄 발행일 2009년 3월 20일

지은이 | 김판수
펴낸곳 | 이카루스미디어

출판등록 제8-386호 2002년 12월 10일
136-110 서울특별시 성북구 길음동 1280번지 길음뉴타운 225-103
전화 : (070)7587-7611 팩시밀리 : (02)303-7611
E-mail : icarusmedia@naver.com

© 2009 이카루스미디어

ISBN 978-89-956395-8-0 03150
값은 뒤표지에 있습니다. 잘못된 책은 구입하신 곳에서 바꿔드립니다.

姜太公
강태공
기다림 끝
천하를 얻다

김판수 지음

청하는 낚습니다. 한 번 잡면 한 번 비게 되고, 한 번 다스러지면 한 번 어지러워 집니다. 그 까닭이 무엇입니까? 군주의 현명함과 어리석음이 번복되기 때문인가요, 아니면 천시의 변화로 자연스럽게 그렇게 되는 것인가요? 군주가 어리석으면 나라가 위기에 빠지고 어지러워집니다. 군주가 현명하면 복은 군주에게 돌아 있지 천시에 매어 있지 않습니다.

이카루스미디어
ICARUS MEDIA

펜을 들면서

　증후군(혹은 신드롬)으로만 자신을 세상에 드러내는 인물은 참으로 고약합니다. 정체를 또렷이 나타내지 않으면서 세상살이에 적극적으로 개입하는 태도는 거짓을 말하는 경우가 많습니다. 다중은 그런 거짓에 쉽게 현혹되곤 합니다. 현상적인 증후군이 판치는 세상에서는 대개 우상의 속성이 삶의 질서를 관장합니다. 특히 증후군의 주체가 역사적 혹은 신화적 인물일 경우에는 그런 경향이 더욱 짙습니다. 죽어서도 현세를 향해 말을 하고, 또 그 말이 현세에서 효력을 발휘하는 먼 역사 혹은 신화 속의 인물은 어쩔 수 없이 우상의 속성을 가질 수밖에 없습니다. 우상은 진실과의 올바른 소통을 가로막습니다. 우상은 대개 다중의 심리적 공허함을 비집고 들어와 한 자리를 차지한 뒤 점차 자신의 세력을 넓혀갑니다. 그리하여 병적인 콤플렉스나 심리적 불안이 세상을 지배하게 만듭니다.

　죽어서 천년을 살고 있는 인물은 이 세상에 참 많습니다. '강태공'이라는 사람이 특별히 그렇습니다. 그는 죽어서 자그마치 삼천년을 살고 있습니다. 예수보다, 그리고 석가모니보다 더 오래토록 무덤 속에서도 삶을 이어오고 있습니다. 그건 좋습니다. 그런데 한 가지 이상한 점이 있습니다. 강태공은 무덤 밖의 현세에서 왜 여러 가지의 마스크를 쓴 채 나타나는가, 하는 의문입니다. 조금만 유심히 주위를 둘러보면, 그 마스크가 나타나지 않는 곳이 없습니다. 강이나 호수의 낚시터에서, 직업정치꾼 사이에서, 기층서민의 일상적인 삶에서, 종교에서, 역사에서, 보학(譜學)이나 도학(道學)에서, 문학작품에서……. 또 요즘은 정보화라는 첨단기술의 도움을 받아 애니메이션이나 판타지소설에서 화려하게 자신의 마스크를 드러냅니다. 그는 자신이 출연하는 영역 혹은 장르마다 제각기 서로 다른 말을 다중을 향해 내뱉고 있습니다. 우상은 진실을 말하지 않습니다. 그럼 그의 진짜 얼굴은 무엇일까요?

　강태공이란 이름 석자는 평소 자주 들어온 이름입니다. 그 이름을 들어보지 않은 사람은 아마 별로 없을 겁니다. 그런데 '낚시를 썩 잘 하는 사람' 이외에, 그에 관해 더 알고 있는 게 혹시 얼마나 되는지요? 다시 말해 '낚시질로 지존과 천하를 낚아낸 역사상 최고의 낚시꾼' 이외에 구체적으로 더 알고 있는 게 얼마나 되는지요?
　그는 분명히 중국의 아득히 먼 역사 속 인물입니다. 하지만 국내에서만 그의 후손으로 자처하는 성씨(姓氏)가 자그마치 1백30만여 명이나 된다고 합니다. 수년 전 대통령을 지낸 국내의 한 정치인은 자신이 그의 후손이라는 점을 내세워 중국 산동성에 있는 그의 사당을 참배하기도 했습니다다. 또 그는 낚시라는 들판문화에서부터 직업정치꾼들이 모인 서울 여의도에 이르기까지, 무수히 많은 사람들의 입담에 자주 오르내리기도 합니다. 무려 삼천여년 전의 인물이, 그것도 다른 나라에 살았던 인물이 여태까지 우리나라에서 이토록 많은 사람들과 인연을 맺고 있다니 한번쯤은 관심을 가져볼 만하지 않습니까?

하지만 현실적으로 그에 관한 역사적 자료가 그리 많지 않습니다. 그래서 알아보려 할수록 정체가 더 모호해지는 인물이 강태공입니다. 현상이나 이미지나 이름으로 친숙할 뿐 좀처럼 자신의 정체를 드러내지 않습니다. 정체가 아니라 신드롬으로만 널리 알려져 있다면, 거기엔 그만한 까닭이 있지 않겠습니까. 우리나라 사람들은 진짜 모습을 숨기는 사람을 보면 "정체를 밝혀라!"하면서 그냥 넘어가지 못하는 성향이 강하지 않습니까.

개인적으로 그에 대해 관심을 가진 시기는 꽤 오래됐습니다. 한 십오년 전 이른 봄날, 남녘의 한 호수로 낚시를 갔다가 좀 별나다싶은 광경을 보게 됐습니다. 한 낚시 동호회가 호숫가에서 강태공 고사를 지내고 있었습니다. 제상 머리에 돼지머리가 올려져 있었고, 회원 가운데 한 사람이 축문을 읽고 있더군요. 축문의 자세한 내용은 기억나지 않지만, '올해도 월척을 많이 하도록, 어복(漁福)이 충만하도록 해주십시오.'라는 말이 들어 있었던 것 같습니다.

아마 그들은 시조회(始釣會)를 열었나봅니다. '올해도'라는 말을 쓴 것으로 보건대, 해마다 봄철이면 시조회를 겸해 강태공 고사를 지내곤 했었나 봅니다. 강태공이 대체 누구이기에 월척을 하게 해달라고 그에게 빌고 있는 걸까, 생각이 들더군요. 월척은 운이 썩 좋아야 일년에 한두 번 할까 말까 할 정도로 드문 일입니다. 강태공이 그렇게 떠받들어진 것은, 그가 월척을 할 수 있게 해줄만한 신통력을 갖고 있는 것으로 여겨졌다는 뜻이겠지요. 아마 그 고사를 지켜본 이후로 그에게 관심을 갖게 된 것 같습니다.

하지만 아직도 그가 누구인지 잘 모르겠습니다. 정체를 알기 어려운 이유 가운데 하나가 그가 다양한 모습을 하고 있다는 사실입니다. 그의 모습이 다양하다는 것은 제가 그에 관해 많이 알고 있기는커녕, 알려고 할수록 도리어 미궁에 깊이 빠져들고 있음을 의미합니다.

결국, 그의 다양한 모습은 제 자신이 여러 가지의 모습을 하고 있기 때문이란 생각이 들더군요. 그를 바라보는 저의 마음가짐이 일관되지 못한 탓이라는 생각이 들더군요. 편의에 따라 이리저리 제멋대로 바라보거나 상상하는 버릇 탓이었나 봅니다. 그의 모호한 정체는 곧 그를 바라보는 사람들의 착시현상에 다름이 아니었나 봅니다. 어쩌면 그가 그 시조회의 고사에서 신통력을 지닌 슈퍼맨으로 모셔진 것도 사람들의 착시현상 때문이 아니었나, 생각되기도 합니다.

대체로 두 가지에 주안점을 두고 이 글을 쓰려고 합니다. 강태공에 관해 오늘날 잘못 알려져 있거나 삐뚤어져 있다 싶은 것들을 짚어보고, 바로잡아 보려는 것이 그 첫 번째입니다. 그리고 그가 추구했던 여러 가치들이 무엇인지 들추어보고, 오늘날 어떤 의미를 갖는지 음미해보는 것이 그 두 번째입니다. 그래서 이 글은 어쩔 수 없이 강태공을 복원하거나 재해석하는 성격을 띨 수밖에 없을 듯합니다. 게다가 오늘날의 시각이 개입될 수밖에 없을 듯합니다. 그리하여 또 하나의 착시현상을 낳을지도 모르겠습니다.

그럼에도 불구하고, 저의 의도는 나름대로 가치 있는 일이라 여겨집니다. 왜냐하면 강태공이라는 인물의 우상 속에는 분명히 지혜도 들어 있을 것이기 때문입니다. 지혜로 삼을만하다 싶은 것은 따로 솎아내어, 현세의 삶을 성찰하기 위한 도구적 메시지로 삼았으면 합니다. 하지만 거슬러 올라야 할 시간이 워낙 긴데다, 역사적 문헌이 많지 않고, 게다가 저의 역량마저 형편없이 모자라는 탓에 이 글은 여러 모로 한계를 가질 수밖에 없을 것입니다.

아무쪼록 이 글이 오늘날 우리가 삶을 지혜롭게 살아가는데 티끌만큼이라도 도움이 되었으면 합니다. 독자 여러분의 질책을 각오하겠습니다.

차례

- 펜을 들면서 | 005

1장 | 강태공이 살아가는 방식

- 일그러진 모습 | 015
- 강태공을 찾아서 | 020
- 강태공은 누구인가 | 027
- 이 땅에서 살아남은 방식 | 030
- 아내 학대 | 039
- 낚시터에 깃든 강태공 이미지 | 044

2장 | 낚시꾼 강태공의 허상

- 허상의 시발점 | 053
- 생명의 빈곤과 휴식의 실종 | 060
- 휴식과 전투 사이의 딜레마 | 065
- 낚시꾼과 정치인 사이의 이중성 | 073
- 곧은 바늘에 관한 진실 | 078
- 빈 바늘에 관한 진실 | 083
- 사색에 관한 진실 | 088
- 강태공은 고독을 몰랐을까 | 095
- 낚시터에 왜 보름달이 떠있을까 | 098

3장 | 요란한 은거 신드롬

- 은거에 관한 진실 | 107
- 역사속의 은거 신드롬 | 112
- 강태공도 맞수가 있다 | 123
- 다양한 낚시은거 태도 | 131
- 낚시 한시(漢詩)에 나타난 두 가지 삶의 태도 | 137
- 현대인의 억압 | 140

4장 | 정치판의 우상

- 정치판의 낚시풍경 | 149
- 대물지향성 | 158
- 강태공을 멀리한 이승만 | 164
- 정치지도자들의 폐쇄적인 권위 | 174

5장 | 기나긴 소외

- 강태공 · 주공 · 공자, 미묘한 코드 | 185
- 공자, 젊은 날의 상처 | 194
- 정치인 공자의 수모 | 198
- 맹자에 나타난 강태공과 주공 | 200
- 조선 지배층과 강태공 | 204
- 허상에서 벗어나기 | 209

6장 | 육도·삼략으로 보는 지혜

- 모호함과 박탈감 | 215
- 강태공의 가치 | 221
- 육도와 삼략의 현재가치 | 227
- 군주의 도리 Ⅰ | 237
- 군주의 도리 Ⅱ | 255
- 군주의 도리 Ⅲ | 267
- 인재등용 Ⅰ | 283
- 인재등용 Ⅱ | 297
- 군 리더의 자질 Ⅰ | 302
- 군 리더의 자질 Ⅱ | 314
- 한계 : 백성에 대한 이중적 태도 | 321

- 저자 후기 | 333
- 참고 문헌 | 339

강태공이 살아가는 방식

1장

일그러진 모습

오랜 옛날 중국에서 살았던 강태공(姜太公)은 정말로 낚시꾼이었을까? 역사 기록으로 보자면, 그리 어렵지 않게 대답할 수 있다. 그는 낚시꾼이라기보다는 정치인이었다.

그를 낚시꾼으로 보기에는 문헌상의 근거가 빈약하다. 인생에서 오랫동안, 그리고 자주 낚시를 했다고 할 만한 뚜렷한 증거를 역사적 기록으로는 찾을 수 없다. 설화나 민담이나 구전으로는, 그가 마치 낚시를 아주 오랫동안 자주 했던 것인 양 전해진다. 오늘날 우리나라 사람들의 마음속에, 그는 훌륭한 낚시꾼으로 깊숙이 자리 잡고 있다. 그가 낚시꾼이 아니었다고 단언할 수는 없지만, 적어도 옛 기록상으로는 정치인이었다고 하는 게 더 타당하다.

그를 정치인으로 보는 문헌상의 근거는 여럿 있다. 우선 그의 어록으로 알려진 육도(六韜)와 삼략(三略)이라는 저작이 그를 정치인이라 명백히 말해주고 있다. 또 그를 정치사상가로 말해주기도 한다. 특히 육도는 그가 주나라 문왕과 무왕의 책사 혹은 스승이었다는 정치 직위까지 분명히 드러내고 있다. 또 사마천이 쓴 사기(史記)에도 그는 직업이 정치인이었던 것으로 나와 있다. 문왕과 무왕의 책사 혹은 스승으로서 주나라가 천하를 통일하는데 큰 기여를 한 것으로 사기는 전하고 있다. 또 거기에는 주나라의 제후국인 제나라의 초대 임금이었으며, 임금으로서 나라를 어떻게 다스렸는지에 관한 기록도 또렷이 나와 있다.

그에 비해 그가 낚시꾼이었다는 역사서의 기록은 없다. 물론 낚시꾼이었을 가능성을 전혀 배제할 수는 없다. 다만 적어도 문헌상으로는 그를 낚시꾼으로 불러야 할 근거가 없다.

육도에 그의 낚시가 살짝 나오기는 한다. 강에서 낚시를 하다가 문왕을 만났다는 내용이 언급되어 있다. 정치에 입문하게 된 계기가 문왕과의 만남이었으며, 그 만남은 낚시를 통해 이루어졌다. 오늘날 그를 낚시꾼으로 보는 단서는 그것뿐이다. 하지만 거기에는 그가 낚시를 즐기지 않는다는 내용도 함께 들어 있어, 그가 유능한 낚시꾼이었다는 오늘날의 믿음을 부정하기도 한다. 그는 문왕이 뻔히 지켜보는 가운데 낚시를 하고 있으면서도, 문왕에게 직접 "나는 지금 낚시를 하고 있지만 낚시를 즐기려 하는 것은 아닙니다."라고 말했다. 즐기지 않는 낚시를 낚시라 할 수 있겠는가. 또 그런 낚시를 하는 사람을 낚시꾼이라 할 수 있겠는가. 그가 평소에 자주 낚시를 했는지에 관해서는 육도에 언급되어 있지 않다.

사기에도, 그가 문왕을 만나 책사로 모셔지는 계기가 낚시였던 것으로만 나와 있을 뿐 평소에 자주 낚시를 했는지에 관한 언급은 없다. 또 사기는 강태공이 문왕을 만나게 된 계기가 그의 낚시였다는 통설(通說) 이외에, 낚시와 무관하다는 이설(異說)까지 함께 전하고 있어 그가 낚시꾼이었다는 믿음에 더욱 의구심을 자아낸다. 그를 낚시꾼으로 부르려면, 적어도 '낚시를 즐기면서 자주 오랫동안 했다.'는 구체적인 기록이 있어야 하지 않을까?

문헌상의 낚시 알리바이에도 아랑곳없이, 오늘날 우리나라에서 그는 낚시꾼으로 널리 알려져 있다. 정치의 영역에서는 존재 증거가 많이 남아 있지만, 그는 정치인 혹은 정치사상가로 여겨지지 않거나 그만한 대접을 받지 못하고 있다. 사실 그는 중국에서는 낚시꾼으로보다는, 책사나 지략가나 국왕 등과 같은 정치인으로나 신통력을 부리는 도인으로 민간에 더욱 널리 알려져 있다. 우리나라에서는 '강태공' 하면 낚시의 달인으로 통한다. 그의 이름 석자는 곧바로 낚시꾼의 대명사다. 그는, 믿을만한 문헌상으로 볼 때 책사, 국사, 재상, 지략가, 국왕 등 정치인의 범주로 분류되어야 마땅하다.

그런데도 왜 오늘날 우리나라 사람들은 그를 근거가 희박한 낚시꾼으로 여기고 있을까? 뭇사람들이 그를 정치인 혹은 정치사상가로보다는 낚시꾼으로 간주하는데 더 친숙하게 된 연유가 무엇일까?

심지어, 오늘날 우리나라의 직업정치인들도 그를 유능한 낚시꾼으로 인식하고 있다. 하지만 적어도 옛 기록을 놓고 보자면 그는 훌륭한 정치인이거나 정치사상가다. 두 군주의 책사이자 국사로서 천하를 통일하는 데 많은 기여를 했고, 나중에 제나라의 초대 임금이 되어서는 백성에게 여러 가지 선정을 베풀었다. 게다가 육도와 삼략이라는 자신의 지혜와 정치철학이 담긴 어록까지 남겨놓고 있다(육도와 삼략은 그의 저서가 아니라는 이설이 있긴 하다). 오늘날의 정치인들이, 정치인으로 성공한 그의 지혜를 배우겠다는 의지가 있다면 그를 정치인 혹은 정치사상가로 인식해야 마땅하지 않을까. 그래야 좋은 정치를 하는데 조금이나마 도움이 될 수 있지 않겠는가. 그런데도 그들은 강태공을 낚시꾼으로 널리 인식하고 있다. 그에 대해 '천하를 낚은 낚시꾼' 운운하면서 뭔가 큼지막한 것을 낚아낸 심상에 집착하곤 한다.

  기록으로 볼 때, 그가 천하를 평정하는데 큰 기여를 한 것은 분명한 사실이다. 그런데 왜 그 천하통일을 하필이면 낚시로 낚아낸 대어(大魚) 쯤으로 여기는 걸까. 천하통일을 이루는 과정에서 발휘된 그의 지혜나 권위나 정치철학은 다 어디로 갔을까.

  강태공이 오늘날 낚시꾼으로 널리 인식되고 있다 해도, 그나마 온전한 모습을 하고 있지는 않은 것 같다. 훌륭한 정치인의 모습을 잃은 것은 제쳐두고라도, 그는 정치인이라는 자신의 정체성을 잃은 것만 해도 사뭇 억울할 테다. 그런데 근거가 박약한 낚시꾼의 모습으로, 더욱이 왜곡된 모습으로 그려지면서 허상의 껍데기를 걸치고 있으니 그로서는 '분통'이 터질 노릇이다.

  억울한 대접을 받고 있는 피해자는 강태공 뿐만이 아니다. 낚시도 피해를 보고 있다. 낚시라는 일상 휴식의 진정성이 적잖게 왜곡되어 있다. 낚시가 사람들에게 휴식이나 감동을 주는 생활문화로 인식되지 않고, 큰 뜻을 이루기 위한 수단쯤으로 여겨지고 있다. 사람들은 낚시에 대해, 낚시행위 자체를 즐기는 여유나 멋으로 바라보기보다는 뭔가 큰일을 도모하기 위한 심오한 구상으로 생각하곤 한다. 낚시의 일상에 강태공의 무거운 그림자가 짙게 드리워져 있다. 정치인들이 낚시를 뭔가 큰 것을 낚아내는 수단쯤으로 여기곤 하는 것도 강태공의 심상을 낚시에 결부시키려 하는 습관 때문이 아닌가싶다.

정치를 떠난 강태공은 그 어디에도 안주하지 못한 채 방황하다가 결국 낚시에다 보금자리를 틀었다. 그는 정치가 아닌 낚시로 남게 됐다. 그가 낚시에 정착하는데 성공하게 된 가장 큰 비결은, 역설적이게도, 그 자신이 낚시꾼이 아니었기 때문이 아닐까? 만약 낚시꾼으로서 강태공의 행적이 문헌에 또렷이 기록되어 있었다면, 그는 억지로 낚시 속으로 비집고 들어올 틈바구니를 찾지 못했을 것이다. 그가 낚시꾼임이 명백했더라면, 그 자신은 어쩔 수 없이 그냥 본래의 모습대로 정치로 진하게 남을 수밖에 없었을 것이다.

그는 왜 낚시터로 이끌려 왔을까? 그가 훌륭한 정치인이나 정치사상가로 남아 있게 된다면 손해를 볼 사람들에 의해 낚시터로 끌려온 게 아닐까? 달리 말하면, 낚시터에 데려다놓으면 이득을 볼 사람들에 의해 그의 정체성이 왜곡되었을 수도 있겠다. 후세 사람들의 어떤 의도에 의해 낚시터로 이끌려 왔을 테다.

강태공은 오늘날 우리 사회에 여전히 살아 숨쉬고 있다. 다만, 그 자신의 진짜 모습으로가 아니라 뭇사람들의 취향이나 의도에 의해 변형된 심상으로 남아 있다. 낚시꾼으로서는 양지에서 떳떳하게 살아 움직이고 있지만, 진짜 모습인 정치인으로서는 세인들의 눈에 잘 띄지 않는다.

사실, 그가 원래 어떤 인물이었는지 과거는 별로 중요하지 않다. 그보다 더 중요한 관심사는 지금 현재 그가 어떤 모습으로 이 세상에 남아 있는지에 관한 것이다. 오늘날 그가 살아가는 방식에는 우리 자신의 삶의 태도가 녹아들어 있다. 왜냐하면 그의 삶은 오랫동안 우리 자신이 키워냈고 지금도 키워주고 있으니까. 그의 삶이 일그러진 모습이라면 우리의 삶도 일그러져 있을 수밖에 없다. 오늘을 살아가는 강태공의 모습은 바로 우리 자신이다. 그의 모습은 우리의 자화상이다.

강태공을 찾아서

중국 섬서성 남서부의 보계(寶鷄)라는 도시에서 남쪽으로 조금만 더 가면 강태공 조어대(姜太公 釣魚臺)를 만날 수 있다. 말 그대로 강태공이 낚시를 했다는 자리다. 그러니 물이 있을 테다. 황하 지류인 위수(渭水) 하고도, 다시 그 지류인 반계천(磻溪川)으로 불리는 시냇물이다. 그 천변에 강태공이 걸터앉아 낚시를 했다는 전설상의 커다란 너럭바위가 있고, 그 곁에 비석 하나를 둘러싼 조그마한 누각이 서 있다.

강태공은 이 위수의 반계천에서 3천1백여 년 전 낚시를 하면서 세월을 낚았다고 전해진다. 세월만 낚은 게 아니라 자신의 뜻을 알아주는 주군(主君)을, 그리고 천하를 낚았다고 전해진다. 그가 오랜 기다림을 견뎌 주군을 만나 긴 야인생활을 청산하게 됐다는 곳이 바로 이곳이다. 주(周)나라로 입조해 지략으로 천하를 평정하게 된 최초의 계기가 이 작은 샛강 언저리에서 만들어진 셈이다.

다시 멀리, 중국 산동성 치박(淄博)시 근교의 임치(臨淄)라는 곳에 가면 강태공 사당을 만날 수 있다. 임치는 제(齊)나라가 도읍을 정한 곳이다. 강태공은 제의 첫 번째 왕이었다. 곧 그는 제의 시조다. 그래서 그가 죽은 뒤 후세 사람들이 이곳에다 그의 묘를 만들고 사당을 지었다고 한다.

사당은 출입문이 세 개의 기와지붕으로 짜여진 이층 구조로, 입구에서부터 크기와 화려함으로 관광객들을 압도한다. 내부에는 기념관, 영정, 비석, 벽화, 묘 등이 배치되어 있다. 관광객들의 시선을 유난히 오래토록 잡아끄는 것은 영정과 묘다.

영정은 낚시꾼의 모습이 아니다. 국왕, 또는 신선이나 도인의 모습으로 내방객들을 단박에 휘어잡고 있다. 온화하고 인자한 이미지와는 거리가 멀다. 황금빛 도포를 두르고 근엄한 표정을 지은 채 앉아, 시선을 전방을 향해 일직선으로 날카롭게 던지고 있다. 긴 머리카락과 턱수염과 눈썹은 가지런히 정돈되어 있으며, 색깔이 온통 새하얗다. 만약 낚시꾼의 모습이라면 차림새가 저와 사뭇 달랐을 것이다. 우선, 옷은 베옷 차림이었을 테다. 어깨에 풀을 엮어 만든 도롱이를 걸쳤거나, 머리에는 삿갓을 썼을 수도 있다. 머리카락은 제대로 정돈되지 않은 채 살짝 풀어헤쳐져 있었을 테다.

묘는 시신 대신 옷과 관을 안치해 만들었다고 해서 의관총(衣冠塚)이다. 그의 진짜 무덤은 어디 있는지 알 수 없다고 한다. 묘는 의관총이긴 해도 높이 28미터, 남북 길이 50미터, 동서 너비 55미터로 으리으리한 봉분을 자랑한다. 게다가 봉분에는 풀과 나무가 무성해 마치 마을 옆의 동산을 연상케 한다. 봉분에 수풀이 우거져 있도록 해주는 것이 무덤 주인을 대하는 후세사람들의 올바른 예법이라고 사당 관리인들이 말한다.

사당은 전체적으로 규모가 크고 화려하지만 강태공의 행적을 실증적으로 나타내줄 수 있는 유물은 별로 없다. 관광객을 많이 끌어들이려는 의도인지, 작위적인 장식의 냄새를 진하게 풍긴다. 사료의 가치를 지닌 유물이나 유적이 별로 없어, 사적지라기보다는 눈요기용 관광단지의 분위기를 자아낸다.

사당은 섬서성 보계시의 조어대에 비하면 웅장하고 화려하다. 조어대가 자연스러운 색채가 강한 아담한 유적이라면, 사당은 곳곳에 치장을 한 흔적이 역력하다. 조어대는 설화나 전설상으로 강태공이 가난한 시절 낚시를 했다는 곳이고, 임치는 그가 초대 왕이 되어 다스린 제나라의 수도다. 그래서 임치의 사당에는 '낚시꾼 강태공'의 모습은 눈에 잘 띄지 않는다.

사당이 조어대 유적보다 상대적으로 더 화려하고 인위적인 단장의 냄새를 진하게 풍긴다는 것은, 무언가 시사하는 바가 있다. 어쩐지, 낚시꾼으로서의 강태공은 제나라 왕으로서의 강태공보다 기릴 만한 가치가 덜한 것으로 인식되는 현실을 말해주는 듯하다. 그런 인식은 옛 기록으로 볼 때 적절한 태도라 할 수도 있다. 낚시꾼은 설화나 민담 속의 인물이고, 제나라 왕은 역사책에 문자로 분명히 기록되어 있기 때문이다.

사당 관리인들의 말로는, 사당은 오랜 세월 볼품없이 관리되다가 문화혁명이 끝난 뒤 조금씩 증축 또는 개축되었으며 1990년대 초반에 대규모로 단장했다고 한다. 그 과정에서 건물의 규모가 점점 커지거나 화려해졌고, 내부 기념관과 영정 등도 새로 만들어졌다. 특히 사당의 기본골격은 1993년 산동성정부에 의해 새롭게 지어졌다. 그 덕분인지 근래에는 관광객들이 부쩍 많이 늘어났다. 해마다 9월에는 강태공 탄신을 기리는 제사가 열리는데, 그 때를 맞아 후손을 자처하는 수많은 사람들이 찾는다. 2007년에는 9월 한 달만 해도 사당을 찾는 관광객이 중국 본토는 물론, 한국과 동남아 각국으로부터 1만 명이 넘었다.

강태공 후손으로 자처하는 성씨는 중국 본토와 한국, 일본, 동남아에 걸쳐 무려 102개에 이른단다. 강태공도 핏줄의 연원을 한참 거슬러 올라

가면 5,200여 년 전 백성에게 농사짓는 법을 처음 가르쳤다는 신농씨(神農氏)에게까지 닿는다고 사당 관리인들은 말한다.

강태공에 대한 임치 사람들의 자부심은 무척 강하다. 그에 대한 세인들의 관심은 문화혁명이란 정치적 격변기를 거치면서 한때 시들해진 적도 있지만, 1990년대 들어 개혁 또는 개방 정책으로 새롭게 살아나고 있다. 산동성은 강태공의 고향(임치가 강태공이 태어난 곳인지 여부는 명확하지 않다)이라 지만 공자의 고향 곡부(曲埠)가 있는 곳이기도 하다. 임치 사람들은 공자에 대한 피해의식이 강한 편이다. 강태공이 공자와 그의 제자들에 의해 업적이나 명성이 오랜 세월동안 폄하되어왔다고 임치 사람들은 여기고 있다. 강태공이 살았던 시기는 대략 기원전 12~11세기로, 공자의 기원전 6~5세기보다 훨씬 앞서다보니 그의 업적이 공자의 세력에 의해 깎아내려지거나 도용당했다는 주장이다. 더욱이 유교를 떠받들어온 역대 왕조의 정치논리 탓에 강태공은 업적뿐 아니라 명성까지 흠집을 입곤 했다는 것이다. 그래서 곡부 사람들이 강태공 사당을 찾아오면, 임치 사람들이 숙박을 거절하거나 물건을 팔지 않거나 바가지를 씌우며 홀대하기도 한단다. 거꾸로 임치 사람들이 곡부로 가면 비슷한 홀대를 겪기도 한단다.

강태공은 중국에서 유적이나 관광지로만 살아 있는 것은 아니다.
그의 어록이라는 육도와 삼략을 통해 군주의 스승, 현인, 지략가 등으로 널리 통하고 있다. 놀랍게도, 3천1백여 년 전에 살았다는 그가 이런 책을 통해 중국 사람들 사이에서 여전히 권위와 영향력을 행사하고 있다. 산동성 임치를 중심으로 알 만한 사람들 가운데, 육도와 삼략의 글귀를 줄줄 외듯이 그 내용을 훤히 꿰뚫고 있는 이들이 적지 않다. 물론 그들은 그런 내용을 강태공의 참모습이자 지혜인 것으로 믿고 있다.

다른 한편으로 그는 가난한 떠돌이장사꾼, 점쟁이, 도축업자, 가정을 돌보지 않는 백면서생, 은둔하는 낚시꾼 등 궁핍하고 불우한 모습으로 중국인들에 남아 있기도 하다. 또 땅과 하늘을 자유롭게 오가는 신선, 신통력을 행사하는 도인 등의 모습으로 전해지기도 한다. 그런 모습은 대개 역사서로보다는, 설화집이나 신화집이나 기서(奇書)나 민담으로 남아 있는 것들이다. 그에 관한 일화를 담은 신화 또는 설화 책으로는 태평어람(太平御覽), 중국전기(中國傳奇), 한시외전(韓詩外傳), 태평광기(太平廣記) 등이 대표적이다.

사실, 강태공에 관한 일화는 오랜 세월 중국인들 사이에 입에서 입으로 전해져 내려오는 것들이 꽤 많다. 설화나 신화나 민담에 담긴 그의 일화는 역사적 사실로 받아들이기 어려운 얘기들이 허다하다.

우선, 그의 수명에 관한 것이다. 그에 관해 씌어진 역사서로 추론컨대, 그는 상(商)제국 말기 기원전 1211년에 태어났다. 상나라는 흔히 은(殷)나라로 일컬어지기도 한다. 사망한 시기는 주나라 초기인 기원전 1072년이다. 임치의 강태공 사당에도 그의 수명은 그렇게 씌어 있다. 그렇다면 무려 139년을 살았다는 계산이 나온다. 요즘 사람의 평균 수명에 비해 얼추 곱절을 살았다는 얘기다. 3천년이 훨씬 더 지난 시대에 그렇게 오래 살았다니, 불가능하지는 않을지 몰라도, 상식적으로는 좀처럼 받아들여지기 어렵다. 사마천이 쓴 역사서인 사기의 제태공세가(齊太公世家)편에 따르면 그가 100여 년을 살았다고 한다. 어쨌든, 장수한 것만은 사실인가보다.

흔히 중국인들 사이에서 회자되는 '궁팔십달팔십(窮八十達八十)'이라는 말은 강태공을 주인공으로 하는 고사다. 인생에서 전반부 여든 살까지는 초라하게 살다가 후반부 여든 해는 영광되게 살았다는 전언에서 나온 말이다. 이 고사대로라면 그는 자그마치 160년이나 살았다는 얘기다. 하긴 그토록 오래 살았으니 3천년의 장구한 세월을 넘어 오늘날까지 고사로 전해지고 있을 테다. 강태공이 100년을 살았든 139년을 살았든 160년을 살았든, 그가 여느 사람과 달리 불노장생의 신통력을 지닌 인물로 통한다는 것은 사실이다.

그가 살았던 시대로부터 세월이 한참 더 지나 명나라 때 씌어졌다는 봉신연의(封神演義)는 수호지, 삼국지연의, 서유기 등과 함께 예로부터 자주 읽혀온 괴기소설이다. 이 소설에서는 그가 선계와 인간계를 자유롭게 넘나드는 신선으로 등장한다. 하늘을 날고 구름을 부르고 요술을 부리는 도인이자 슈퍼맨이다. 그는 숱한 신화와 전설과 민담을 통해 마침내 신으로 변모하기에 이르렀다.

강태공은 중국에서 오늘날까지 생생하게 살아 있다. 인간으로 백 살을 넘게 살더니 신으로는 3천년을 살고 있다. 그가 여느 사람들에 비해 두 배나 오래 살 수 있었던 것은, 신선으로서 신기(神技)를 부릴 수 있었기 때문일까?

강태공은 산동성 치박시 임치에서만큼은 신선으로보다, 국왕이나 재상이나 책사나 지략가의 면모로 더 진하게 남아 있다. 이곳 사람들은 야사(野史)보다는 정사(正史)의 기록에 더 충실한 셈이다. 대체로 상 제국을 멸하고 주 제국을 세우는데 결정적인 기여를 한 지략가, 천하통일의 일등공신, 제나라의 시조로서 선정을 베푼 왕 등으로 깊이 각인되어 있다. 떠돌이장사나 가축도살이나 낚시나 책읽기 등으로 소일했다는 그의 초기 생애에 얽힌 설화는 적어도 임치에서는 그리 널리 통하지 않는다. 그가 위수에서 낚시로 가난하게 지냈다거나, 살림을 돌보지 않아 아내가 친정으로 도망갔다거나 하는 설화속의 인간적인 면모는 임치에서는 느껴지지 않는다. 하긴 임치는 그가 주의 제후국인 제의 시조로서 화려한 생을 보냈던 곳이고, 낚시꾼 시절은 멀리 섬서성 위수 유역에서 보냈다니 그럴 만도 하겠다. 실제로, 임치에서 강태공을 잘 안다는 사람들 가운데서도 그에게 궁핍했던 낚시꾼시절이 있었다고 말하는 이는 많지 않다.

강태공은 자신의 본국인 중국에서는 좀처럼 '낚시꾼'으로 통하지 않는다. 중국인들은 대체로 그가 낚시를 하면서 주군을 만났다는 문헌상의 기록을 인정하면서도 그를 '훌륭한 낚시꾼'으로 보고 있지는 않다. 그들은 강태공에 대해, 문왕을 만나게 된 계기로서의 낚시질을 인정하면서도 '직업 혹은 취미로 낚시를 잘 하는 꾼'으로 여기지는 않는다. 물론 세월을 낚는 한가한 낚시꾼의 이미지도 중국에서는 찾아보기 어렵다. 오히려 그는 제나라의 국왕, 지략가, 천하통일의 일등공신 등 정치인의 모습으로 깊이 각인되어 있다. 물론 신화에서는 도인의 이미지가 강하다. 설화에서는 낚시꾼으로 남아 있긴 하지만, 그 이미지는 '낚시를 잘 했던 사람'이 아니라 '가난하고 무능해 어쩔 수 없이 낚시로 물고기를 잡아 연명했던 사람'이다. 한국에서 강태공은 '낚시의 달인'으로서 훌륭한 낚시꾼의 대명사이지만, 중국에서는 그런 이미지로 통하지 않는다.

강태공은 누구인가

　강태공이 어떤 인물이었는지 정확하게 말하기에는 그가 살았던 시대가 너무 오래 되었다. 그에 관한 가장 믿을 만한 문헌이라는, 그에 관한 얘기들이 처음으로 역사서로 기록되었다는 사마천의 사기도 그가 살았던 때로부터 900년쯤 뒤에 나왔다. 그럼 그에 관한 기록에는 사실이 아닌 내용이 들어 있을 가능성이 높다. 그는 사기뿐 아니라 설화집이나 신화집이나 기서나 민담 등에도 등장한다. 물론 허무맹랑하다싶은 내용들이 많다. 강태공은 지금까지 3천1백여 년의 세월이 흐르도록 다양하게 분칠된 모습으로 전해져왔다.

　그렇다고 해서 그에 관한 이야기 속에 진실성이 전혀 없다고 말할 수는 없다. 또 가치가 없다고 말할 수도 없음은 물론이다. 오히려 자신에 관한 얘기에 분칠이 진하게 가해질수록, 그는 더 강력하게 사람들의 마음을 사로잡으면서 권위를 행사한다. 그가 오늘날 사람들에게 내미는 명함은 낚시꾼이나 장사꾼에서부터 지략가 혹은 병법 전문가, 책사 혹은 정치참모, 국가전문경영인, 국왕 등에 이르기까지 무척 다양하다.

　사기 제태공세가(齊太公世家)의 기록을 종합해보면, 그는 기원전 1211년 동해(東海), 곧 동쪽 바닷가에서 태어났다. 동쪽 바닷가는 지금의 산동성 어느 곳일 것으로 추정된다. 오랫동안 중국대륙을 지배해온 한족이 아니라 유목민족인 강족(姜族)의 후손이라 한다. 그의 먼 조상은 요순(堯舜) 시대 이래로 대대로 영화를 누리며 살았다. 하지만 그의 가족은 누대에 걸쳐 가난한 평민으로 살아왔다.

성이 강(姜)씨인 것은 강족의 후손이기 때문이다. 이름은 상(尙)이다. 여(呂)라는 성을 갖고 있기도 한데, 그의 먼 조상이 '여'라는 곳의 땅을 봉지로 받았기 때문이다. 그래서 여상(呂尙)이란 호칭으로 옛 문헌에 등장하곤 한다. 태공망(太公望)이란 이름을 갖고 있기도 하다. 이 이름은 훗날 주나라 문왕이 위수에서 그를 만나 책사로 삼게 되는데, 그와의 만남은 문왕의 아버지 태공(太公)이 오랫동안 바라(望)던 일이었다는 데서 유래했다. 그가 오늘날 태공이란 이름으로 널리 불리는 것은 바로 이 '태공망'에서 연유한다.

그가 태어난 시기는 흔히 '은(殷)'으로 불리는 상(商) 제국의 말기였다. 그가 어릴 적 아버지는 상의 마지막 황제인 주(紂)가 보낸 군대에 의해 살해되었다. 상 제국과 주 황제에 대한 원한이 없을 리 없었다. 주는 학정을 일삼아 민심을 잃어가고 있었다. 중국 역사상 가장 유명한 독녀이자 요부라는 달기(妲己)가 바로 주 황제의 마지막 비(妃)였다.

그는 어려서부터 집을 나와 떠돌이생활을 한 것으로 설화나 구전 등을 통해 전해지고 있다. 시장에서 조리장사나 밥장사 등 여러 가지 장사를 하면서 온갖 고생을 다하다가, 늘그막에 지금의 섬서성 위수라는 강에서 낚시를 하며 지냈다고도 전해진다. 사실의 여부를 떠나, 그의 낚시는 세상에 나갈 때를 기다리기 위한 것으로 오늘날 세상에 널리 알려져 있다. 하지만 오랜 떠돌이생활과 생활고를 견디지 못해 어쩔 수 없이 숨어든 곳이 위수 유역이었다는 설도 있다.

그는 독특한 낚시 방식이나 태도를 지녔던 것으로 널리 알려져 있다. 미끼를 달지 않은 빈 바늘을 썼다거나, 구부러지지 않고 미늘도 없는 곧은 바늘을 썼다거나 하는 희한한 낚시기법을 구사한 것으로 유명하다. 낚시를 하면서도 물고기를 낚는 데는 관심이 없었던 것으로 오늘날까지 널리 소문나 있다. 그래서 그의 낚시태도는 때를 기다리는 낚시, 혹은 세월을 낚는 낚시로 일컬어지곤 한다. 물론 그런 것들이 사실인지 여부를 확인할 길은 없다. 어쩌면 사실 여부를 꼬치꼬치 따진다는 것이 무의미할지도 모른다. 사실인지 여부보다 더 중요한 것은, 오늘날의 사람들이 강태공을 그런 모습으로 믿고 있다는 엄연한 현실이다. 그래서 세인들이 말하는 강태공은 3천여 년 전에 살았던 강태공이 아니라, 철저하게 현재화된 바로 오늘날의 강태공이다.

결혼을 하기도 했다. 하지만 그가 가정을 돌보지 않아 아내가 친정으로 도망 가버리는 일을 겪기도 했다고 한다. 방안에 틀어박혀 책만 읽다가 마당에 늘어놓은 곡식을 거둬들이지 않는 바람에, 곡식이 빗물에 떠내려갔다는 귀에 익은 옛 이야기도 그로부터 유래한다고 한다.

그는 위수 유역의 반계천(磻溪川)이란 작은 냇가에서 낚시를 하다가 주나라 문왕, 곧 서백(西伯)을 만나게 된다. 서백과의 만남은 그 개인의 인생을 하루아침에 크게 바꿔놓았을 뿐 아니라, 훗날 주나라가 천하를 평정하게 되는 밑거름이 된다. 낚시를 통한 서백과의 조우, 바로 이것이 오늘날 강태공에 관해 가장 널리 알려져 있는 대목이다. 오늘날 그가 낚시질로 서백이라는 큰 인물과 천하를 낚았다는 말을 듣곤 하는 것도 바로 이 대목에서 비롯됐다. 서백을 만날 당시 그는 나이가 일흔 무렵이었던 것으로 알려져 있다.

서백을 따라 넓은 세상으로 나가, 그의 책사이자 스승이 된다. 이어 서백의 아들 무왕(武王)을 도와 천자의 나라인 상을 무너뜨리는 역성혁명에 성공함으로써, 천하를 통일하게 된다. 위수에서의 낚시, 서백(문왕)과의 만남, 문왕과 무왕의 책사이자 스승, 그리고 천하통일에 관한 이야기는 정사(正史)의 역사서라는 사기에 기록되어 있다. 특히 문왕과 무왕에게 군주로서의 통치 덕목을 강론하면서, 상나라를 무너뜨리기 위한 병법의 지혜를 발휘한 것으로 전해진다.

다시 사기에 따르면 그는 천하통일의 일등 공신이 되어, 주의 제후국인 제(齊)의 시조로 국왕에 임명된다. 제나라는 그의 고향으로 알려진 지금의 산동성에 있었다고 한다. 제나라를 다스리면서 다시 결혼해 많은 나이에도 불구하고 자식을 여럿 두었다. 제나라 임금으로서 농·공·상·수산업을 크게 일으켰으며 여러 가지로 선정을 베풀다가, 139살인 기원전 1072년에 사망한 것으로 전해지고 있다.

그는 사후에도 꽤 융숭한 대접을 받았다. 역대 왕조를 거치면서 무성(武聖, 병법의 성인)으로 봉해졌고, 특히 당나라와 송나라에서는 무성왕(武成王)으로까지 격상되었다. 원나라와 명나라 때는 그의 일화가 민간 신앙으로까지 발전하게 된다. 특히 명나라 때 그를 주인공으로 한 봉신연의라는 기서가 나오면서 민간에서는 초능력을 가진 도인이나 신선으로 신봉되기에 이르렀다.

이 땅에서 살아남은 방식

강태공은 우리의 삶에 얼마나 많은 영향력을 행사해왔을까. 공자의 유가사상이 오랫동안 이 땅의 삶을 철저히 지배해왔지만, 강태공도 삶 속에 깊숙이 녹아들어 있다. 유교가 정치 이데올로기로, 학문으로, 종교적 제례의식으로 강한 지배력을 행사해왔음에도 그 틈바구니 속에서 강태공은 끈질기게 살아남았다.

물론 그가 가장 강한 영향력을 행사하는 영역은 예나 지금이나 낚시다. 낚시에서는 사색이나 관조를 낚고, 끈질긴 기다림의 태도로 세월을 낚고, 뜻을 함께 할 큰 인물을 낚고, 마침내 천하를 낚은 것으로 알려져 있다. 이 땅의 낚시꾼이라면 누구나 그를 닮고 싶어해왔다고 해도 과언이 아닐 테다.

그는 오랜 세월동안 민중의 삶이나 지배층의 의식구조에서도 적잖은 영향력을 발휘해 왔다. 낚시에서와는 별개로, 신화나 전설속의 이미지로도 짙게 남아 있다. 또 정치적으로는 절개를 지킨 충신이라기보다는, 승자라면 으레 차지하게 마련인 공신(功臣)의 모습으로 새겨져 왔다.

이 땅에서는 아낙네들이나 할머니들이 방아를 찧을 때 무언가 흥얼거리는 소리를, 수십 년 전만 해도 종종 들을 수 있었다. 그 소리 속에 강태공이 등장한다.

이를테면, '이 방아가 뉘 방안가, 강태공의 조작 방아' 또는 '어기여차 방아야, 강태공의 조작 방아' 등의 소리. 이런 소리를 들어본 사람이 지금도 꽤 많이 있을 것이다. 방아타령이나 방아소리 등의 이름으로 전해지는 전래민요에 자주 나오는 대목이다. 가락이 무척 흥겹다. 하지만 방아 찧는 일이 하도 힘들어 그 힘겨움을 잊으려고 이런 소리를 지어 불렀을 것이다.

방아 찧는 일은, 벼나 보리에서 껍질을 벗겨내어 쌀이나 보리쌀을 만들어내는 작업으로서 예로부터 밥을 지어먹기 위한 중요한 공정이었다. 요즘에야 성능 좋은 정미(精米) 기계가 있어 그 일이 별로 힘들지 않다. 하지만 예전에는 디딜방아나 연자방아나 절구통 같은 사뭇 원시적인 도구로 벼나 보리의 껍질을 벗겨냈다. 시간이나 노동력이 많이 들었다. 그래서 가정에서 방아 찧는 일은 매우 힘겹고도 중요한 일상의 하나였다.

널리 알려진 판소리 춘향가에도 강태공이 나온다. 그 가운데 사랑가를 들어보면 '너는 죽어 방아확이 되고, 나는 죽어 방아공이 되어/ 경신년 경신월 경신일 경신시의 강태공 조작 방아/ 그저 덜커덩 덜커덩 찧거들랑, 나인 줄 알려무나'라는 대목이 들어 있다. 또 판소리 가루지기타령에도 '경신년 경신월 경신일 경신시의 강태공 조작 방아'라는 대목에서 강태공이 등장한다. 물론 이들 판소리의 원작이 되는 옛 한글소설에도 강태공은 비슷한 문구로 들어 있다.

그는 오랜 옛날부터 일상의 삶 곳곳에 스며들어 있었던 것이다. 그런데 이들 민요나 판소리나 한글소설에 공통적으로 등장하는 '강태공 조작 방아'가 대체 무슨 의미일까.

방아 찧는 도구 가운데 가장 효율적인 것이 디딜방아로, 발의 힘으로 공이를 내려쳤다. 공이를 손으로 내려치는 절구통보다 시간과 노동력이 덜 들었다. 길고 묵직한 나무를 지렛대로 삼아, 공이를 확의 구멍을 향해 내려치는 방식이었다. 디딜방아는 끼니를 해결하는데 없어서는 안 될 소중한 도구였다. 잡귀에 의한 동티를 막기 위한 조처가 필요했다. 그래서 디딜방아를 놓는 작업이 끝나면 방아의 지렛대 몸통에 '庚申年 X月 X日 X時 姜太公 造作(경신년 X월 X일 X시 강태공 조작)'이란 글귀를 써넣었다. '경신년 X월 X일 X시에 태어난 강태공이 이 방아를 만들(造作)었으니, 잡귀야 썩 물러가거라!'라는 벽사의 의미다. 강태공은 나쁜 귀신을 쫓아낼 수 있을 정도로 큰 힘을 가진 존재로 여겨졌던 셈이다.

방아는 오랜 세월 농경민족에게는 없어서는 안 될 생활필수품이었다. 모든 곡식이 가마솥으로 들어가기 전, 또 밥이 되어 상으로 차려지기 전에 반드시 거쳐야 할 공정이었다. 방아가 곡식이 떨어져 멈춘다는 것은 상상조차 할 수 없는 일이었다. 그래서 '강태공이 조작한 방아'를 통해 곡식이 떨어지지 않도록, 곧 흉년 귀신을 물리쳐 풍년이 들도록 염원했다. 강태공은 민중의 삶 속에서 축원의 의미로도 받아들여졌다.
　그는 벽사 또는 축원의 뜻으로 민간에서 신으로, 또는 신통력을 지닌 존재로 받들어 모셔진 것이다.

　조선시대에는 강태공을 주인공으로 한 '강태공뎐(강태공전)'이라는 역사소설이 나온 적도 있다.
　작자나 연대를 정확히 알 수는 없다. 다만 한글로 씌어져 있어 조선중기 이후에 나온 것으로 추정된다. 강태공이 주나라 무왕을 도와 천하통일을 이루는 과정을 다루고 있다. 등장인물들이 대부분 도술을 부리며 싸우는 내용으로, 중국 명나라 때 나온 고대소설인 봉신연의의 내용을 닮은 소설이다. 역사소설이라기보다는 괴기소설에 더 가깝다.

　우리나라에서 민요나 판소리나 소설 속에 등장하는 강태공은 대부분 신격화된 이미지다. 신화나 전설에서나 나올 법한 이미지다. 봉신연의라는 괴기소설 속에 그려진 도인 혹은 신선, 병법과 지략에 밝은 무장, 제나라의 시조 등 다양한 이미지가 한데 뒤섞여 민간의 삶이나 신앙 속에 들어온 것으로 추정된다.
　물론 그는 낚시꾼의 이미지로도 그려졌다. 이를테면, 판소리 수궁가에는 '어조(魚釣)하던 강태공은 위수로 돌아들고'라는 구절로 낚시꾼의 모습으로 나온다. 또 강태공은 조선 중기의 정치인이자 문인인 윤선도의 어부사시사에서 '십년동안 낚시질하던 강태공은 어떻던고' 라는 구절로 낚시꾼으로 등장한다. 윤선도는 강호에서 낚시하며 살아가는 자신의 멋이 강태공의 낚시에 부럽지 않다는 뜻으로 강태공을 인용했을 것이다. 물론 그가 문학작품 몇 곳에 인용되어 있다고 해서, 그것이 '낚시꾼 강태공'의 전부는 아닐 것이다.

흥미로운 것은, 그가 현실 삶에서는 초인적인 모습으로 신격화되는데 비해 낚시에서는 그냥 낚시꾼으로 남아 있다는 사실이다. 현실 삶터의 저편, 한적한 강호에서는 산수의 풍치와 사색을 즐기는 인간적인 이미지로 살아왔던 셈이다. 사실, 물가에서라면 낚시꾼은 누구나 강태공이 된다고 해도 과언이 아니다. 어쩌면 그의 후반부 인생, 즉 뛰어난 지략으로 천하를 통일하고 제나라의 왕으로 화려하게 살았던 삶은 낚시에서만큼은 그다지 중요하지 않게 여겨졌을지도 모른다.

그는 지배층이나 지식층, 혹은 사대부의 마음속에서는 어떻게 살아왔을까.

조선시대 생육신의 한 사람이었던 김시습은 평소 강태공을 그다지 좋아하지 않았나보다. 일제시대인 1925년에 나왔다는 대동기문(大東奇聞)이란 역사서는 조선시대의 여러 인물들에 관한 일화를 소개하고 있는데, 거기 김시습에 관한 일화도 들어 있다. 세조 때의 정치가인 서거정이 김시습에게 강태공이 낚시하는 그림을 보여주며 시 한수를 지어달라고 부탁했다. 이에 김시습은 시를 지어주었는데, 그 내용이 서거정의 기분을 몹시 상하게 할 만하다.

〈渭川漁釣圖〉
風雨蕭蕭拂釣磯,
渭川漁釣識忘機.
如何老作鷹揚將,
空使夷齊餓採薇.

〈위수에서 낚시하는 그림을 보며〉
비바람이 쓸쓸히 낚시터 바위로 불어올 때,
위수에서 낚시하며 물고기욕심은 모르지 않았던가.
어찌하여 늙어 재상이 되어서는,
백이숙제를 고사리나 캐먹게 해 굶어죽게 했던가.

　서거정을 강태공의 삶에 비유하며 빈정거리고 있다. 서거정은, 어린 조카 단종을 내쫓고 왕위에 오른 세조로부터 높은 관직을 하사받으며 오랫동안 중용됐다. 김시습은 그런 서거정을, 상나라를 무너뜨리는데 공을 세운 대가로 제나라 왕위를 선물 받은 강태공에 비유한 것이다. 여기서 재상은 강태공을 일컫는다. 백이숙제는, 세조에 의해 먼 곳으로 유배되어 목숨까지 잃은 단종에 비유되고 있다.

　하긴, 강태공이 미움을 산 인물은 김시습 뿐만은 아닐 것이다. 강태공은 오랫동안 야인으로 지내다가 하루아침에 재상이라는 큰 권력을 움켜쥐었다. 또 주나라 문왕과 무왕이라는 두 명의 왕을 보필하면서 천하통일을 이룬 결과 권력투쟁의 승자의 편에 속하게 됐다. 그는 요즘말로 '권력실세'로 살다가 일생을 마친 셈이다. 그러니 망국의 한을 품었던 이들로부터, 권력찬탈의 소용돌이 속에서 절개를 지키려고 부귀영화와 목숨을 버린 이들로부터, 그가 호감을 샀을 리 없다.

세조의 왕위찬탈에 죽음으로 항거한 사육신의 한 사람인 성삼문. 김시습과 한 시대를 살았다. 그는 '수양산 바라보며 이제(夷齊)를 한하노라'라며 백이숙제를 나무라면서 자신의 절개를 지키려 했다. 이제는 백이숙제를 줄인 말이다.

백이와 숙제가 누구인가. 바로 강태공과 주나라 무왕이 주도한 상나라 무너뜨리기에 항거하다가 수양산에 숨어들어갔다는 절개 곧은 형제가 아니던가. 이들은, 주왕(紂王)이 통치하는 천자의 나라인 상 제국을 제후국인 주나라가 친다는 것은 인(仁)의 도리가 아니라고 여겼다. 그러면서 강태공과 무왕의 상 정벌을 한사코 말렸다. 물론 소용이 없었다. 백이와 숙제는 그 길로 수양산에 들어가 고사리를 캐먹고 지내다가 굶어죽었다.

성삼문은 백이와 숙제를 향해 '죽으려면 그냥 죽을 것이지, 주나라 무왕의 땅인 수양산에서 자란 고사리는 왜 먹었느냐?'라고 묻고 싶었던 것이다. 깊은 산중에서 자라는 고사리마저 무왕의 소유이므로 그것을 캐먹었다는 것은 절개가 부족한 탓이 아닌가, 라며 나무라고 있는 것이다. 물론 속마음으로는 성삼문이 백이와 숙제를 미워했을 리 없다. 되레 그들을 흠모했을 것이다. 백이숙제의 고사에 비유해 자신의 절개가 백이숙제의 절개보다 더 올곧음을 강조하려 했을 뿐이다.

그런 성삼문이 강태공에 호감을 가졌을 리 없다. 따지고 보면, 백이와 숙제가 굶어죽은 것은, 상나라 멸하기에 큰 공을 세운 강태공의 탓이 크다. 아마 강태공은 세조의 왕위찬탈에 항거했던 생육신과 사육신, 열두 명의 충신 모두로부터 미움을 받았을지 모른다.

하지만 강태공은 뛰어난 지략과 지혜와 덕성을 두루 겸비한 인재였다. 자신의 권력을 지키고 백성의 행복을 보장해야 하는 군주로서는, 세상에는 쓸 만한 인재가 늘 드물다고 생각하게 마련이다. 그래서 아무리 먼 곳이라도 마다않고 찾아가, 어렵사리 귀하게 모셔야 할 인물이 바로 강태공이었다. 그는 부국강병을 이루는데 큰 도움이 될 만한 인재였다. 그런 이유로 강태공은 조선시대의 정치인이자 유학자였던 조광조로부터는, 비록 2천5백여 년의 기나긴 시차를 두고 있었지만, 꽤 호감을 샀던 것 같다.

조광조가 누구인가. 사림의 거두가 아니던가. 정계에 진출했다가 권력 교체의 승자인 훈구파와 번번이 충돌하면서 사화를 겪곤 했던 사림파로서는 강태공에 호감을 가질 이유가 없었을 텐데. 더욱이 조광조는 바로 자신이 기묘사화로 사사(賜死)를 당하지 않았던가. 다만 그는 능력 있는 인재의 귀감으로 강태공에 관심을 두고 있었던 것 같다. 조광조는 다음과 같은 시조 한 수를 남겼다.

길 건너 일편석(一片石)이 강태공의 조대(釣臺)로다
문왕은 어디 가고 빈 대(臺)만 남았을까
석양에 물차는 제비만 오락가락 하는구나

그 옛날 주나라 문왕은 강태공이라는 유능한 인재 한 사람을 구하려고 멀리 위수의 조어대까지 찾아갔다. 그런데 왜 조선의 군주는 유능한 인재를 구하는데 뜻을 두지 않을까? 조광조는 그런 안타까운 심정으로 조선의 군주에 대해 서운함을 드러내고 있다.

여기서 강태공은 어쩌면 조광조 자신의 은유일지 모른다. 문왕은 당대 조선 임금의 은유일 테고. 유능한 인재 한 사람이 세상에 나가려고 물가에서 임금을 기다리고 있는데, 아무리 기다려도 임금은 오지 않는다. 눈앞에 왔다 갔다 하는 것은 그의 마음을 알아줄 리 없는, 얄미운 제비뿐이다. 제비가 제나라의 첫 임금이라는 뜻인 '제비(齊鼻)'라는 단어와 같은 음률을 이뤄 묘한 여운을 남긴다.

강태공은 조선시대 정치인들 사이에서 호감과 반감이 교차하는 인물로 살아 있었던 셈이다. 물론 엄밀히 말하자면, 강태공이라는 한 인물은 변함없이 그대로인데 정치인들 자신이 정치적 이해관계에 따라 이쪽 아니면 저쪽으로 그를 재단했을 뿐이다. 그러고 보면, 강태공이 오늘날까지 잊혀지지 않고 생생하게 살아남을 수 있었던 것은 그런 정치인들 덕분일지도 모른다. 이미 오래전 무덤 속에 들어간 그를 자꾸 끄집어내어 들먹임으로써 자신들의 이해관계를 관철하려 했던 그들의 공이 자못 크다.

정보화시대라는 오늘날의 삶에서도 그는 여전히 강한 생명력을 갖고 있다. 그는 정보화가 이끄는 첨단의 문명세상을 두려워하지 않는다. 그러면서 첨단의 건너편인 낚시세상에서도, 정신을 수양하고 사색에 몰입하는 낚시꾼의 모습으로 끈질기게 살아남아 있다.

도학(道學)이나 민간신앙에서, 그는 배달민족의 구심점으로 알려진 신농(神農)씨의 후손으로 추앙받고 있다. 한때 민족의 뿌리 찾기 바람이 일면서 그는 세인들로부터 많은 주목을 받기도 했다. 또 보학(譜學)이나 제례(祭禮)의 영역에서, 여러 성씨들이 강태공의 후손으로 자처하면서 그를 시조로 모시고 있다. 그의 후손으로 자처하는 성씨는 진주 강씨를 비롯해 국내에서만 해도 10여개에 이른다. 그의 병서로 알려진 육도와 삼략은 오늘날까지 병법 혹은 지략의 전형으로 남아, 새롭게 관심을 불러일으키고 있다. 또 그를 주인공으로 한 장편소설이 국내 작가에 의해 새롭게 씌어지기도 했다. 형식이나 내용에서 봉신연의를 연상케 하는 무협소설에서도, 그는 영웅의 모습으로 자주 등장한다.

　강태공은 심지어 요즘 청소년들이나 젊은 계층이 즐겨 찾는 애니메이션이나 인터넷게임에서도 주인공으로 활약하고 있다. 그는 유행에 따라 판타지의 색채를 강하게 띠고 있기도 하다. 다만 봉신연의에서나 신화에서처럼, 그는 여전히 신출귀몰하는 초능력자나 초인의 모습으로 남아 있다. 그런데 순백의 긴 머리와 수염을 휘날리면서 하늘을 날아다니는 모습이, 새 시대의 정보통신을 에너지로 충전했기 때문인지 늙은 티를 내지 않는다. 그는 정보화 문명의 힘을 빌려 새로운 장르와 새로운 이미지로 거듭나려 하고 있다.

아내 학대

　예전에 시골의 마을 어귀를 지나다보면 아름드리 당(堂)나무 밑에 돌탑이 둥그렇게 쌓여 있는 모습을 흔히 볼 수 있었다. 그 돌탑은 별로 볼품없이 쌓아올려져, 탑이라기보다는 그저 돌무덤이나 돌무더기에 가까웠다. 오늘날에는 마을 입구에 자동차가 다니는 큰 길이 나면서 당나무(주로 느티나무)와 돌탑이 모조리 사라졌지만, 1970년대 초만 해도 그런 풍경이 꽤 많이 남아 있었다. 당나무와 돌탑은 새마을운동을 기점으로 대거 사라진 것으로 알려지고 있다.

　당나무와 돌탑은 서낭당(혹은 성황당) 같은 역할을 했다. 당집이 아니면서도 마을의 수호신 역할을 한 것이다. 그래서 마을 사람들은 해마다 날을 잡아 그곳에서 마을의 안녕을 기원하는 제례를 올리곤 했다. 제례를 올릴 때는 으레 오색헝겊과 금줄이 당나무에 걸려 있거나, 쌀이나 생선이 제단에 차려져 있었다.

 길 가던 나그네들도 그곳을 그냥 지나치지는 않았다. 일정한 예를 올리곤 했다. 대개 돌탑에다 돌멩이를 하나 올려놓은 뒤 탑을 향해 침을 뱉곤 했다. 왜 침을 뱉었을까. 저주나 증오의 표시였을까.

 충북 제천의 '탑거리마을' 어귀에 있는 '박달재돌탑'은 한때 전국의 돌탑들 가운데 크기가 가장 컸다고 한다. 높이와 너비가 웬만한 옛 왕릉의 봉분만 했다고 한다. 물론 지금은 남아 있지 않다. 규모가 그렇게 컸던 것은, 박달재가 예로부터 서울로 통하는 길목이라 사람통행이 빈번했기 때문이라고 한다. 나그네들은 긴 세월동안 그 돌탑을 지날 때마다 걸음을 멈추고, 돌멩이 하나씩을 주워 탑에 정성스럽게 올려놓았을 것이다.

 그 돌탑이 있던 자리와 가까운 마을에는 탑의 유래를 알고 있는 노인들이 더러 생존해 있다. 물론 그들 대부분은 인생의 황혼기에 접어든 나이다. 그들도 윗대 조상으로부터 전해들은 것일 뿐 돌탑에 관한 정확한 내력은 알지 못한다고 한다. 그 돌탑은 강태공의 아내를 기리는 무덤이었다고 노인들은 말한다. 물론 시신이 안치된 진짜무덤은 아니었다.

 그는 위수에서 주나라 문왕을 만나기 전에 이미 한 차례 결혼을 한 적 있다. 결혼은 했지만 가정을 제대로 돌보지 않았다고 한다. 그러자 아내 마(馬)씨가 집을 나가버렸다. 강태공은 나중에 긴 세월이 지나 제나라의 왕으로 금의환향한다. 바로 그 환향 길에서 우연히 마씨를 만난다. 그때 마씨는 남의 집에서 품을 팔고 있었다. 마씨는 자신의 잘못을 빌면서, 다시 함께 살자고 간청한다.

　강태공은 마씨에게 그릇에 물을 떠오게 한 뒤 바닥에 엎지르도록 했다. 이어, 엎질러진 물을 모두 다시 주워 담으면 함께 살겠노라고 말했다. 마씨는 아무리 애를 써도 물그릇을 채울 수 없었다. 그 광경을 지켜보던 주위사람들이 그릇에 침을 뱉어주며 도왔지만, 마씨는 뜻을 이루지 못한 채 그 자리에서 죽고 말았다. 주위사람들은 마씨를 가엾이 여겨 시신을 돌멩이로 덮어 그 자리에다 묻어주었다.

　여기서 강태공이 마씨와 결혼하고, 마씨가 집을 나가고, 마씨가 그릇에 물을 채우지 못해 재결합에 실패하는 대목까지는 중국설화와 한국설화에 공통적으로 등장한다. 복수불반분(覆水不返盆), 곧 한번 엎질러진 물은 다시 주워 담을 수 없다는 고사가 바로 여기서 유래했다. 강태공은 그렇게 말하면서 마씨의 재결합 간청을 냉정하게 뿌리쳤던 것이다.

　다만 주위사람들이 물그릇 시험에서 침을 뱉어 마씨를 도왔다거나, 마씨가 그 자리에서 죽었다거나, 마씨의 시신을 돌멩이로 장사지내주었다는 얘기는 한국설화에만 나온다.

　박달재 돌탑은, 마씨 부인을 불쌍히 여겨 돌멩이로 묻어주었다는 한국설화에서 유래했다고 한다. 설화가 말로만 전해지는 것이 아니라, 실천으로까지 옮겨진 것이다. 무덤 속에 시신이 들어 있었던 것은 아니지만, 머릿속의 의식(意識)을 집단행동으로 표출한 셈이다. 더욱이 그런 실천행위가 일과성에 그치지 않고 오랜 세월 지속됐다는 점에서 무척 흥미롭다.

　물론, 전국의 돌탑 가운데 박달재 돌탑 한 곳에만 마씨의 설화가 배어 있었던 것은 아니다. 1970년대 초 이전까지 전국적으로 남아 있던 마을 어귀의 돌탑에는 대개 마씨 설화가 서려 있었다. 돌탑의 유래가 지역에 따라 서로 다르긴 했지만, 마씨 설화가 유래에서 가장 큰 비중을 차지했다고 한다. 사실, 전국의 돌탑 모두가 마씨 설화를 유래로 갖고 있다는 것은 불가능한 일이며 자연스럽지도 못하다. 예컨대, 어떤 지역의 돌탑은 외적의 침입에 대비해 투석전의 무기로 쓰려고 돌을 모아둔 '무기저장소'였다는 설(說)을 갖고 있었다.

나그네들이 돌탑에다 침을 뱉곤 했던 것도, 마씨를 미워해서가 아니라 도우려했다는 설화에서 유래했다. 침을 뱉어 물그릇을 채워주려고 했던 측은지심의 실천이었던 것이다.

이 땅의 사람들은 왜 강태공이 아닌 그의 아내를 설화의 주인공으로 삼았을까? 또 그들은 왜 서낭당 돌탑에다 강태공이 아닌 그의 아내를 깃들게 했을까?

사실, 그는 서민들의 이야기나 구전 속에서 늘 바람직하거나 체통 있는 이미지로만 남아 있었던 것은 아니다. 이를테면, 그는 곧은 바늘이나 빈 바늘로 낚시를 했기 때문에 물고기를 낚지 못했고, 그래서 생계에 아무런 도움을 주지 못했던 것으로 전해져왔다. 또 품팔이를 하는 마씨에게 얹혀 살았던 것으로 회자되어 왔다. 아내를 부려먹는 무능하고 부도덕한 남편이란 이미지를 갖고 있었다. 그는, 방안에서 글만 읽느라 마당에 널어놓은 곡식이 빗물에 떠내려가는 줄도 몰랐다는 자신에 얽힌 또 하나의 설화를 갖고 있기도 하다. 그런 그가 조강지처의 재결합 간청까지 냉담하게 거절했으니 사람들로부터 호감을 샀을 리 없다. 호감은커녕 되레 큰 미움을 샀거나, 반면교사의 교훈으로 입방아에 무수히 오르내렸을 테다.

반면에, 마씨는 매우 불쌍하게 여겨졌을 것이다. 결혼생활에서 고생만 실컷 했고, 가정을 나와서도 남의 집 품팔이에서 벗어나지 못했다니. 또 강태공에 의해, 자신의 재결합 요청을 거부당한데 이어 복수불반분이라는 물그릇 시험까지 당했으니. 더욱이 물그릇 시험에 합격하지 못한 채 그 자리에서 목숨까지 잃고 말았으니. 마씨로서는 남편으로부터 여러 차례 큰 굴욕을 당한 셈이다. 그래서 마씨는 사람들로부터 너끈히 측은지심을 불러일으켰을 법하다.

이만하면 마씨는 서낭당 돌탑의 주인공, 곧 서낭신이 될 만한 자격을 충분히 갖추지 않았는가. 이로써 강태공은 왜 서낭신이 될 만한 도덕적 자격을 갖추지 못했는지에 관한 의문이 저절로 풀린다.

아마도 강태공에 대한 반감과 마씨에 대한 호감은, 남성에게보다는 여성에게 더욱 두드러지게 나타나지 않았을까. 만약 돌탑을 지나는 나그네가 여성이라면, 남성보다 더 오랜 시간을 그 돌무덤에서 머물려고 하지 않았을까. 돌멩이 한 개라도 남성보다 더 많이 주워 올리려했을 것 같다. 그러면서 돌무덤에 깃든 마씨 부인의 기구한 팔자를 자신의 처지에다 슬쩍 대입해보곤 했을 테다.

강태공은 서민들의 삶 속에 오랫동안 살아 있으면서도, 단 한 대라도 맞으면 중상을 입을 수 있는 아킬레스건을 갖고 있었던 셈이다. 서낭당 돌탑의 설화는, 그가 서민들의 일상생활에서 벽사나 축원을 들어주는 신통한 이미지로만 남아 있었던 것은 아니었음을 말해준다. 하긴 오늘날에도 강태공은, 물가로 자주 나가는 낚시꾼을 남편으로 둔 여성으로부터 호감을 살 까닭이 없을 듯하다.

제아무리 천하의 강태공이라 해도, 가장으로서의 역할에 소홀하거나 조강지처를 홀대하는 행위는 결코 용서받을 수 없는 큰 죄악이었나 보다.

죽어서 신의 경지에까지 오른 그에게도 이 땅에서는 쓰라린 개인사가 있었다.

그는 사기, 육도, 삼략 등의 기록으로 보자면 역사적 인물이자, 훌륭한 정치인임에 틀림없다. 그런데 왜 설화나 전설이나 민담과 같은 야사로 떠돌면서, 아내를 학대하고 가정을 돌보지 않은 부도덕한 인물로 전해지고 있을까? 역사와 야사로 남아 있는 그의 이미지가 제각기 뚜렷하게 대비되고 있다.

낚시터에 깃든 강태공 이미지

우리나라에서 강태공이 가장 생생하게 살아 있는 곳은 물가의 낚시터다. 그는 오늘날 낚시터에서 어떤 모습으로 살아 있을까?

비록 자신의 이름으로 문패를 내건 집은 없지만, 전국 곳곳의 낚시터가 그의 거주지요 생활무대라 해도 지나침이 없을 듯하다. 그는 낚시터에서 여전히 자신의 권위를 행사하고 있다. 대개 월척의 대어를 낚는 호걸로, 세속의 명리에 초연한 은거지사로, 이른바 '정도(正道)낚시'를 추구하는 꼿꼿한 선비로 행세하곤 한다.

서울에서 자동차로 세 시간쯤 걸리는 중부지방의 호젓한 호수에 한 유료낚시터가 자리 잡고 있다. 낚시터 주인이 외래종 물고기를 방류하지 않은 덕분에 토종물고기만 살고 있는 것으로 꽤 널리 소문나 있다.

"월척이다!"

먼동이 어슴푸레 트는 새벽, 월척의 기쁨을 알리는 한 낚시꾼의 탄성이 호수의 긴 정적을 깨운다. '12'라는 번호가 페인트칠로 큼지막하게 그려진 낚시좌대에서 터져 나온 고함소리다.

"축하합니다."

이웃에 있는 10, 11, 13번 좌대의 낚시꾼들은 마치 약속이나 한 듯 저마다 '축하합니다.'라는 똑같은 말로 축하의 말을 한마디씩 건넨다. 얼마 후 색다른 축하 말이 흘러나온다. 또 그 12번 좌대에서다.

"의원님, 좋은 징조입니다. 이제 당선은 떼놓은 당상입니다!"

호수는 잠깐 동안의 술렁거림을 뒤로 한 채 다시 적막에 휩싸였다. 이웃 좌대의 낚시꾼들은 자기도 곧 월척을 할 수 있으리라는 기대에 부풀어 찌를 유심히 응시하고 있다. 그 눈초리들은 봄날 새벽의 추위쯤은 아무렇지도 않다는 듯 매섭다. 하지만 날이 훤히 밝도록 더 이상 월척 소식은 없다. 낚시꾼들은 하나둘 짐을 챙겨 호수를 떠나간다. 열댓 명의 낚시꾼들이 좌대에서 뜬눈으로 밤을 새웠지만 월척을 했다는 이는 한 명뿐이었다.

월척의 주인공은 집으로 돌아가기 전에 낚시터 관리사무실에 들러 낚시터 주인과 사진촬영을 하자고 제의했다. 월척을 한 것이 무척 감격스러웠나보다. 그는 12번 좌대에서 밤을 함께 지새운 동료 낚시꾼 두 명, 그리고 낚시터 주인과 함께 나란히 기념사진을 찍었다. 길이 33센티미터의 우람한 붕어를 행여 떨어뜨릴세라 품에 꽉 껴안은 채.

그는 자신을 정당인이자 정치인으로 소개했다. 환갑의 나이를 갓 넘은 듯해보였다. 제 16대 국회에서 의원을 지낸, 말하자면 전직 국회의원이다. 제 17대와 18대 국회의원 총선거에서는 거푸 고배를 마셨다. 머잖아 지방자치단체장 선거에 출마할 준비를 하고 있다고 한다. 그는 자신의 월척을 정당공천과 당선에 상서로운 조짐인 것으로 풀이했다. 하긴, 밤을 꼬박 새우도록 물고기를 한 마리도 낚지 못하다가 이른 아침에서야 겨우 한 마리를, 그것도 월척으로 낚아냈으니 무척 설렐 테다. 그는 무려 열한 시간동안의 긴 기다림 끝에 월척을 한 것이다. 그는 22년 동안 취미로 낚시를 해오면서 월척을 한 것은 이날 새벽을 포함해 고작 서너 차례밖에 되지 않는다고 한다.

낚시터 주인, 김 아무개 씨는 4만여 평 넓이의 이 호수에 서른 개의 좌대를 띄워놓고 3년째 유료낚시터를 운영하고 있다. 낚시터는 경부고속도로에서 그다지 멀지 않은 곳에 있다. 겨울철을 제외하면 매주 금요일 오후나 주말마다 낚시꾼들로 크게 붐빈다. 여름 휴가철에는 낚시꾼들이 많이 몰려드는 바람에 좌대가 모자라 동이 날 때도 종종 있다. 배스나 블루길 같은 외래어종이 살지 않는데다, 토종붕어가 많다는 소문이 나 있어 붕어찌낚시를 즐기려는 이들이 많이 찾아오기 때문이다. 게다가 호수가 산으로 빙 둘러싸여 있어 풍광을 즐기기에도 그만이다.

사실, 이날 아침에 월척을 했다는 그 정치인은 김씨의 단골손님이다. 지난 1년 여 동안 겨울철만 빼놓고 한달에 한번 꼴로 김씨의 낚시터를 찾아 하룻밤을 새우곤 했다. 그 정치인은 큰 바늘에, 크고 거친 미끼를 달아 월척 급의 큰 붕어만을 노리는 이른바 낚시꾼이다. 크고 거친 미끼를 쓰는 것은 입이 작은 잔챙이에게는 아예 입질을 할 기회조차 주지 않으려는 의도다. 큰 붕어만 노리기 때문인지, 그는 낚시를 끝내고 좌대를 떠날 무렵에도 살림망이 텅 비어 있는 경우가 다반사였다. 밤을 꼬박 새워도 허탕을 치는 일이 잦았다. 다른 낚시꾼들은 비록 월척 급은 아니지만 대개 서너 마리씩 낚곤 했던 것에 비하면, 그의 조과는 언제나 초라했다.

하지만 그는 김씨에게 "강태공 낚시는 조과에 연연하지 않는 법입니다." 라고 말하곤 했다.

　물론 김씨는, 그가 이날 월척을 하기까지 그동안 마음고생이 꽤 심했다는 것을 잘 알고 있다. 또 큰 물고기만 상대해 낚아내겠다는 그의 낚시태도도 마음에 들었다. 그래서 김씨는 이날 그의 월척을 진심으로 축하했다.

　이 낚시터의 21번 좌대는 개인 지정석이다. 사업가로 자칭하는 40대 후반의 한 낚시꾼이 벌써 열흘째 이 좌대를 지키고 있다. 그는 숙식도 이 좌대에서 홀로 해결해왔다. 찌나 미끼 같은 낚시용품을 사러 관리사무실을 들를 때만 잠시 좌대를 비울 뿐이다.

　그는 대략 보름간을 줄곧 이 좌대에서 지내다가 집으로 돌아간다. 이어 열흘쯤 지나 먹을거리를 잔뜩 챙겨든 채 다시 자신의 지정석으로 돌아온다. 그는 이런 주기의 낚시생활을 꽤 오랫동안 해왔다. 그는, 김씨가 낚시터를 전 주인으로부터 인수하기 훨씬 오래전부터 이 낚시터에서 그렇게 지내왔다. 물론 겨울철 서너 달 동안에는 추위를 피해 좌대를 비운다.

　김씨는 아직 그와 깊은 얘기를 나눠본 적이 없다. 그럴 기회를 좀처럼 갖지 못했다. 김씨가 보기에는, 그가 자신의 지정석으로 다른 사람이 다가오는 것을 별로 달가워하지 않는 듯했다. 그래서 김씨는 그가 어떤 사람인지 자세히 알지 못한다.

　대개 낚시꾼들은 좌대에서 가족이나 친구나 직장동료 등과 휴대전화 통화를 자주 한다. 그래서 이웃 좌대의 낚시꾼들로부터 시끄럽다는 항의를 받기도 한다. 사실 좌대는 고립된 섬이나 마찬가지다. 김씨의 작은 모터보트로만 육지와 소통할 수 있다. 하지만 김씨는 그가 전화통화를 하는 소리를 아직 한번도 들어본 적 없다. 김씨가 보기에, 그는 은둔생활을 즐기는 듯하다.

두 달쯤 됐을까, 어느 날 밤에 웬 중년 여성이 낚시터를 찾아온 적 있다. 다짜고짜 김씨에게 '최XX'라는 사람을 내놓으라, 소리를 질렀다. 김씨는 그때 처음으로 그 은둔자의 이름을 알게 됐다. 그 여성과 은둔자는 부부 사이였던 모양이다. 그 둘은 밤새 심하게 다퉜다. 여자는 가정과 사업을 왜 소홀히 하느냐, 하며 큰소리로 따져 물었다. 김씨가 보기에도 은둔자 쪽에 다툼의 원인과 책임이 있어보였다. 그래서인지 은둔자는 그 여성에게 큰소리를 내지 못했다.

하지만 그 이후로도 김씨는 은둔자에게 좌대를 내어주지 않은 적이 단 한 번도 없다. 김씨에게는 누가 뭐래도 그 21번 좌대는 은둔자의 전용 지정석이었다. 김씨는 은둔자가 집으로 돌아가 좌대를 비웠을 때도 그 자리에 다른 낚시꾼을 들이지 않았다. 은둔자가 낚시터의 단골손님이어서가 아니었다. 꿋꿋이 은둔생활을 이어나가는 모습에, 자신과 동년배로 보이는 그가 사뭇 존경스럽기까지 했다. 김씨는 가끔 '나는 왜 저 양반처럼 용기와 끈기가 없을까.' 하는 부러움에 빠져들기도 했다. 그럴 때면, 김씨는 한때 자신도 일상으로부터의 먼 탈출을 꿈꾸었던 적이 있음을 머릿속에 떠올렸다. 그의 은둔에는 그럴만한 곡절이 있겠지, 생각하고 있다. 개인사업을 한다니 아마도 홀로 조용히 사업을 구상하고 있는 게 아닐까, 짐작되기도 한다.

호수 상류의 23번 좌대 맞은편에도 지정석이 있다. 호수 수면에 떠 있는 좌대가 아니라 가장자리의 노지(露地)자리다. 예닐곱 명이 한꺼번에 앉을 수 있을 만큼 자리가 널찍하다. 긴 소파 한 개와 의자 네 개를, 연안을 따라 나란히 한 줄로 세워 놓았다. 소파와 의자 주위로 천막을 쳐 벽과 지붕을 만들었다. 물론 낚싯대를 드리우는데 방해가 되지 않도록 수면 쪽으로는 시야를 틔워 놓고 있다. 낚시자리 옆에는 일곱 평쯤의 조립식 가건물이 놓여 있고, 그 속에 자잘한 야외살림 도구들이 들었다.

이 자리는 주인 김씨의 무료 낚시강습소다. 낚시를 배우려는 초심자들을 상대로 태도나 기법 등을 가르친다. 한해 평균 일백여명이 그의 강습소를 다녀간다. 그들은 대부분 20대 젊은층이었다.

김씨는 줄곧 26년 동안 낚시를 해왔다. 자신이 지나온 삶 가운데 절반에 해당하는 세월을 낚시질로 보냈다. 게다가 낚시를 심심풀이삼아 허투루 해오지는 않았다. 나름대로 강태공의 낚시태도를 본받으려고 애를 썼고, 그 덕분인지 그의 낚시는 알 만한 사람들 사이에서 '족보 있는 낚시'로 통한다. 남에게 낚시를 가르칠 만한 자격을 갖추었다고 자부한다. 이곳에서 해마다 3월이면 낚시터 개업기념일에 맞춰 강태공을 기리는 조어제(釣魚祭)를 지낸다. 강태공의 낚시정신을 본받고, 낚시사업이 잘 되도록 기원하는 간단한 예를 올린다. 조어제가 열리는 날에는 강습소를 졸업한 제자들이 찾아온다.

특히 김씨는 수강생의 대부분이 젊은층이라는데 긍지를 갖고 있다. 그들이 낚시를 통해, 강태공처럼, 인내심을 기르거나 기다림의 미덕을 배울 수 있다면 그로서는 보람이다. 김씨는 유료낚시터로 생계를 꾸려가고 있지만 무료강습소 일에도 결코 소홀한 법이 없다.

낚시꾼 강태공의 허상

2장

허상의 시발점

　강태공은 자신의 어록으로 알려진 육도(六韜)의 첫머리에서 자신의 낚시가 물고기를 잡는 것이 목적이 아니라고 분명히 밝히고 있다. 또 자신의 낚시가 낚시행위 자체를 즐기는데 목적이 있지 않다고 말하고 있다.
　이 대목은 육도의 첫 편인 문도(文韜)에 기록되어 있다. 그의 낚시행위가 오늘날 문헌으로 남겨진 유일한 기록이다. 여기서 그는 자신의 낚시가 즐기기 위한 목적이 아니라고 말하고 있다. 강태공이 낚시꾼이었다는 오늘날의 뭇사람들의 믿음을 스스로 부정하는 것이나 마찬가지다. 다시 말해, 자신의 낚시 목적이 휴식이 아니라는 얘기다. 그럼 그의 낚시 목적은 무엇이었을까?

　그는 어느 날 위수의 한 강에서 낚시질을 하고 있었다. 문왕이 그에게 다가가 다음과 같이 말을 건넸다.
　'子樂漁耶?'
　곧 '그대는 낚시를 즐기는군요?'라고 물었다. 그와 문왕의 만남은 그 말 한마디로 시작되었다. 질문이라기보다는, 낯선 사람에게 처음으로 말을 건넬 때 의례적으로 던지는 상투어에 불과하다. 이어, 그의 답변이 참으로 걸작이다.

'君子樂得其志, 小人樂得其事. 今吾漁甚有似也. 殆非樂之也.'

곧 '군자는 뜻을 얻기를 좋아하고, 소인은 (눈앞의) 일을 얻기를 좋아합니다. 지금 제가 하고 있는 낚시가 그와 매우 비슷한 점이 있습니다. (저는) 대체로 낚시를 즐기고 있는 게 아닙니다.'로 새겨진다.

문왕이 첫 만남의 인사치레로 가볍고 짤막하게 던진 물음에, 강태공은 결코 예사롭지 않은 의미를 잔뜩 담아 대답하고 있다. 답변에 힘이 가득 들어 있다. 뻔히 낚시행위를 하고 있으면서도, 자신이 낚시를 하는 목적이 낚시 그 자체를 즐기려는 게 아니란다. 물고기를 낚는 데는 아예 관심이 없다는 말이다. 그럼 무엇에 관심을 두고 있을까. 강태공 자신은 소인이 아닌 군자로서, 뭔가 큰 뜻을 얻으려고 낚시를 하고 있다는 얘기다. 그 뜻이 뭘까.

물론 낚시를 통해 뭔가 깊은 깨달음을 얻으려 한다는 의미다. 혹은, 문왕을 따라 넓은 세상으로 나가 자신의 이상을 실현하겠다는 원대한 포부이기도 하다.

낚시는 3천여 년 전, 바로 여기서부터 꼬이기 시작했다. 낚시가 낚시 그 자체를 즐기는 것이 아니라, 무언가 큰 뜻을 낚아내는 엄숙한 행위쯤으로 인식되는 풍조는 바로 여기서 시작됐다. 강태공이 문왕을 처음 만나는 위수의 물가에서부터 낚시에 부담이 생겨난 것이다. 낚시뿐 아니라 강태공 자신의 사후 인생이 일그러진 시발점도 바로 이 대목이다. 오늘날 정치인 또는 정치사상가로서의 그의 지혜가 묻히게 된 연유도 이곳에서 비롯되었다. 즐거움이 없는 낚시는 낚시가 아니다. 어떤 일이라도 즐겁지 않으면 인내력 시험이나 마찬가지가 아닐까. 꼬임은 거기서 그치지 않는다. 낚시는 강태공의 또 다른 말에 의해 더욱 엄숙해지고 있다. 자신의 낚시가 즐거움이나 휴식을 위한 목적이 아니라는 사실이 더욱 구체적으로 드러나고 있다.

그는 자신의 낚시가 즐기는데 있지 않다고 말한 뒤, 곧바로 문왕에게 다음과 같이 부연한다.

'釣有三權. 祿等以權, 死等以權, 官等以權. 夫釣以求得也, 基情深. 可以觀大矣.'

곧 '낚시에는 세 가지 권위가 있습니다. 녹봉의 권위, 목숨의 권위, 관직의 권위가 그것입니다. 대개 낚시는 (물고기를) 구해 얻으려는 것이긴 합니다만, 그 뜻이 깊습니다. 낚시를 통해 큰 뜻을 볼 수 있지요.' 로 새겨진다.

녹봉의 권위란 뭘까? 미끼의 쓰임새에 비유한 것이다. 즉 미끼로 유혹함으로써 물고기를 낚는 것처럼, 봉급을 주면서 사람을 등용할 수 있다는 의미다. 목숨의 권위는? 크고 맛있는 미끼를 주면 물고기가 죽음을 두려워하지 않은 채 달려드는 것처럼, 잘 대해주면 목숨을 아끼지 않는 사람을 구해 관직에 등용할 수 있다는 의미다. 관직의 권위는? 낚은 물고기도 쓰임새가 천차만별이듯 인재를 등용할 때도 그 능력이나 소질에 따라 다양한 관직에 쓸 수 있다는 의미다. 그런 의미와 마찬가지로, 낚시로써 세상의 큰 뜻을 볼 수 있다고 강태공은 말하고 있다.

그의 말은 낚시질로 물고기를 상대하다보면, 정치에서 인재를 적절하게 부릴 수 있는 지혜를 배우거나 얻을 수 있다는 뜻으로 풀이된다. 통치 행위로서 인재를 쓰는 방식을, 낚시에서 물고기를 상대하는 방식에 비유하고 있다. 사실 그 비유는 엄청난 비약이 아닐 수 없다. 그렇지만, 참으로 놀라운 발상이요 착안이다. 평소 인재에 목말라 하던 문왕으로서는 그의 말에 혹하지 않을 수 없었을 테다.

 강태공은 곧 그 길로 화려한 어가(御駕)를 탄 채, 문왕을 따라 넓은 세상으로 나가게 된다. 주나라의 재상으로 입조하게 되는 것이다.

 그의 낚시질은 취미나 휴식이 아니라, 일종의 정치행위였다. 문왕 앞에서 직접 낚시질을 해보임으로써 거기에다 정치적인 의미를 가득 부여했다. 이어 문왕의 마음을 낚아챘다. 그 낚시 태도를 당시의 여느 일반적인 낚시 태도와 비슷하다고 말할 수 있을까? 그 당시 다른 사람들도 낚시를 할 때 물고기를 낚는 것 이외에 다른 목적을 갖고 있었을까? 강태공이 문왕 앞에서 선보인 낚시는 태도나 방식에서 매우 독특했음에 분명해 보인다.

 하지만 당시 그가 문왕에게 했던 그런 말은, 오늘날 세인들이 낚시에 대해 품고 있는 통념과 그다지 큰 차이를 보이지 않는다. 낚시가 뭔가 큰 뜻을 낚기 위해, 혹은 뭔가 큰일을 벌이기 위해, 깊은 사색에 잠긴 모습으로 비쳐지는 것은 강태공이 자신의 낚시에 대해 그렇게 언급함으로써 비롯됐다.

 그 이후 낚시는 무려 3천여 년 동안이나 강태공의 무거운 권위를 달고 다녔다. 그 기나긴 세월 탓에, 만약 낚시가 강태공의 엄숙주의나 신비주의로부터 자유롭다면 어떤 모습을 하고 있을지 상상하기조차 쉽지 않다. 강태공이 낚시에다 무거운 권위를 처음으로 부여했고, 그 후대의 사람들도 오늘날까지 낚시에다 그의 권위를 무겁게 달고 다녔다. 강태공 이후의 사람들이 그의 권위를 받아들여 따르는데 주저함이 없었다. 사실 그는 낚시에다 무거운 권위를 부여할 의도가 없었을지 모른다. 단순히 넓은 세상으로 나아가기 위한 수단으로 낚시의 원리를 이용했을 뿐일 가능성이 높다. 하지만 그 말은 오늘날 강태공을 훌륭한 낚시꾼으로 만들었고, 낚시를 엄숙한 신비주의로 몰아넣었다.

  낚시와 강태공의 결합은 우연이었다기보다는 후세 사람들의 어떤 의도나 필요에 의해 이루어졌을 테다. 하지만 낚시가 정신세계 혹은 사색에만 집착해야 할 이유가 과연 있을까? 지나치게 한 방향으로 쏠려 있으면 유연성이 떨어지게 마련이다. 권위를 향한 집착은 집단 몰입을 강요하는 경향이 있다.

  사실, 낚시는 사람들에게 휴식이나 감동을 줄 수 있어야 한다는 목소리가 근래 종종 들려온다. 그러자면 우선, 낚시 그 자체에서 즐거움을 찾을 줄 알아야 한다. 기본에 충실해야 한다는 얘기다.

  미끼와 바늘의 운용술, 찌 사용법, 낚시장소 고르기, 손맛 즐기기, 낚은 물고기 감상하기, 물고기 방생, 자연현상 감상 등 낚시행위 그 자체로부터 느낄 수 있는 즐거움은 무척 다양하다. 이를테면, 부력과 중력과 물고기의 입질이 상호작용을 하면서 찌가 솟아오르거나 가라앉을 때, 정직하고 간결한 생명력을 느낄 수 있다. 밤낚시를 통해, 찌의 불빛이 솟구치는 동작을 감상할 수 있고 어둠의 정취를 맛볼 수도 있다. 실제로 낚시행위 그 자체를 즐기려는 사람들이 요즘 날로 늘어나고 있기도 하다.

  또 계절의 변화나 밤낮의 변화를 가장 생생하게 느낄 수 있는 곳이 낚시터 물가다. 이를테면, 봄이 되면 식물이 싹을 틔우고, 꽃봉오리를 맺고, 번식을 한다. 여름이 되면 짙푸르게 성장을 한다. 가을에는 결실을 맺고 단풍을 만들어낸다. 겨울에는 생육을 접고 휴식에 들어간다. 야생동물도 늘 자신의 삶을 계절의 주기에 맞춘다. 그리고 식물이든 동물이든, 아침과 한낮과 저녁과 밤의 생활이 확연히 다르다. 낚시꾼이라면 강과 호수에서 자연의 변화가 선사하는 질서의 오묘함을 생동감 있게 맛볼 수 있다. 그런 즐거움을 마음껏 누리려면 낚시 그 자체의 기본에 충실해야 한다.

하지만 강태공은, 육도에서 말했듯이, 낚시를 하면서도 낚시를 즐기지 않고 큰 뜻을 구하려고 했다. 사람들은 그 말에 3천여 년 동안 길들여져 왔다. 그러니 낚시 자체의 아기자기한 감동을 느끼는데 충실할 수 있었겠는가. 아, 물론 낚시에서 자잘한 감동을 느끼면서 큰 뜻까지 함께 구할 수 있다면 금상첨화다. 하지만 현실적으로는 그게 그리 쉽지 않을 것이다.

낚시가 사람들에게 휴식과 감동을 주려면 생활의 일상과 멀리 떨어져 있으면 안 된다. 생활의 연장이어야 한다. 번잡하고 복잡하고 무미건조한 삶에서는 마음이 억눌려 있을 수밖에 없다. 그럼 억눌림을 풀어야 한다. 그러자면 무언가 다른 환경을 찾아야 하는데, 그것이 곧 낚시요 물가다. 현실의 삶이 힘들다는 이유로, 낚시를 삶과 동떨어진 은거의 수단으로 삼는다거나 낚시 한 곳에만 집요하게 전념하는 태도는 억눌림을 풀어주지 못한다. 가장으로서, 직장인으로서, 생활인으로서 자신의 역할을 다하지 못한 채 낚시에만 매달리는 태도는 또 다른 유형의 집착이다. 현실의 삶만 해도 답답한데 물가에서마저 집착에 억눌려서야 되겠는가.

강태공이야 큰 뜻을 구하기 위해 오랫동안 물가에서 은거했다지만, 그래서 성공을 거두었다지만, 그의 낚시태도가 오늘날에도 그대로 유효할까? 강태공은 첫 번째 결혼생활에서 집안 살림을 제대로 돌보지 않았다. 물론 살림을 돌보지 않은 것은 나름대로 큰 뜻을 구하려 했기 때문일 수 있다. 하지만 그 집요함 때문에, 아내가 가난을 견디다 못해 친정으로 도망을 가버렸다. 큰 뜻을 얻기 위해서라면 현실의 문제를 외면한 채 오랫동안 한 곳에 집착하는 태도가 오늘날에도 그대로 유효할까?

마음이 울적할 때마다 틈틈이 다녀오는 낚시에서 오히려 더 큰 휴식과 감동을 맛볼 수 있지 않을까싶다.

1990년대 초 우리나라에 「흐르는 강물처럼」이라는 미국 영화가 소개된 적 있다. 낚시를 소재로 한 영화였다.

루어기법의 플라이낚시라는 점에서 낚시의 방식이나 정서가 동양과는, 우리나라와는 전혀 달랐다. 그럼에도 많은 사람들이 그 영화로부터 적잖은 감동을 받았다. 그것은 낚시가 생활을 벗어나지 않았기 때문이었다. 낚시가 삶 속에 녹아들어 있었기 때문이었다.

그 영화 속의 낚시꾼들은 생활인이라는 자신의 삶에 충실하면서 틈틈이 물가를 찾곤 했다. 또 그들은 탁월한 미끼 운용술을 선보이면서 낚시행위 그 자체를 즐기는 모습으로 그려졌다.

한 세기동안 세상의 절반을 휘어잡았던 철학자, 칼 마르크스는 낚시를 어떻게 생각하고 있었을까? 그는 자신의 저작에서 낚시 그 자체로는 특별히 언급해놓은 게 없다. 다만 『독일이데올로기』에서, 공산주의사회가 되면 사람들은 다음과 같은 삶을 누릴 수 있을 것이라 말하고 있다.

'아침에는 사냥하고 오후에는 낚시하고 저녁에는 소를 치며 저녁식사 후에는 비판을 하면서도, 사냥꾼도 어부도 목동도 비판가도 되지 않으면서 그런 삶이 가능해진다.'

단지 말뿐이지만, 그리고 현실과는 너무 동떨어진 말이지만, 듣는 사람으로서는 그 말만으로도 행복해진다. 굳이 직업이 아니라도, 일상적으로 사냥과 낚시와 소치기와 비판을 즐길 수 있다는 얘기다. 물론 그가 낚시를 들먹인 이유는 공산주의 삶의 미래를 얘기하려는 것일 테지만, 낚시가 삶으로부터 멀리 벗어나 있지 않다. 그의 생각으로는 낚시가 현실의 일상 속에 자리 잡고 있다.

낚시에서 기다림의 시간이 길어질수록, 낚은 물고기의 몸집이 클수록, 사색이 깊어질수록, 분위기가 엄숙해질수록 휴식과 감동이 커진다고 말할 사람도 없지 않을 것이다. 그런 정서는 대개 강태공 신드롬이라 할 만하다. 그 역시 가치가 있다. 사실, 낚시에서 무려 3천여 년 동안 전해져 내려온 강태공의 낚시태도가 쉽게 사라지거나 퇴색되는 것은 결코 바람직하지 않다. 다만, 오늘날 낚시에서 중요하게 여겨야 할 것은 낚시문화의 다양성일 테다. 다양성이 없으면 무관심이나 쏠림현상이 일어나기 쉽다.

생명의 빈곤과 휴식의 실종

낚시는 자연생태계에서 이루어진다. 생태계가 훼손되면 낚시는 사람들에게 휴식과 감동을 줄 수 없다. 생태계가 훼손되어 생명체들이 살지 못하는 곳에서는 낚시를 즐길 수 없다. 강과 호수가 마구 개발되면서 도시화되고 있다면, 그 강과 호수는 도시 사람들의 휴식처가 될 수 없다.

오늘날 생태계가 급속히 훼손되고 있다. 물론 인간의 탐욕 탓이다. 인간의 탐욕은 낚시의 처지를 염두에 두지 않는다. 낚시가 위기를 맞고 있다는 말도 심심찮게 들려온다. 그럼에도 불구하고, 낚시는 자구책을 세우려들지 않는다.

아쉽게도, 강태공 방식의 낚시에는 생명 존중의 태도가 뚜렷이 나타나 있지는 않다. 그의 큰 뜻은 생명을 다루는 법을 언급해놓지 않고 있다. 세인들의 믿음대로라면, 그는 물가에서 기나긴 사색의 세월을 보냈을 것이다. 그런데도 생명에 관한 별도의 언급이 없다는 점이 오늘날의 가치기준으로 본다면 적잖이 놀랍다. 인간이 아닌 미물의 삶에는 관심이 없었던 것일까? 다만, 그의 어록으로 알려져 있는 육도와 삼략에는 백성의 안녕을 중시하는 세계관이 들어 있긴 하다. 그 세계관은 강태공의 철학에서 매우 중요한 자리를 차지한다. 하지만 그것은 어디까지나 정치철학이자, 정복전쟁의 승리를 위한 전략이었을 뿐이다.

그 당시는 인류의 문명사적으로 볼 때 청동기시대다. 인간이 만들어낸 문명으로서 가장 첨단적인 기술은, 고작 청동을 만들어내어 생활이나 전쟁에 활용하는 기술에 지나지 않았다. 철(鐵)이 미처 사용되기 전이었다. 인간이 자연을 고도로 지배할 줄 몰랐던 시대였다. 오히려 인간이 자연의 냉혹함에 무서워 벌벌 떨어야 했을 테다. 인간이 자연을 이용하면서 제아무리 훼손하려 해도 그럴 만한 능력을 갖고 있지 않았다. 낚시로 물고기를 낚아 요리해 먹는다손 쳐도 마음에 거리낄 게 없었을 테다. 그러니 오늘날의 낚시에서 존중되는 방생의 미덕 같은 관념은 아예 없었을지 모른다.

그 당시는 강태공으로서도 미물의 생명에 대해 뚜렷한 주관을 정립해놓지 않았을 가능성이 높다. 오히려 그는 낚시꾼으로 물고기의 생명을 경시하는 듯한 말을 육도의 문도 편에 남겨놓고 있다. 아마 당초에는 생명을 경시하려는 의도가 없었을 것이다. 그가 누군가에 의해 떠밀려 낚시에 정착하면서부터, 그 자신과 낚시가 생명을 무시한다는 엉뚱한 오해를 사게 되었을 테다. 위수의 물가에서 문왕을 처음으로 만나 세상으로 따라나서기 직전에, 문왕에게 했다는 말이다. '낚시의 세 가지 권위'에 곧바로 이어지는 말이다.

'緡微餌明, 小魚食之. 緡調餌香, 中魚食之. 緡隆餌豊, 大魚食之.'
곧 '낚싯줄이 가늘고 미끼가 투명하면(바늘이 훤히 보일 정도로 미끼가 얇게 꿰어져 있으면), 작은 물고기가 물게 됩니다. 낚싯줄이 중간 정도의 굵기이고 미끼가 향기가 있으면, 중간 크기의 물고기가 물게 됩니다. 낚싯줄이 굵고 미끼가 넉넉하면, 큰 물고기가 물게 됩니다.'로 새겨진다.
곧바로 이어지는 다음 대목이 흥미를 자아낸다.
'夫魚食其餌, 乃牽於緡. 人食其祿, 乃服於君. 故以餌取魚, 魚可殺, 以祿取人, 人可竭.'
곧 '대개 물고기가 먹이를 물게 되면 낚싯줄에 묶이게 됩니다. (그와 마찬가지로) 사람도 녹봉을 받으면 임금에게 복종하게 됩니다. 미끼로 낚은 물고기는 낚시꾼이 능히 죽일 수 있듯이, 녹봉을 받는 사람이라면 임금이 그를 능히 부릴 수 있지요.'로 새겨진다.
미끼를 봉급에, 물고기를 신하에, 낚시꾼을 임금에 각각 비유해 낚시철학을 말하고 있다. 낚시꾼은 자신이 낚은 물고기를 마음대로 죽일 수 있으며, 임금은 봉급을 미끼로 신하를 마음대로 부릴 수 있다는 얘기다.

그 발상이 놀랍긴 하지만 어쩐지 생명을 경시하는 듯한 느낌을 지울 수 없다. 당시의 군주제적인 발상이다. 결과론이긴 하지만, 강태공은 그 같은 냉엄한 사고체계를 갖고 있었기 때문에 나중에 천하를 통일하고 제나라의 초대임금으로써 선정을 베풀 수 있었을지 모른다.
그의 시절에는 미물의 생명을 존중해야 한다는 생각이 도덕적 당위성으로 뿌리를 내리지 않았을 개연성이 높다. 다만 낚시가 생명을 제대로 돌보지 않는 것으로 오늘날 인식되고 있다면, 그것은, 강태공이 의도했든 의도하지 않았든, 그의 영향 탓이기도 하다. 물론 그 말도 문왕을 따라 넓은 세상으로 나아가기 위한 의도로 한 것일 가능성이 높다. 그가 평소에도 '낚시는 생명을 경시해도 무방하다'는 태도를 갖고 있었는지는 분명하지 않다. 하지만 결과적으로 그 말대로라면, 그는 생명을 경시하는 듯한 부정적인 이미지를 낚시에다 심어놓았음이 분명하다.

지금은 사정이 그 때와 영 다르다. 오늘날에는 생명을 대하는 사람들의 마음가짐이 결코 한가로울 수 없다. 사실 오늘날 인간이 적극적으로 생명을 죽이려는 마음을 갖고 있지 않다고 해도, 인간 특유의 생활방식 탓에 어쩔 수 없이 죽여야 하는 생명이 수없이 많다. 비록 살의(殺意)가 없다고 해도, 다른 생명체들의 생활방식과는 거꾸로 나아가는 배타적인 문명과 생활방식 탓에 자연생태계의 생명들을 사라지게 하고 있는 것이다. 그러니 의도적으로 이루어지는 막무가내 개발에 의한 살생이라면, 그 잔인함을 입에 올려 뭣하겠는가.

여러 줄기의 강을 하나로 통합해 운하를 짓겠다는 구상은 어떤가. 이미 우리나라의 강은 댐이나 수중보 등에 의해 막혀 그 자연스러운 흐름을 잃어버렸다. 한강에도 낙동강에도 금강에도 영산강에도 섬진강에도 층층이 댐과 수중보가 놓여 있다. 머잖아 임진강 지류에도 댐이 들어설 예정이라고 한다. 저간의 사정이 그럴진대, 거기에다 한때 논의된 바 있는 내륙운하까지 건설되면 여러 줄기의 강은 사실상 하나의 거대한 내륙호수로 바뀌는 것에 다름이 아닐 수 있다. 어떤 유형으로든 자연생태계에 어지러움이 일어날 수밖에 없다. 생명이, 죽거나 병들거나 힘들어 할 수밖에 없을 테다.

인간은 누구나 잘 먹고 잘 살 수 있기를 바랄 테다. 하지만 오늘날 인간이 자연생태계를 대하는 태도는 잘 먹고 잘 사는 것에 머물지 않고, 많이 먹고 게걸스럽게 사는 쪽으로 나아가는 듯하다.

강은 인간의 낚시나 삶에서 어떤 존재일까. 오늘날에는 강 낚시에 못지않게 호수 낚시도 유행하고 있다. 원래는 강 낚시를 즐기는 낚시꾼이 호수 낚시꾼보다 월등히 더 많았지만, 최근 수십 년 사이에 강 낚시꾼이 줄면서 그 두 쪽은 세력이 엇비슷해졌다. 대다수의 강이 댐이나 수중보 등 인공 구조물에 의해 흐름이 막히면서 낚시할 여건을 잃어버렸기 때문이다. 낚시꾼이 찾지 않는 강에 물고기 같은 생명체들이 온전히 살아갈 수 있을까. 강은, 낚시와 낚시꾼에게 시원이면서 고향과 같은 존재다.

강태공이 낚시를 했다는 곳도 강이다. 그가 문왕을 만난 곳은 위수라는, 막힘없이 언제나 시원스럽게 흘러가는 강이었다. 낚시는 장애물에 갇힌 인공호수가 아니라, 자연스럽게 흘러가는 강에서 시작됐다. 강태공 이후로 오늘날까지 그 오랜 세월 동안 사람들은 강에서 낚시를 해왔다. 태고 적부터 인간이 보금자리를 튼 곳도 강가였다. 사람들은 아득히 흘러가는 강물을 바라보며 울적함을 씻어 보냈고, 새롭게 흘러오는 강물을 바라보며 희망을 새로 충전했다. 인간의 문명이란 것도 맨 처음 강에서 시작됐지, 막힌 인공호수에서 시작된 게 아니다.

사람들은 자신들의 절박함을 토로할 때 생존권을 말하곤 한다. 미물이나 생태계를 위한 생존권은 무시당하기 일쑤다. 낚시가 휴식으로서의 기능을 날로 잃어가고 있다면 낚시도 생존권을 위협받고 있는 셈이다. 휴식은 생존에 반드시 필요한 기능이기도 하다.

오늘날 낚시에서는 할 일이 적지 않게 생겨나고 있다. 낚시행위 그 자체를 즐기는 기본기에도 충실하지 못한 마당에, 낚시는 자신의 고향이자 생존터전인 강을 몽땅 잃어버릴 위기에 놓여 있다. 기본기를 다져보기도 전에 낚시가 사라진다는 것은 누가 봐도 불행한 일이다.

낚시가 마냥 세월만 낚고 있기에는 생태계의 교란이 너무 급박하다. 낚시의 위기는 휴식의 상실을 부르게 마련이다. 낚시는 더 이상 개인의 정신수양이나 관조와 같은 추상적 관념론에만 머물러 있을 수 없다. 그건 지난 3천여 년의 세월이면 족하다. 낚시가 강태공의 무책임한 이미지를 털어내지 않으면, 낚시꾼은 생명과 휴식의 실종 상태에서 헤어날 길이 없다.

휴식과 전투 사이의 딜레마

오늘날 일상생활에서 낚시는 종종 전투적이거나 호전적인 모습으로 그려지곤 한다. 낚시가 사람들의 의식 속에 그런 잔인한 이미지로 잠재되어 있는 것이다.

이를테면, 낚시꾼들 가운데는 물고기를 물 밖으로 끌어내는 동작을 '강제진압' 또는 '제압'으로 부르는 이가 적지 않다. 그냥 '끌어내기'로 부르면 될 것을, 마치 군사작전이라도 벌이듯이 굳이 그렇게 무서운 말을 써야 할 이유가 있을까. 물고기가 시위대이거나, 아니면 전장의 적군이라도 되는가. 낚시에서 자주 쓰이는 섬뜩한 표현은 그 밖에도 얼마든지 있다.

미끼를 물풀 틈새에 넣어 물고기를 낚는 행위는, '수초 공략'으로 불리곤 한다. 낚시꾼들 가운데는 그런 낚시방식을 '수초치기' 또는 '물풀치기'로 부르는 이가 적지 않다. 괜찮은 표현인 것 같다. 공략은, 적국으로 쳐들어가 함락해서 다스린다는 뜻의 군사적 용어다.

또 낚시채비를 물속으로 던지는 행위는 '투척'으로 곧잘 불리곤 한다. 투척보다는 '던지기'라는 표현이 더 자연스럽지 않을까? 실제로, 낚시꾼들 사이에서는 던지기로 부르는 이가 적지 않다. 투척은 마치 전쟁터나 군사훈련장의 수류탄 투척을 연상케 한다.

지금까지 나열된 전투적인 단어들을 사용해 낚시행위로 엮어보면 다음과 같은 말이 만들어진다.

〈낚시채비를 수초 틈바구니로 '투척'해, 수초 사이에 숨어 있는 물고기들을 '공략'한다. 이어 물고기가 입질을 하면 곧바로 '강제진압(또는 제압)'에 나선다.〉

말이 별다른 무리 없이 자연스럽게 이어지는 듯하다. 낚시정서가 전투적인 의미에 그만큼 깊이 길들여져 있다는 반증이 아닐까? 낚시정서가 오랫동안 심하게 왜곡되어 있다는 뜻이기도 하다.

휴식과 감동을 맛보러 물가로 나갔다가 주위 낚시꾼들로부터 그런 험상궂은 말을 듣게 되면 기분이 상할 수 있다. 그러면 휴식이나 감동이 줄어들 수밖에 없다.

그런 표현법은 오랜 군사문화의 잔재일 수도 있다. 그런 표현법은 사람들의 의식이 군사문화에 길들여진 탓에 생겨났을 수도 있다. 다른 한편으로는 강태공이 낚시로 옮아와 낚시꾼으로 행세함으로써 빚어졌을 수도 있다. 즉, 군주의 책사로서 혹은 천하통일을 이루는 과정에서 그가 부린 지략이 낚시로 옮겨짐으로써 생겨났을 가능성을 배제할 수 없다. 다시 말해, 책사의 역할에서나 천하통일을 이루는데 온갖 권모술수가 횡행했을 것이라는 믿음이 낚시에 투영된 결과일 수 있다.

육도의 무도(武韜) 편에는 무력을 쓰지 않고도 적을 이길 수 있는 방안이 여러 가지로 제시되어 있다.

그 가운데 하나가 '陰賂左右, 得情甚深. 身內情外, 國將生害.'라는 대목이다. 강태공이 자신의 주군인 문왕에게 전하는 말이다. '몰래 (군주의) 신하를 상대로 뇌물을 뿌리고 그 마음을 깊게 얻으십시오. (그리하여) 몸은 나라 안에 있을지라도 마음을 나라 바깥으로 끌어내면, 그 나라에는 장차 해로움이 생길 것입니다.'로 새겨진다.

굳이 무력을 써서 피를 보지 않더라도, 뇌물로 적의 마음을 사로잡아 한 나라를 정복할 수 있다는 얘기다. 점잖은 사람이 할 행동은 아니다. 하지만 육도는 청소년을 위한 윤리교과서가 아니라, 한 나라가 천하를 통일하기 위한 방안을 논하는 정치 사상서이자 병법서이다.

이어 '輔其淫樂, 以廣其志, 厚賂珠玉, 娛以美人.'이라는 말도 나온다. 곧 '(적국의 사람들에게) 음란한 즐거움을 부추기고, 마음의 변절을 더욱 확대하고, 구슬과 옥을 뇌물로 후하게 주고, 미인계를 써서 즐겁게 하십시오.'라는 뜻이다.

또 '養其亂臣以迷之, 進美女淫聲以惑之.'라는 말도 있다. 곧 '(적국에) 난신을 길러 군주의 마음을 어지럽히고, 미녀와 음란한 음악을 바침으로써 군주를 유혹하십시오.'라는 의미다.

그와 같은 계책들을 써 적국을 어지럽히면, 그 나라는 저절로 망하게 된다는 얘기다. 간계는 언제나 듣기에 민망하다. 다만 정복전쟁을 일으켜 무력으로 인명을 살상하는 것보다는, 간계를 통한 흡수합병이 잔인함이 훨씬 덜할 수는 있겠다.

이와 같은 전략은 낚시에서 유혹의 기술, 특히 미끼 쓰는 법에 해당하는 것으로 여겨지곤 한다. 흔히 하는 말로, '밑밥을 던지는' 것이다. 오늘날 미끼를 놓는 일이, 음흉하거나 간사한 계략의 뉘앙스를 풍기게 된 이유가 이와 무관하지만은 않은 것 같다. 오늘날 알려져 있기로는, 강태공에게 낚시란 단순히 물고기를 낚는 기술만은 아니었던 까닭이 바로 여기에 있다.

　육도의 용도(龍韜) 편에는 '善戰者, 見利不失, 遇時不疑. 失利後時, 反受其殃.'이란 구절이 있다. 강태공이 무왕에게 한 말이다. '전쟁에서 싸움을 잘하는 사람은, 이로움을 보면 잃지 않고 때를 만나면 의심하지 않습니다. 만약 이로움을 잃고 때에 늦으면 도리어 재앙을 당합니다.' 라는 의미다. 쉽게 말해, 훌륭한 군주라면 기회나 시기를 놓치지 말고 결단력 있게 행동해야 한다는 얘기다.

　결단력은 낚시에서도 매우 중요하다. 물고기가 입질을 하고 있는데도 낚싯대를 잡아채지 못한 채 머뭇거리다가는 물고기를 놓치기 십상이다. 낚시는, 힘을 쓸 줄 아는 물고기라는 동물을 상대한다는 점에서 강태공에게는 전투의 의미로 받아들여졌다. 강태공이 인간 이외의 생명에 대한 이해가 부족했다느니, 유난히 가학적인 심리상태를 갖고 있었다느니 하는 말을 듣곤 하는 것도 그런 성향 때문이다. 물론 낚시가 휴식 이외의 어떤 무거운 의미를 지니게 된 것도 연유를 따져보면 그런 성향과 무관하지 않을 성싶다.

　강태공은 과감한 결단을 중시하면서도, 다른 한편으로는 참고 기다릴 줄 아는 태도도 빠뜨리지 않고 있다.

　이를테면, 육도의 무도(武韜) 편에서 '天道無殃, 不可先倡. 人道無災, 不可先謀.'라 했다. 곧, '하늘의 이치로 볼 때 재앙의 조짐이 없을 때는 섣불리 군대를 일으키면 안 됩니다. 또 백성의 이치로 볼 때 재앙의 조짐이 없을 때는 섣불리 전쟁을 도모하면 안 됩니다.'라는 의미다. 적국에 재앙이 일어날 조짐은 승리를 거둘 수 있는 좋은 기회다. 적국에 재앙 조짐이 없을 때 정벌에 나서는 것은 무모한 태도다. 다시 말해, 정복전쟁을 벌이려면 하늘과 백성의 뜻을 헤아려 신중하게 결정하라는 뜻이다.

물론 이 말도 낚시의 원리 혹은 태도와 무관하지 않은 것으로 오늘날 받아들여지곤 한다. 물고기의 입질이 미처 무르익지 않았는데도 섣불리 낚싯대를 잡아챘다가는 물고기를 놓치기 쉽다. 한번 놓친 물고기는 다시 낚기 어렵다. 오늘날 낚시가, 때를 기다리면서 인내심을 기르는 정신수양의 수단쯤으로 여겨지는 것도 연유를 거슬러 올라가보면 이와 맥이 닿을 듯하다.

그는 삼략의 상략(上略) 편에서 '柔者德也, 剛者賊也.'라 했다. 곧, '부드러운 것은 미덕이지만, 강한 것은 도적이다.'로 새겨진다. 물론 이 말은 세상을 다스리는 지혜, 혹은 전쟁에 임하는 지략으로 나온 개념이다. 하지만 오늘날 이 개념은 종종 낚시의 원리와 결부되어 연상되곤 한다.

그 의미로만 보자면, 거기에는 심오한 뜻이 담겨 있다. 부드러움은 겉으로는 약해 보이지만 실제로는 약하지 않을 수 있다. 거꾸로, 강함은 겉으로는 튼튼해 보이지만 실제로는 튼튼하지 않을 수 있다. 부드러운 것은 외견상 약해 보이기 때문에 적의 경계심을 자극하지 않고 새로운 적을 만들지도 않는다. 오히려 남들로부터 도움을 받기도 한다. 외견상 강해 보이면, 약해 보이는 것과는 정반대로 역효과를 보게 될 때가 많다. 또 부드러움은 필요에 따라 자유롭게 변신할 수도 있어 유리한 점이 많다. 예컨대, 풀은 바람이 불면 쓰러지듯 누워 있다가 바람이 자면 다시 살며시 일어선다. 부드러움 덕분이다. 나무는 바람에 한번 꺾이거나 넘어지면 다시는 일어나지 못한다. 뻣뻣함 탓이다.

얼핏 보기로는, 노자도덕경에 나오는 '상선약수(上善若水, 가장 좋은 것은 물과 같다)'의 지혜가 연상된다. 노자는 세상에 물보다 더 강한 것은 없다고 보았는데, 그 이유를 물의 부드러운 속성에서 찾으려하지 않았던가.

사실, 낚시의 세상은 부드러움의 질서라 해도 지나친 말이 아니다. 낚시는 처음부터 끝까지 부드러움이 지배한다.

낚싯줄과 낚싯대 같은 도구가 물고기의 강한 저항을 견딜 수 있는 것은, 탄력 있는 부드러움 덕분이다. 그 부드러움 속에 힘이 있다. 그 부드러움으로 월척을 낚아낸다. 만약 낚싯줄과 낚싯대가 부드러움이 없이 마냥 뻣뻣하기만 하다면, 물고기의 저항에 쉽게 끊어지거나 부러지고 말 테다. 낚시꾼이 물고기를 힘으로 끌어낼 때도 마찬가지다. 무조건 힘으로만 끌어당겨서는 안 된다. 강약을 조절해가면서 물고기가 지치도록 유도하는 지혜가 필요하다. 물리적인 힘에만 의존하다보면 낚싯줄이 터지거나 낚싯대가 부러지면서 물고기를 놓치기 쉽다.

그는 삼략의 하략(下略) 편에서 '夫人之在道, 若於之在水. 得水而生, 失手而死.'라 했다. '대체로 사람이 도리를 행한다는 것은 (물고기가) 물에서만 살 수 있는 것과 같은 이치다. 물고기는 물을 얻으면 살 것이요, 물을 잃으면 죽을 것이다.'라는 의미다. 사람이 사람으로서 지켜야 할 도리를 다하지 않으면 마치 물고기가 물밖에 나오면 죽게 되는 것과 마찬가지라는 뜻이다.

물론 이 개념도 낚시의 원리와 곧잘 연상되곤 한다. 낚시꾼에 의해 물 바깥으로 나온 물고기는 곧바로 물속으로 돌려보내지지 않는다면 죽음을 맞을 수밖에 없을 것이다. 다만, 요즘 낚시에서는 낚은 물고기를 물속으로 도로 놓아주는 관행이 일반화 되어가고 있다.

낚시가, 통치의 지략이나 전쟁에서 이기기 위한 병법과 연계됨으로써 적지 않은 문제점을 안게 된 것은 분명한 사실이다. 낚시가 사람들에게 넉넉한 휴식과 감동을 주지 못하는 이유가 가장 큰 문제점이다. 강태공의 통치 지혜가 낚시의 원리로 둔갑한 탓이다. 무려 3천 여 년의 긴 세월동안 낚시는 잔인한 살생의 이미지를 털어내지 못한 채 오늘날까지 흘러온 셈이다.

사실, 낚시는 물고기를 꾀어내는 기술과 끌어당기는 기술이 한데 접목되어 있다. 꾀어내는 기술은 유혹이고, 끌어당기는 기술은 실력행사다. 낚시는 유혹의 기술과 무력의 기술로 이루어져 있는 셈이다. 선후 관계로 보자면, 유혹이 먼저이고 무력이 나중이다. 곧, 꾀로 유혹해서 힘으로 끌어내는 것이 낚시의 원리이자 속성이라 할 수 있다.

유혹의 기술에는 여러 가지가 있다. 물고기의 입맛을 당기게 하는 미끼를 쓰는 것은 유혹의 기본에 해당한다. 사람도 맛없는 음식은 먹지 않는데, 물고기라고 구미에 맞지 않는 음식을 먹을 리 있겠는가. 또 물고기가 이물감을 느끼지 않도록 바늘의 소재나 크기를 알맞게 선택하는 것도 유혹의 기술이다. 물고기의 경계심을 자극하지 않도록 진득하게 기다리는 태도를 유지한다든지 소음을 내지 않는다든지 하는 것도 그에 해당한다.

무력의 기술도 여러 가지다. 사람이 물고기보다 물리적 힘이 강한 것은 사실이다. 하지만 물 밖의 인간이 물 속의 물고기를 상대할 때는 반드시 물리적인 역학관계가 전부인 것만은 아니다. 물고기는 인간의 유혹에 넘어갔다는 생각이 들면 온갖 수단을 다 동원해 강력히 저항한다. 물속의 풀이나 나무, 수심, 바위 등 여러 지형지물에 자신의 몸을 의지하면서 버티기를 시도한다. 그래서 낚시꾼의 무력이 효과를 보기 위해서는 힘의 안배가 필요하다. 힘을 강하게 쓸 때와 약하게 쓸 때를 구별할 수 있어야 물고기를 아무 탈 없이 밖으로 끌어낼 수 있다.

게다가, 강태공의 통치이론은 낚시의 원리에 착안해 만들어진 것으로 오늘날 인식되곤 한다. 위수에서 문왕을 상대로 그 이론을 설파함으로써 문왕의 마음을 단박에 사로잡았다는 사실은 그런 인식을 확고부동한 것으로 고착화시켰다. 문왕과의 만남은 그 이론의 첫 시험무대였던 셈이다. 그는 육도의 첫머리에서, 자신은 낚시를 하고 있지만 그 목적이 낚시를 즐기는데 있지 않고 큰 뜻을 구하는데 있다고 밝히지 않았던가.

육도에는 낚시의 원리를 차용한 듯한 흔적이 곳곳에 남아 있다. 육도가 전반부에서 덕치를, 후반부에서 무력사용법을 각각 구분해 논하고 있다는 점도, 어쩌면 유혹과 실력행사로 구분되는 낚시의 속성을 빌린 것인지 모른다. 강태공은 자신이 낚시를 즐기지 않으면서도, 사실 여부를 떠나, 낚시로부터 통치의 지혜를 고안해낸 셈이다. 낚시의 원리가 통치의 지혜로까지 발전할 수 있다니! 낚시의 위대함인가, 아니면 강태공의 무모함인가? 그게 아니라면 강태공을 낚시터로 끌고 간 후세사람들의 계략인가?

낚시꾼과 정치인 사이의 이중성

당연한 얘기지만, 한 사람이 삶을 두 가지로 살 수는 있지만 몸은 둘일 수 없다. 삶을 두 가지로 산 사람은 그의 몸이 생물학적으로 둘로 나누어질 수 없다는 사실 때문에 난해한 수수께끼를 남겨놓을 때가 종종 있다. 강태공이야말로 그런 사례에 해당한다. 그 자신은 죽음에 이르기 직전 삶을 돌아보면서 그런 딜레마에 빠지지 않았을지라도, 오늘날의 사람들은 그의 정체성에 혼란을 겪으며 당혹스러워 하곤 한다.

흔히 후세 사람들은 강태공의 삶을 일컬어 궁팔십달팔십(窮八十達八十)이라 한다. 전반부는 힘겹게, 후반부는 수월하게 살았다는 의미로 통한다. 현실적으로 말해, 힘든 삶이란 정치적으로 자신의 뜻을 펴지 못하거나 경제적으로 곤궁하다는 의미일 것이다. 삶의 당사자가 힘겹다고 느꼈다면 열패감이나 열등의식을 지니게 된다. 그래서 그것을 극복하기 위해 나름대로 노력했을 테다. 그 노력 덕분에 삶이 수월하게 변했다면, 자신의 뜻을 펼 수 있는 힘을 지니게 됐다거나 물질적으로 쪼들림이 없어졌다는 의미다. 그래서 일생을 마지막으로 정리할 때 별다른 아쉬움 없이 편히 눈감을 수 있었을 테다. 물론 강태공의 삶이 그러했지 싶다.

하지만 후세 사람들의 눈에 비친 강태공의 삶은, 적어도 겉으로는 전반부와 후반부가 달라도 너무 달랐다. 궁핍한 생활이나 은거나 낚시로 대표되는 전반부 인생, 그리고 황제의 책사와 천하통일과 국왕으로 대표되는 후반부 인생. 그 둘은 질적으로 사뭇 달랐겠지만, 외견상으로도 확연히 대비된다. 전반부에서 후반부로 넘어가는 과정도 그다지 매끄럽지 못하다. 문왕과 가진 '낚시미팅'이라는 극적인 드라마가 전반의 삶과 후반의 삶을 이어주는 매개체라지만, 인생역전의 인과관계가 그다지 석연치 않다. 삶의 반전에는 수긍할 만한 이유가 있게 마련인데, 적어도 오늘날까지 알려진 바대로라면, 낚시미팅 하나만으로는 궁금증을 시원하게 풀어주지 못한다.

강태공을 낚시꾼으로 볼 것인가, 아니면 직업정치꾼으로 볼 것인가. 그는 오늘날까지 사람들의 마음속에 낚시꾼으로 널찍한 자리를 차지하고 있다. 그와 동시에, 비록 좁은 자리로나마 정치꾼의 모습으로도 남아 있다. 그래서 적지 않은 혼란을 준다.

그는 낚시꾼이란 야인의 신분으로 감히 주나라 문왕이란 지존의 인물을 낚아냈다고 전해진다. 나아가, 낚시꾼의 신분으로 천하평정과 제나라의 국왕을 낚아냈다고 일컬어지곤 한다.

오늘날 낚시가 휴식이 아니라 큰 무언가를 낚아내는 행위로 여겨지는 것은, 강태공이라는 인물이 가진 이중적 이미지 때문이 아닐까? 낚시에서 월척이나 대물을 지향하는 심리가 있는 것은 강태공의 '달팔십'으로부터 영향을 받았기 때문이 아닐까? 낚시가 사색이나 관조라는 엄숙한 태도로 비쳐지는 것은 그가 낚시를 하면서 문왕과 천하와 국왕을 간절히 기다렸다는 이미지 때문이 아닐까?

오늘날 정치판에서는 어떤가. 직업정치인들이 자신의 뜻을 말할 때 낚시에 관련된 일화를 곧잘 인용하곤 하는 것은 강태공의 영향 때문이 아닐까? 큰 인물을 중심으로 뭉쳐 그 넓은 우산 속으로 들어가려는 심리는 강태공과 문왕의 낚시미팅에서 비롯된 것이 아닐는지. 선거철을 맞아 유세 현장으로 달려갈 때에는 표와 당선이라는 큰 물고기를 낚아내겠다는 의식, 곧 강태공 심리가 전혀 없을까.

오늘날 낚시는 너무 부담스러운 데가 있다. 낚시도 강태공을 닮아서인지 이중성을 띨 때가 자주 있다.

낚시는, 번잡한 삶을 잠시 벗어나 휴식을 가지려는 태도이면서도 동시에 엄숙한 자세를 요구한다. 물과 산과 들판의 야성을 즐기려는 태도이면서도 정신수양의 엄격한 자세를 강요한다. 고요한 수면에 떠 있는 한 점의 찌를 바라보는 여유이면서도 현실 삶터의 고단함을 떨쳐내지 못한다. 그러니 낚시꾼도 부담스러울 수밖에 없다. 물가로 나와서 만큼은 홀가분한 낚시꾼이어야 할 터인데, 승진이나 부의 축적 같은 생활인으로서의 욕구를 좀처럼 떨쳐내지 못한다.

그래서인지 낚시터에서 잔잔한 감동을 경험하기도 그다지 쉽지 않다. 무슨 일을 하든지 진지한 태도는 꼭 필요하다. 낚시에서도 진지함이 요구된다. 하지만 낚시가 너무 심각해지면 감동이 줄어든다. 휴식도 준다. 낚시에서 중요한 덕목의 하나로 간주되는 긴 기다림. 낚시꾼들은 물고기가 미끼를 먹을 때까지, 미끼를 먹는 동작이 찌의 움직임으로 나타날 때까지 마냥 기다리는 것을 미덕으로 친다. 입질을 보지 못해 물고기를 낚지 못하면, 일박이일은 기본이고 이박삼일이나 삼박사일로 하염없이 기다리기도 한다.

기다림은 인내를 필요로 한다. 하지만 실제로는 오랜 시간 기다림을 견뎌내기가 그리 쉽지만은 않다. 물가생활은, 바람을 쐬는 정도의 짧은 시간이면 몰라도 일박이일이나 이박삼일이나 삼박사일로 견디기에는 냉혹하다. 추위나 더위, 수면부족, 피곤, 배고픔, 외로움 등 인내를 시험하는 것들이 한두 가지가 아니다. 인내는 비록 쓸지라도 잘 참고 견디면 단 열매를 준다는 말이 있긴 하다. 하지만 물가에서는 반드시 그렇지만은 않은 것 같다. 심각한 기다림에 속곤 하는 낚시꾼이 한둘이 아니다. 그런 사람에게는 낚시가 감동이나 휴식이라기보다는 마음의 병이 될 수도 있지 않을까.

 낚시가 부담의 짐을 지고 있다면, 그것은 오늘날의 사람들이 강태공에게 부담을 지우고 있기 때문이다. 낚시의 부담은 뭇사람들이 그를 부담스럽게 인식하고 있기 때문에 생겨난다. 강태공이 사람들에 의해 얼마나 심각하게 받아들여지느냐에 따라, 낚시가 짊어져야 할 부담의 크기가 결정된다. 왜냐하면 낚시질로써 지존과 천하를 낚아낸 강태공이, 오늘날 낚시의 주인공 노릇을 하고 있기 때문이다.
 연원을 아득히 거슬러 올라가자면, 낚시는 맨 처음 배고픔을 해결하거나 생계를 잇기 위한 원초적 욕구로 시작되었다. 사냥이나 수렵과 다를 바 없었을 테다. 그러다가 물고기 이외의 무언가 큰 가치를 낚는 정신세계를 강조하는 흐름이 생겨났는데, 역사서로 보든 설화나 전설로 보든, 강태공이 그 방면의 원조다. 낚시의 정신세계 지향성은 무려 3천여 년의 긴 내력을 갖고 있는 셈이다.
 오늘날의 낚시는 대개 정신세계를 좇는 쪽이다. 생계수단으로서의 낚시는 강태공의 힘에 밀려 어업이나 수산업 쪽으로 멀리 떨어져나갔다. 근래 들어 강태공의 정신세계에 알레르기 반응을 나타내는 서양식 낚시의 기법이나 태도가 들어왔지만 아직 깊이 뿌리를 내리지는 않았다. 서양식 낚시기법은 외래물고기의 확산 등으로 되레 자연생태계에 적지 않은 문제점을 낳기도 한다.
 만약 그가 3천여 년 전에 문왕이라는 통 큰 정치인을 만나지 않았더라면, 그래서 은거에서 벗어나지 못했더라면, 오늘날 낚시는 어떤 모습을 하고 있을까? 낚시가 어떤 모습을 하고 있든 간에, 적어도 이중적인 모호한 이미지로 남아 있지는 않았으리라. 낚시는 그냥 낚시뿐이었을 것이다. 속세와 구별되는 물가생활로만 남아 있을 것이다. 물론 그런 가정은 지금으로서는 부질없는 상상이지 싶다. 그가 위수라는 물가에서 낚시질로 문왕이라는 큰 정치실력자를 만나면서부터, 낚시는 무거워지기 시작했다. 또 그때부터 강태공은 직업정치인의 길을 걸었고, 낚시도 마냥 물가생활로만 머물러 있지는 않게 됐다.

정신세계를 좇는 낚시가 가치가 없다는 것은 아니다. 오히려 세상살이 전반에 걸쳐 진지하게 살아가는 태도나 지혜를 퍼뜨리는데 큰 몫을 했다. 또 만약 낚시가 3천여 년 전의 모습대로 배고픔 해결이나 생계를 위한 수단으로 변함없이 흘러왔다면, 물고기는 진작 씨가 말랐을지 모른다. 만약 그랬다면 자연생태계가, 지금 인간의 탐욕 탓에 심하게 훼손되고 있지만, 오늘날의 훼손 상태보다 더 심하게 망가졌을지 모른다.

다만, 낚시의 주인이 강태공이 될 수는 없지 싶다. 낚시의 주인은 어디까지나 낚시꾼 자신이다. 낚시가 3천년 묵은 신화나 전설에 마냥 휘둘리며 지낼 수만은 없다. 낚시가 정신세계 일변도의 심각함에 억눌려 있어도 곤란하지 싶다. 일상의 삶에 휴식과 감동을 줄 수 있어야 한다. 그러자면 오랜 세월 사람들의 머릿속에 내재되어 있는 강태공을 밖으로 불러내어, 그를 똑바로 바라보려는 태도가 필요하지 않을까. 그를 똑바로 바라보면, 그와 낚시 사이에는 왠지 자연스럽지 못한 억지스러움이 여럿 눈에 띈다.

곧은 바늘에 관한 진실

흔히 우리나라 낚시꾼들 사이에 강태공은 낚시를 할 때 일자조침(一字釣針), 곧 곧은 바늘을 썼던 것으로 널리 알려져 있다. 곧은 바늘은, 오늘날 옷이나 이불을 꿰맬 때 쓰는 휘어져 있지 않은 바늘을 머릿속에 언뜻 떠올린다. 일자(一字) 모양이라 물고기가 입질을 한다 해도 낚일 리가 없을 것으로 여겨진다. 곧은 바늘은, 강태공이 물고기를 낚는 데에는 관심이 없었다는 뜻의 상징으로 오늘날 널리 통용되고 있다.

오늘날 낚시꾼들이 쓰는 바늘은 동양에서든 서양에서든 각이 크게 진 채 휘어 있다. 바늘 끝부분에는 날카로운 미늘도 달려 있다. 낚싯바늘이 휘어 있지 않거나 미늘이 달려 있지 않으면 어떤 일이 벌어질까. 물고기가 미끼에 입질을 하면서 바늘을 입속으로 빨아들였다 해도 낚시꾼이 챔질을 할 때 쉽게 빠져나가 버린다. 오늘날의 생각으로는 낚시꾼이 물고기를 낚으려는 의지가 있다면, 바늘은 반드시 휘어 있거나 미늘이 달려 있어야 한다.

그런데 강태공의 바늘은 곧은 바늘이었다고 한다. 그는 정말로 낚시를 할 때 물고기를 낚겠다는 뜻을 갖고 있지 않았던 것일까.

강태공의 어록이라 할 수 있는 육도에는 그가 일자 바늘을 썼다는 얘기는 한 마디도 나오지 않는다. 거기엔 낚싯바늘에 관한 언급이 아예 없다. 육도나 사기에 나오는 강태공의 낚시 얘기는, 그가 위수의 물가에서 낚시를 하다가 훗날 주나라 문왕이 될 서백을 만나 주군으로 모시고 그의 책사가 된다는 내용이 골자다. 그의 일자 바늘에 관한 오늘날의 얘기는 적잖이 허황되거나 사실을 왜곡하는 듯한 느낌이 없지 않다.

　강태공은 지금으로부터 3천1백여 년 전의 까마득히 오랜 시절에 살았다. 그 시절은 인간의 문명사적으로 청동기시대라 한다. 그 시대에 사용되었을 것으로 추정되는 낚싯바늘이 오늘날 종종 출토되곤 하는데, 대부분 일자 모양의 똑바로 펴진 곧은 바늘이다. 실제로 한반도에서 출토되는 청동기시대의 낚싯바늘에도 일자 모양이 많다. 낚싯바늘의 발달 단계로 볼 때, 오늘날의 휘어진 바늘이 쓰이기 이전에는 곧은 바늘이 쓰였다는 사실을 말해준다. 그렇다면 강태공이 사용했던 바늘도 어쩔 수 없이 곧은 일자 모양일 수밖에 없었을 것이다.

　그 시절에는 왜 바늘이 곧을 수밖에 없었을까. 청동기시대라지만 그 시절만 해도 청동이 낚싯바늘로는 미처 사용되지 않았던 것으로 고고학계는 추정한다. 출토되는 유물로 보건대, 낚싯바늘은 주로 동물의 뼈나 돌을 갈아 만들어졌다. 동물의 뼈나 돌로는 휜 바늘을 만드는데 기술적인 한계가 있을 수밖에 없다. 오늘날에야 첨단 소재에 첨단 기술까지 더해져 휜 바늘을 쉽게 대량 생산할 수 있다지만, 그 당시에는 그게 쉽지 않았을 것이다. 물론 어느 정도까지는 휘게 바늘을 만들 수 있었다고 할지라도 오늘날의 그것에 비하면 일자 모양에 더 가까웠을 테다. 제아무리 위대한 강태공이라지만 뛰어난 발명가나 재료공학자가 아니고서야 그도 낚시할 때는 곧은 바늘을 쓸 수밖에 없었을 것이다.

　그렇다면 곧은 바늘로는 물고기를 낚아낼 수 없었을까. 오늘날의 휘어진 바늘에 비하면 불리했겠지만 얼마든지 낚을 수 있었다. 아무리 곧은 일자 모양이라지만 물고기를 낚지 못하는 바늘을 낚싯바늘이라 할 수 있겠는가. 아무리 3천1백여 년 전의 시대라지만 물고기를 낚을 수 없는 바늘이라면 아예 세상에 나오지도 않았을 테다. 일자 바늘로는 물고기를 낚을 수 없을 것이라는 생각은, 오늘날 굽은 바늘의 성능에 익숙해진 사람들의 자기중심적 사고에서 비롯된 착각일 뿐이다.

국내의 한 고고학자의 견해에 따르면, 청동기시대의 낚싯바늘이 일자 모양이라 해도 오늘날의 옷감 바느질용과는 좀 다르게 생겼다고 한다. 그래서 늘씬하고 매끈하게 생기지는 않았다고 한다. 화살표(→)의 모양을 머릿속에 떠올려보자. 가늘고 긴 막대의 한쪽 끝에, 좀 뭉텅하지만 삼각형의 뾰족한 촉이 달려 있다. 그런데 그 막대의 다른 한쪽 끝에도 같은 모양의 촉이 달려 있다고 생각해보자. 그것이 바로 일자 모양의 낚싯바늘이라 한다. 당시의 낚싯바늘은 쌍방향 화살표(↔)의 모양을 하고 있었다는 얘기다.

그런 모양의 바늘이라면 물고기가 삼켰을 경우 그리 쉽게 빠져나가지 못할 것이다. 촉이 뾰족한데다 미늘 구실까지 했을 테니까. 더욱이 바늘이 미끼에 싸인 채 감춰져 있어 물고기가 별다른 의심을 하지 않은 채 목 부근까지 깊숙이 빨아들일 수 있었을 것이다. 물론 오늘날의 바늘과는 달리 물고기의 입술이나 턱 부근에 예리하게 꽂히지는 않았을 것으로 보인다.

이렇듯, 강태공이 살았던 시기에는 오늘날의 휜 바늘이 아직 세상에 나오지 않았던 것으로 추정된다. 다시 말해 그는 여느 낚시꾼들과 마찬가지로 곧은 바늘을 사용할 수밖에 없었으며, 그것은 당시로서는 지극히 정상적인 낚시 방식이었던 것으로 보인다.

그런데 왜 강태공의 곧은 바늘이 그의 욕심 없는 마음을 상징하는 것인 양 오늘날까지 널리 소문나게 되었을까? 그의 곧은 바늘 낚시는 물고기를 낚으려 했던 것이 아니라 세월을 낚으려는 뜻이었다고, 혹은 기다림을 즐기려는 뜻이었다고 자주 미화되어 왔다.

혹시, 욕심을 내지 말라는 도덕적 당위성을 세상 사람들에게 주입시키려 했던 권력층의 지배논리 탓은 아니었을까. 부당함을 보더라도 분통을 터뜨리지 말고 꾹 참으라는 지배논리 탓은 아니었을까. 피지배층의 욕심 내기나 분통 터뜨리기는 여러 모로 지배층에 이로울 게 없을 테니까. 지략으로 주나라 무왕을 도와 천하를 통일한 강태공도 욕심이나 화를 내지 않았다, 라는 식의 선전은 피지배층에 대한 교육에서 아주 큰 효과를 발휘했을 법하다. 하지만 오늘날까지 낚시는 욕심이나 분통을 다스리는 정신수양의 한 방식으로 널리 인식되고 있다.

한나라 때 나왔다는 설화집 '설원(說苑)'에 강태공에 얽힌 흥미로운 고사 하나가 실려 있다. 어느 날 그가 낚시를 하다가 며칠동안 물고기를 한 마리도 낚지 못하자 모자와 옷을 벗어 내던지며 화를 냈다고 한다. 지나가던 노인이 그를 보고 "낚싯줄을 가늘게 매달고, 향기로운 미끼를 사용해, 물고기가 놀라지 않도록 천천히 물속으로 던져 넣어보라." 하고 말했다고 한다. 노인이 일러준 대로 했더니 과연 붕어와 잉어가 잡혔다고 한다.

이 고사에 따르면 그는 물고기 낚기에 욕심이 없지는 않았던 것 같다. 가만히 참고 기다리는 태도도 그에겐 없어 보인다. 그는 물고기를 낚지 못해 모자와 옷까지 땅바닥에 벗어던질 정도로 심하게 스트레스를 받은 것이다. 욕심을 내었고 분통까지 터뜨렸다. 이 기록대로라면 강태공이 낚시를 하되 물고기를 낚는 데에는 뜻을 두지 않았다는 세간의 주장을 선뜻 받아들이기 어렵다.

그의 곧은 바늘 낚시는 당시로서는 물고기를 낚아내기 위한 지극히 자연스러운 낚시 방법이었다.

　오늘날 인간은 놀라운 속도로 기술의 진화를 이루었다. 기술의 진화는 빠른 속도로 상상력의 진화를 동반했다. 자그마치 3천1백년의 세월이라면, 그동안 인간이 얼마나 많은 기술의 진화와 상상력의 진화를 이루었겠는가.

　인간은 급속하게 진화한 오늘날의 상상력으로 3천여 년 전의 시대를 그다지 어렵지 않게 그려보곤 한다. 그 시절에는 오늘날에 비해, 조악한 기술 때문에 생산력이 낮았을 테고 낚시 도구도 무척 원시적이었을 테다. 그런데 3천여 년 전에 살았던 강태공의 낚시를 그려볼 때는 왜 놀랍게 진화한 예리한 상상력을 가동하지 않으려 할까.

　사람들은 오랫동안 강태공이 지녀왔던 신화를 깨뜨리고 싶지 않았나 보다. 그것은 그를 존경해서라기보다는, 그를 통해 자신이 품어왔던 신화를 훼손하지 않겠다는 보호본능 때문이 아닐까? 오늘날은, 권위라는 권위는 모조리 산산조각으로 깨어지는 시대라 한다. 그래서인지 신화적 상상력은 더욱 소중하게 느껴진다. 신화적 상상력으로 그를 바라보려는 태도 소중하게 느껴진다.

　다만, 상상력을 선택적으로 가동하려는 인간의 이기적인 마음씨가 미덥지 못할 뿐이다. 인간은 옛날을 돌아볼 때 신화적 상상력과 분석적 상상력을 구별해 적용하려는 버릇을 갖고 있나보다.

빈 바늘에 관한 진실

오늘날, 강태공은 낚시를 할 때 미끼를 달지 않은 채 빈 바늘 낚시를 구사했던 것으로도 널리 소문나 있다. 물론 바늘에 미끼가 달려 있지 않으면 물고기가 입질을 할 리 없다. 그뿐이 아니다. 그는 심지어 바늘을 물속에 담그지 않고 수면 위의 허공에 띄운 채 낚시를 했다는 말도 나돌고 있다. 나아가, 아예 바늘을 매달지 않았다는 말도 심심찮게 돌아다닌다.

낚시채비에서 가장 중요한 바늘과 미끼를 쓰지 않았다니, 냉정하게 따진다면 낚시라 할 수 없다. 바늘과 미끼를 쓰지 않는다면 낚싯줄이나 낚싯대 같은 나머지 도구들도 제 기능을 할 수 없다. 그런데도 그의 낚시 방법은 뭇사람들이 감히 범접할 수 없는 탁월한 낚시 태도로서 오늘날까지 칭송을 받곤 한다. 그런 희한한 낚시 방법은, 강태공이 욕심 없이 세월을 낚으며 기다림을 즐길 줄 아는 인물로 인식되는데 큰 몫을 하고 있다.

사실 믿을만한 문헌으로 보자면, 강태공이 낚시꾼이었다는 확실한 증거가 없다. 그가 평소 낚시를 자주 오랫동안 즐겼다는 명확한 근거가 없다. 그런데도, 그가 빈 바늘에다 일자 바늘까지 써가며 현란한 낚시 기법을 구사했다니? 오늘날 세인들의 그런 믿음을 어떻게 받아들여야 할지 무척 난감하다.

그가 빈 바늘 낚시를 자주 썼다는 오늘날의 믿음은 과연 사실일까? 결론부터 말하면, 사실이 아닐 가능성이 높다.

한나라 때의 설화집 설원(說苑)에 나와 있듯이 만약 그가 낚시터에서 물고기가 낚이지 않는다는 이유로 화를 냈다면, 그가 평소에 빈 바늘 낚시를 했다는 세인들의 믿음은 사실이 아닌 듯하다. 더욱이 육도의 문도(文韜)편에서 '낚싯줄이 굵고 미끼를 크게 매달면 큰 물고기가 낚인다.'고 말하고 있어, 그가 미끼 사용법을 전혀 모르지는 않았던 것 같다.

사기에 따르면 강태공의 낚시가 유명해지게 된 것은 주나라 문왕(서백)과의 첫 만남 때문이다. 사실, 두 사람의 만남은 다분히 미리 준비되었던 듯한 냄새를 짙게 풍긴다.

사기와 육도 등 옛 문헌에 따르면, 서백이 위수로 그를 찾아 나선 것은 '위수로 사냥을 가면 낚시질 하는 현자를 만날 수 있을 것'이란 점쟁이의 점괘가 미리 나와 있었기 때문이다. 서백은 그 점괘를 믿고서 인재를 구하러 나선 것이다. 또 강태공도 서백이 인재를 널리 구한다는 사실을 소문으로 들어 미리 알고 있었다. 하여 그는 꽤 여러 날 전부터 위수의 물가로 매일같이 나가 낚시를 하면서 서백을 기다리고 있었을 것이다.

오늘날 널리 알려진 것처럼 만약 강태공의 낚시가 세월을 낚으며 때를 기다리는 낚시였다면, 그것은 위수의 물가에서 매일같이 낚시하며 주군을 기다렸던 끈질긴 태도에서 비롯되었을 테다. 나이 일흔이 넘도록 자신의 능력과 덕을 알아줄 주군을 만나지 못한 그로서는 서백을 붙잡아 넓은 세상으로 달려 나가고 싶었을 테다. 그는 서백이 훌륭한 인품을 지녔다는 소문을 진작 듣고 있었다. 그로서는 서백이 끈질기게 기다릴 만한 가치가 있는 인물이었다. 실제로 그가 서백을 만난 곳이라는 위수의 반계천에는, 하도 오랫동안 걸터앉은 탓에 표면이 닳아 움푹 파였다고 전설로 전해지는 바위 하나가 있다.

강태공이 서백과의 만남을 학수고대하던 터에, 한가하게 낚시질이나 하면서 물고기와 노는데 관심을 둘 수 있었겠는가. 아마 낚시질에는 별로 뜻이 없었지 싶다. 오히려 물고기의 입질이 그의 마음을 성가시게 할 수도 있었을 것이다. 그는 늘그막에 어렵사리 잡은, 일생에 마지막일지도 모를, 넓은 세상으로 나갈 절호의 기회를 절대 놓치고 싶지 않았을 테다. 서백이 다가와 말을 걸면 무슨 말로 대답할지, 서백의 마음에 들려면 무슨 말을 해야 할지 등에 골몰해야 할 그가 물고기의 입질에 신경을 쓴다는 것은 어리석은 태도다. 서백과 진지하게 대화를 나누고 있는 동안에 물고기가 낚싯바늘에 걸려들기라도 한다면 자칫 대화의 분위기가 흐트러질지도 모를 일이다.

하여 그는 물고기가 걸려들지 않도록 일부러 미끼를 꿰지 않은 빈 바늘을 썼던 게 아닐까. 빈 바늘 낚시는 그가 서백을 만나야겠다고 마음먹은 시기에 맞춰 일시적으로만 했을 가능성이 높다. 마찬가지로, 만약 바늘을 물속에 담그지 않은 채 수면위의 허공에 띄우고 있었다면, 또는 아예 바늘을 낚싯줄에 매달지 않았다면 그것 역시 일시적으로만 구사했던 낚시 방법이었지 싶다. 그렇다면 그의 빈 바늘 낚시는 치밀한 각본에 따라 미리 짜여진 연극, 혹은 매직 쇼 같은 것이다. 빈 바늘 낚시는 마음을 비운 채 삶을 살았다는 무욕의 상징이라기보다는, 차라리 집착이었던 셈이다.

어쩌면 그의 빈 바늘은 넓은 세상으로 나가 큰 뜻을 펼치고 싶다는 자신의 욕망을 강하게 드러낸 것인지 모른다. 서백으로서는 그가 빈 바늘로 낚시를 하고 있는 모습에 홀딱 반했을 것이다. 그가 주나라를 흥하게 할 현자라는 점괘가 이미 나와 있던 터에, 빈 바늘로 낚시하는 모습은 욕심 없는 인물로 비쳐지기에 충분했을 테다. 그래서 서백은 두말없이 그를 수레에 태우고 가 스승으로 삼았다. 강태공이 주군을 처음 만나는 자리에서부터, 곧 간택되는 순간부터, 빈 바늘 낚시를 구사한 것은 나중에 천하통일을 이루게 되는 현란한 지략의 서곡인 셈이다.

하지만 그 첫 만남의 순간, 서백의 처지에서는 강태공의 빈 바늘에 낚이고 만 셈이다. 물론 먼 훗날 강태공의 뛰어난 지략 덕분에 아들인 무왕에 이르러 천하를 통일하게 되지만, 그 순간만큼은 빈 바늘에 걸려드는 '어리석음'을 범했다.

만약 강태공이 빈 바늘을 쓰지 않은 채 물고기 낚기에 욕심내는 모습을 보였더라면, 평생 위수의 오지생활을 벗어나지 못했을 수도 있지 않았을까. 물고기 낚기에 정신을 빼앗겨 그 '면접시험'의 면접관인 서백으로부터 좋은 점수를 따지 못했을 테니까. 그럼 주나라는 천하를 통일하지 못했을 수도 있지 않았을까. 빈 바늘 낚시가 강태공에게 입신양명의 기회를, 주나라에는 천하통일을 위한 인재를 각각 주었다고 한다면 비약일까. 곧, 주나라의 천하통일은 강태공의 빈 바늘에서 시작됐다고 한다면 지나친 비약일까.

연유야 어찌됐든 그의 빈 바늘 낚시는 후대의 낚시꾼들에게, 특히 우리나라 낚시꾼들에게 낚시 방법이나 태도에서 강한 영향력을 행사해왔다. 하긴 그의 빈 바늘 낚시는 3천년이 넘는 장구한 역사를 갖고 있으니, 낚시꾼들로서는 싫든 좋든 그 오랜 영향력에서 벗어나기가 쉽지 않았을 테다.

사실, 그의 빈 바늘 낚시는 오늘날까지 낚시꾼들에게 낚시를 하는 철학적 이유나 신념을 갖게 해주었다. 또 낚시가 어로를 통한 배고픔 해결이나 생계수단에서 벗어나 사색, 혹은 정신세계를 추구하는데 적잖게 기여해왔다.

반면에, 등이 휠 정도의 부담을 준 것도 사실이다. 흔히 하는 말로, '욕심을 버리라'라든지, '마음을 비우라'라든지, '참고 기다리는 법을 배우라'라든지 하는 지침들은 강태공의 빈 바늘로부터 파생되었다고 할 수 있다. 그래서인지 낚시는 예로부터 고도의 정신수양법의 하나로 여겨지고 있다. 낚시가 지나치게 엄숙한 분위기, 그리고 현실 생활과 거리가 먼 신비주의 풍조에서 좀처럼 헤어나지 못하고 있다.

이를테면 월척이니 대물이니 하면서 큰 물고기를 낚으려는 심리나, 크기에 상관없이 많은 마릿수를 낚으려는 심리는, 마음을 비우라는 지침과 반드시 상반될까. 낚은 물고기를 물속으로 돌려보내지 않고 취하려는 태도는 욕심을 버리라는 지침에 반드시 위배될까. 그런 지침이 없었더라면 오늘날의 낚시꾼들은 자신이 낚은 물고기를 물속으로 돌려보내지 않으려 했을까.

그런 지침들은 낚시를 벗어나 일상생활에서마저 금쪽같은 삶의 지혜로 간주되어 왔다. 하지만 현실의 삶터에서 욕심을 버리거나, 마음을 비우거나, 무엇을 꾹 참고 기다린다는 것이 어디 그리 쉬운 일인가. 실제 삶에서는 그런 도덕적 지혜와 이기적 심리가 충돌하면서 끊임없이 사람들을 괴롭히고 있지 않은가.

정말 강태공처럼 욕심을 버리고, 마음을 비우고, 꾹 참으면서 마냥 기다린다면, 뜻을 함께 할 큰 인물이나 천하통일과 같은 월척대어를 낚아낼 수 있을까? 3천여 년 전의 빈 바늘 낚시가 오늘날에도 여전히 효력을 발휘할 수 있는 삶의 지혜인지 궁금하다.

사색에 관한 진실

강태공이 물가에서 콧노래를 흥얼거리며 낚시하는 모습을 한번 상상해보자. 아니면, 그가 여러 친구들과 어울려 큰소리로 말을 주고받거나, 환하게 웃는 낚시 모습을 상상해보자. 그것도 아니라면, 그가 무슨 이유에서인지 낚싯대를 집어던지며 버럭 화를 내는 모습을 상상해보자. 그런 모습들이 마음속에 쉽게 그려지는가?

오늘날 사람들이 생각하는 강태공의 낚시태도는 사색이요 관조다. 낚시에서 가장 높은 경지에 올랐다는 그가, 자신만의 독특한 정신세계를 완성했다는 그가 물가에서 범인들처럼 경박스럽게 웃고 떠들 리 있겠는가. 그것이 오늘날 뭇사람들의 뇌리에 깊숙이 박혀 있는 강태공의 상(像)이다.

강태공은 오늘날 낚시꾼들의 머릿속에 고정된 이미지로 굳어져 있다. 한 방향의 캐릭터로만 자리 잡고 있다. 욕심 없이 기다림을 즐기는 태도 쪽으로만 정형화되어 있다. 그래서 무아(無我), 무욕(無慾), 무심(無心), 무념(無念), 무상(無想) 등 온통 비움의 태도로 가득 차 있다. 범인들로서는 도저히 도달할 수 없는 고도의 정신세계다.

산수화나 풍속화 같은 옛 그림에 등장하는 낚시꾼들도 대개 그런 이미지로 그려진다. 대개 풍광 좋은 산수를 배경으로, 바위에 걸터앉거나 일엽편주를 띄운 채, 간혹 도롱이와 삿갓의 차림으로, 홀로 수면을 가만히 응시하고 있다. 여럿이 어울려 왁자지껄 술이나 음식을 먹는 풍경은 좀처럼 찾아보기 어렵다. 낚시가 그런 모습으로 그려지는 것은 예로부터 낚시터의 풍경이 실제로 그러했기 때문이다.

옛 시문에서는 어떤가. 낚시 정서를 표현하는 형식에서 옛 그림과 다를 뿐, 풍광 좋은 자연 속에서 혼자 조용히 수면을 바라보는 분위기로는 옛 그림과 다를 바 없다. 이를테면 월산대군이 지은 것으로, 오늘날 세상에 널리 알려져 있는 '추강에 밤이 드니 물결이 차노매라/ 낚시 드리우니 고기 아니 무노매라/ 무심한 달빛만 싣고 빈 배 저어 오노매라' 라는 시조. 마치 한 폭의 그림 같다. 분위기로는 비움으로 가득 차 있다. 오늘날의 사람들이 자신의 뇌리에 담고 있는 강태공의 이미지와도 썩 잘 어울린다.

강태공의 심상은 문헌이나 구전으로뿐만 아니라 그림이나 시문으로도 오늘날까지 사람들의 마음에 깊게 각인되어 있다. 자그마치 3천여 년의 세월동안. 물론 오늘날의 그의 이미지가 원형을 잃지 않은, 본래의 모습일 수는 없을 것이다. 다시 말해, 강태공이 오늘날 세상으로 다시 살아나 자신의 모습을 본다면 깜짝 놀라면서 "이건 나의 참모습이 아니야!" 하고 놀라 소리칠 수도 있다. 하지만 그것보다 더 중요한 것은, 후대의 사람들이 자신의 필요에 따라 강태공의 심상을 지속적으로 만들어내어, 흉내 내거나 닮으려 한다는 사실이다. 물론 그 과정에서 조작이나 과장이 가해졌을 수도 있다. 하지만 그것은 그다지 중요하지 않다. 더 중요한 것은, 지속적으로 생산되는 강태공의 심상에 사람들이 자신의 마음을 내맡기면서 별다른 무리 없이 순순히 길들여지고 있다는 사실이다.

그는 장구한 세월동안 그런 방식으로 오늘날까지 살아남았을 것이다. 오늘날 널리 통용되는 비움이나 기다림이라는 그의 낚시정서도 아마 그런 방식으로 굳어졌을 테다. 그래서 너나 할 것 없이 낚시의 태도로서, 나아가 삶의 태도로서, 비움이나 기다림의 태도를 거리낌 없이 받아들이게 되었을 것이다.

사실, 마음을 비운 채 무언가를 마냥 진득하게 기다린다는 것이 현실적으로 그리 쉽지만은 않다. 하지만 사람들은 낚시를 할 때 자신이 근엄하게 사고하고 행동해야 한다는 집착에서 좀처럼 벗어나지 못한다. 자신의 마음자세가 흐트러졌다는 생각이 들면 스스로를 부끄러워하거나 책망하곤 한다. 타인의 그런 언행을 보면 비아냥거리거나 미워하기도 한다.

강이나 호수나 들판에는 보고 듣고 느낄 만한 것들이 숱하게 널려 있지만, 근엄해야 한다는 부담 때문에 감동이나 휴식의 여유를 누리지 못하는 사람들이 많다. 낚시를 벗어난 현실의 삶에서도 사람들은 그런 부담에 짓눌려 감동이나 휴식을 제대로 누리지 못하곤 한다. 그런 삶의 태도는 강태공 콤플렉스에 다름 아니다.

오늘날 세인들이 떠안고 있는 강태공 콤플렉스에 딴죽을 한번 걸어보자. 그렇다고 해서 그의 낚시태도가 가치가 없다는 애기는 아니다. 그가 경시당하는 것도 아니다. 다만 사람들의 마음속에 내재되어 있는 특정한 심리를 상대로 그 연유를 따져보면 답답함을 푸는데 조금이나마 도움이 되지 않을까, 싶어서다.

강태공이 낚시를 즐겼다는 섬서성 위수의 샛강인 반계천은 비교적 좁고 얕은 냇물이다. 물의 이음새로 보자면 멀리 황하와 연결되어 있다지만, 황하와 곧바로 이어지지 않고 중간에 위수라는 강을 거쳐야 한다. 그래서 좁고 얕을 수밖에 없다. 말하자면 황하의 최상류인 셈이다. 다만 비가 많이 내릴 때는 물이 깊어지면서 범람을 하기도 한다. 그래서 반계천은 늘 물살이 빠르고 세다.

그렇다면 그의 낚시정서는 오늘날의 사람들이 흔히 생각하는 조용한 사색과는 꽤 거리가 있어 보인다. 오늘날의 사람들이 얼핏 생각하기로 조용한 낚시란, 곧 사색을 즐기려는 낚시란 대개 물 흐름이 아주 미약한 곳에서나 가능하다. 이를테면, 잔잔한 호수에서 홀로 한 점의 찌를 바라보며 상념에 잠겨 있는 듯한 낚시꾼의 모습을 떠올릴 것이다. 하지만 반계천은 물살이 세고 빠르기 때문에 그 같은 낚시정서를 즐기기에 적당한 곳이 아니다.

반계천에는 좁다랗게 소(沼)가 파인 곳도 없지 않지만 대체로 곳곳에 여울이 져 있다. 또 반계천은 위수 상류의 샛강이어서 산 계곡을 깊숙이 타고 흐른다. 그래서 바위가 많다. 물은 바위에 부딪치면서, 혹은 바위를 싸고돌면서 급하게 흐른다. 그렇다보니 물은 철썩, 그리고 쏴 하는 소리를 요란하게 낸다. 다급하게 흐르는, 요란한 소리를 내는 물을 바라보면서 과연 사색의 정서가 생겨날 수 있을까? 왠지 비움이나 기다림의 태도가 마음속에 깃들 것 같지 않다. 물론 작은 거룻배를 띄운 채 한가로이 낚시하는 모습을 상상하기도 어렵다.

3천여 년 전의 사람들은 오늘날에 비해 물을 대하는 태도가 달랐을까? 이를테면, 그 당시에는 다급하고 요란하게 흐르는 물을 바라보면 사색에 빠져들고 싶은 욕구가 생겼던 걸까? 물이 바위에 부딪치면서 내는 철썩, 하는 소리에 들떠 있던 마음이 차분히 가라앉곤 했을까? 오히려 정서적으로 더욱 심란해졌을 것 같다. 물론 워낙 오랜 시간의 간극 때문에, 그 당시와 오늘날의 물을 대하는 사람들의 태도를 단순비교로 말하기에는 다소 무리인 듯하지만. 또 그 당시에는 오늘날에 비해 지형이 달랐을 수도 있지 않을까? 물론 그럴 수 있겠지만 크게 달랐을 것 같지는 않다. 반계천 인근의 지형은 대부분 험한 편이라, 유독 반계천의 지형만 그 당시와 심하게 달랐다고 보기는 어려울 것 같다.

사색은 대체로 정숙한 분위기에서 나오게 마련이다. 강태공에게는 정숙이 선택이 아니라 필수였을 것 같다.

그 당시에는 미끼(또는 낚싯바늘)가 물속에 놓이는 곳과 낚시꾼이 있는 곳 사이의 거리가 오늘날에 비해 가까웠을 테다. 요즘에야 낚싯줄이 질기고 유연성이 강해 미끼를 멀리 보낼 수 있다. 하지만 그의 시대에는 낚싯줄이 말총이나 삼나무 껍질을 꼬아 만들어져 질기지 않은데다 유연성도 약해, 미끼를 보내는 거리에 한계가 있었을 테다. 강태공의 낚싯줄 길이는 오늘날에 비해 짧았을 것이란 얘기다. 그렇다면 미끼 주변의 물고기와 강태공 사이의 거리도 그리 멀지 않았을 것이다. 그래서 물고기들은, 강태공이 일으키는 작은 소음이나 진동에도 깜짝 놀라곤 하면서 민감한 반응을 보였을 것이다. 그로서는, 물고기의 입질을 방해하지 않으려면, 자신의 발걸음 하나에도 조심하면서 정숙한 태도를 취할 수밖에 없었을 테다.

게다가 그의 낚싯바늘은 오늘날에 비해 잘 부러졌을 것이다. 바늘이 단단한 금속이 아니라, 동물 뼈나 돌 등을 갈아서 만들어졌을 테니까. 그럼 미끼를 매단 바늘이 멀리 있을수록, 물고기를 끌어당길 때 놓칠 확률이 높아지게 마련이다. 이 같은 한계 때문에 강태공의 낚싯줄 길이는 마냥 길어질 수만은 없었을 것이다. 그래서 그와 물고기 사이의 거리는 그리 멀지 않았을 테고, 그로서는 정숙할 수밖에 없었다.

그가 사색을 즐겼다면, 주변의 분위기가 정숙했을 테고, 정숙한 분위기는 그 자신의 의지로 생겨났다기보다는 낚싯줄 길이에 의해 좌우되었을 테다. 그렇다면 그가 즐긴 사색의 깊이도 낚싯줄 길이에 의해 결정되지 않았을까? 낚싯줄 길이가 짧을수록 그의 사색은 더욱 깊어졌을 것이다.

오늘날의 기준으로 보자면, 조용히 사색에 빠져들 수 있는 낚시의 대표

장르는 누가 뭐래도 찌낚시다. 찌낚시는 주로 붕어나 잉어를 상대한다. 급하게 흐르는 물에서는 붕어나 잉어를 상대로 하는 찌낚시를 구사할 수 없다. 물론 반계천에서도 오늘날의 찌낚시 기법을 쓸 수 없다. 아니, 반계천에서는 아예 붕어나 잉어가 살고 있을 것 같지 않다. 물이 빠르게 흐르고 얕은데다, 투명하고 찬 편이어서 붕어나 잉어가 살기에 적합한 여건이 아니다.

그리고 3천여 년 전이라면 낚시에서 찌가 사용되지 않은 시기일 수 있다. 중국이나 한국의 옛 낚시그림에는 불과 수백 년 전의 것이라 해도 수면에 찌가 좀처럼 그려지지 않았다. 한국에서는 조선시대에 김홍도나 최북 등의 화가들이 낚시그림을 다수 남겼는데 이들의 그림에는 좀처럼 찌가 보이지 않는다. 한국에서는 불과 수백 년 전만 해도 찌가 낚시에서 그다지 널리 쓰이지 않았나보다. 그렇다면 3천여 년 전의 중국에서는 찌가 미처 발명되지 않았을 가능성이 높다.

더욱이 강태공의 낚시에 관한 일화를 전하는 옛 문헌에도 찌의 사용에 관한 기록은 찾아볼 수 없다. 그렇다면 그는 일생동안 자신의 낚시에서 찌를 단 한 번도 사용해본 적이 없었을 가능성이 높다. 아니, 찌의 존재나 기능 자체를 아예 몰랐을 수도 있다.

반계천에서는 찌낚시보다는 차라리 견지낚시 기법을 구사하기에 적합하지 싶다. 붕어나 잉어가 살기에는 적당하지 않고, 차가운 물과 흐르는 물을 좋아하는 물고기들이 살고 있으므로. 실제로 강태공은 그 당시 반계천의 흐르는 물에서 견지낚시 기법을 쓰지 않았을까? 그렇다면 그는 물고기의 입질 신호를 찌가 아니라 낚싯줄의 떨림, 혹은 낚싯줄과 낚싯대를 타고 전해지는 손의 감각으로 파악했을 테다.

견지낚시로도 사색을 즐길 수 없는 것은 아니지만 찌낚시로 즐기는 사색과는 거리가 꽤 있다. 오늘날의 낚시정서대로라면, 찌를 바라보지 않는 사색은 산만해지기 쉽다. 찌낚시에서는 낚시꾼이 자신의 시선이나 마음을 한 점의 찌에 모을 수 있지만, 견지낚시에서는 그럴 만한 중심점이 없다. 견지낚시에서는 중심점이, 넓은 수면이거나 넓은 산이거나 넓은 하늘이다. 너무 넓은 것은 낚시꾼의 눈에 잘 띄지 않아 시선이나 마음을 한데 모으지 못한다.

만약 강태공이 반계천에서 견지낚시를 했다면, 그는 자신의 시선과 마음을 어디에 두었을까? 아마 세차게 흐르는 넓은 수면에 뒀다가, 이어 곳곳에 흩어져 있는 바위에 뒀다가, 다시 산봉우리나 하늘에 뒀다가, 하는 식으로 정처를 찾지 못했을 것 같다. 시선과 마음을 둘 곳을 이리저리 자주 옮겨 다녀야 한다면 왠지 사색의 정서가 좀처럼 생길 것 같지 않다.

찌낚시는 그 정서가 정적(靜的)이라면, 견지낚시는 상대적으로 동적(動的)이다. 만약 그가 견지낚시로도 얼마든지 사색을 즐길 수 있었다고 한다면, 그 당시에는 사색의 개념이 오늘날과 달랐기 때문이지 싶다. 이곳저곳 온 사방을 두리번거리면서 빠져들 수 있는 사색으로는 그 당시 어떤 게 있었을까?

오늘날 낚시꾼들은 잔잔한 호수에서 찌를 주시하며 강태공의 이미지를 떠올리곤 한다. 낚시꾼이 아닌 여느 사람들도, 잔잔한 호수에서 찌를 가만히 응시하는 낚시꾼의 모습에 강태공의 심상을 떠올리곤 한다. 하지만 호수의 그런 낚시꾼은 강태공의 본래 모습이 결코 아닐 것이다. 사람들의 마음에는 강태공은 없고, 신드롬으로 변신한 허상이 남아 있을 뿐이다.

이미지는 실체를 있는 그대로 나타내기에는 역부족인가보다. 어쩌면 이미지는 실체를 가리는 요물일지 모른다. 실체와 이미지는 늘 서로 겉돌면서 따로 논다. 오늘날 많은 사람들은 사물이나 현상을 대할 때 실체를 꿰뚫으려 하지 않고, 이미지 파악에만 열중하는 듯하다.

강태공은 고독을 몰랐을까

강태공의 모습은 오늘날의 사람들에게 늘 근엄하고 사색에 잠겨 있는 이미지다. 낚시에서라면 그에게 왁자지껄 떠들거나 콧노래를 흥얼거리는 모습은 영 어색해 보인다. 그렇다고 해서 궁상맞게 고독에 빠져 있는 모습도 그에게 어울리지 않기는 마찬가지다. 고독은 홀로 있어 외로울 때 느껴지는 정서다. 또 강태공이 낚시터에서 홀로 비탄에 잠겨 있거나 고립감에 젖어 있는 모습을 오늘날의 사람들이 떠올리기도 쉽지 않다.

실제로 그의 낚시 태도는 외로움이나 비탄이나 고립 따위의 정서와는 거리가 먼 것일까?

사실 그가 문왕, 즉 서백을 만나 주나라로 입조하기 이전의 인생은 베일에 가려져 있다. 즉, 나이 일흔 이전의 생애는 흔적이 묘연하다. 시장을 떠돌며 장사를 했다는 둥, 도축업을 했다는 둥 궁핍하게 살았다는 갖가지 일화가 전해지고 있을 뿐이다. 그런 일화는 문헌상으로 그 근거가 다소 미약하다. 태어나서 서백을 만나기까지 보낸 칠십년은 결코 짧은 세월이 아니다. 여느 사람의 온전한 일생에 해당하는 긴 세월이다. 그 칠십년의 세월이 오늘날까지 베일에 가려져 있는 것이다.

사실, 그는 일흔 해 동안 궂은일을 마다하지 않으며 불우하게 살았을 가능성이 높다. 일흔 해의 삶에서 그에 얽힌 몇 가지 단편적인 일화가 전해지고 있지만, 재산을 많이 모았다거나 그럴듯한 관직에 있었다거나 변변한 직업에 종사했다거나 하는 말은 없다. 또 그에 관한 일화 가운데 그가 행복한 시절을 보냈다는 말도 없다. 게다가 그는 부모가 부유했던 것도 아니고, 그나마 일찍 고아가 된 것으로 전해진다. 그의 일흔 해 삶은 대체로 우울했을 것으로 추정된다.

만약 그가 낚시를 지속적으로 오랫동안 한 낚시꾼이었다면, 낚시 태도가 근엄함이나 사색이었다기보다는 고독에 더 가깝지 않았을까? 한때 그는 결혼을 하기도 했지만 가정을 제대로 돌보지 않는 바람에 아내가 도망을 갔다는 일화는 그의 심리상태가 어떠했는지 말해준다. 또 그 일화는 평소 삶이 평탄하지 않았음을 시사한다. 파탄에 이른 결혼생활을 두고 중국에서는 강태공이 무능한 사람이었다는 내용의 설화가 전해지기도 한다.

일상의 삶이 안정되지 않으면 낚시 태도도 평안할 수 없을 테다. 요즘 흔히 말하기로, 생활이 불안할 때 낚시를 가면 마음이 평안해진다는 사람도 없지 않다. 하지만 그것은 일시적인 효과일 뿐이며 낚시터를 떠나면 이내 불안한 심리에 다시 빠져들고 만다. 머잖아 곧 불안한 생활로 되돌아갈 것으로 예견한 채 낚시로부터 평안을 얻으려 한다면, 그 평안에는 한계가 있게 마련이다. 낚시의 목적이 삶의 근심을 잊기 위한 뜻이라면 그 낚시는 도피수단에 지나지 않을 테다. 그에 비해 낚시터를 벗어나더라도 행복할 수 있다면, 낚시터에서 갖는 태도도 심리적으로 평안하지 않을까?

그렇게 본다면, 강태공의 낚시도 일상의 삶으로부터 영향을 받은 탓에 늘 엄숙하거나 사색적이거나 평안하지만은 않았을 것 같다. 되레 고독이나 외로움이 낚시의 주된 정서였지 싶다. 또 비탄, 고립, 욕구불만, 좌절, 초조 등의 감정도 느끼곤 했을 것 같다. 낚시뿐 아니라, 오랫동안 바깥세상과 떨어진 채 살아온 그의 은거지향적인 삶도 대체로 고독이나 외로움이 지배했을 것 같다.

물론 그는 무력감에 빠지지 않으려고 무진 애를 썼을 가능성은 얼마든지 있다. 두 주군의 책사로 발휘한 지혜는 직위를 받자마자 하루아침에 갑자기 생겨나지는 않았을 테다. 도시를 벗어나 은거생활을 하면서도, 세상의 동향에 뒤처지지 않으려고 나름대로 애를 썼을 것으로 짐작된다.

그런데 오늘날 사람들이 그의 낚시 정서에 대해 고독이나 외로움의 이미지를 갖지 않는 까닭은 무엇일까. 물론 가장 큰 이유는 낚시로써 문왕이라는 지존을 낚았다는 심상이 강하게 작용하기 때문일 테다. 월척대물을 낚아낸 낚시가 결코 고독해보일 리 없다.

또 다른 이유 가운데 하나는 일흔 해의 전반부 인생이, 문왕을 만난 이후 누렸던 화려한 삶에 의해 가려지는 효과이지 싶다. 아마 그의 후반부 인생은 대대손손 자랑할만한 삶이었고, 전반부 인생은 감추고 싶은 삶이었을 것이다. 전반부 인생이 옛 문헌에 상세히 기록되어 있지 않은 것도, 그래서 오늘날 베일에 싸여 있는 것도 따지고 보면 대대손손 감추고 싶었던 삶이기 때문일 수 있다. 후반부가 너무나 화려해 전반부의 흔적들은 상대적으로 초라하고 부끄럽게 보였을 수도 있지 않을까. 그래서 후세 사람들에 의해, 전반부의 흔적들이 지워지거나 혹은 적어도 기록되지 않은 채 방치됐던 게 아닌가싶다.

후반부의 빛이 전반부의 그늘을 잠식했다고나 할까. 그늘이 빛에 의해 환하게 가려지는 역설적인 현상이 오늘날 강태공을 바라보는 뭇사람들의 태도에서 관찰된다. 예나 지금이나, 사람들은 대개 음지보다는 양지쪽을 더 자세히 보려는 습관을 갖고 있는 것 같다.

낚시터에 왜 보름달이 떠있을까

요즘 세상에, 비가 주룩주룩 내리는 밤에 낚시꾼이 비옷을 입은 채 물가에 나앉아 있으면 '청승맞게 왜 고생을 사서 하느냐?'는 투의 말을 듣기 십상이다. 비를 피할 수 있는 집이 없는 것도 아닐 텐데. 또는 물고기에 왜 그토록 욕심이 많으냐는 말을 듣기도 한다.

반면에, 보름달이 떠 있는 고요한 밤에 한 점의 찌를 바라보고 있는 모습은 사색을 즐기는 멋으로 여겨지곤 한다. 오늘날 사람들은 그런 낚시를 즐기는 낚시꾼으로부터 먼저 강태공의 이미지를 떠올릴 것이다. 그를 강태공으로 부르는데 주저하지 않을 것이다. 그런 낚시꾼이라면 그냥 몰가치적으로 낚시꾼으로 불려지기보다는 조사(釣士) 또는 조사(釣師)로 고상하게 불리곤 한다. 낚시에서 고결한 정신세계를 지닌 선비거나, 낚시로 일가를 이룬 고매한 스승이다. 강태공이야말로, 적어도 이미지로는, 조사(釣士)면서 조사(釣師)다.

실제로 강태공은 그 같은 보름달 낚시를 즐겼을까?

우선, 강태공이 살았던 시절에는 낚시찌가 아직 세상에 나오지 않았을 가능성이 높다. 강태공의 낚시를 말하고 있는 옛 기록에는 찌에 관한 언급이 없다. 낚싯줄이나 낚싯바늘이나 미끼는 언급되어 있지만 유독 찌에 관한 말은 나오지 않는다. 중국인들은 자기 나라에서 찌에 관한 기록이 맨 먼저 나타난 시기가 당나라 말기라고 한다. 우리나라에서도 당나라 문인 한유(韓愈)가 자신의 시에서 찌의 사용을 처음으로 언급한 것으로 알려져 있다. 그렇다면 강태공이 살았던 때와는 무려 2천년에 가까운 간극이 생긴다.

기록으로 남아 있지 않다고 해서 찌가 쓰이지 않았을 것으로 단언할 수 없지만, 2천년은 낚시 기술이 진화하는 데는 결코 짧은 세월이 아니다. 적어도, 강태공 시절에는 만약 찌가 쓰였다고 해도 그다지 널리 쓰이지는 않았을 것 같다.

강태공 시절에 찌가 널리 쓰이지 않았다면, 아예 쓰이지 않았을 가능성이 더 높지만, 그 필요성이 적었기 때문일 테다. 그래서 찌의 움직임에 대한 특별한 감흥도 생겨나지 않았을 것이다. 곧, 낚시에서 물고기의 입질에 따라 찌가 움직이더라도 단순히 낚싯대를 잡아채라는 신호 이외의 느낌은 없었을 것 같다. 오늘날과 달리, 그 당시에는 정지, 잠김, 깜박거림, 솟구침, 내림 등 동작 하나하나에 의미를 부여해 찌의 움직임을 즐기려는 태도는 없었던 것으로 보인다.

보름달이 떠 있는 밤! 밤낚시를 하면서 명상이나 사색을 즐기기에 안성맞춤인 분위기다. 하지만 달이 밝을수록 물고기는 먹이활동을 적극적으로 하지 않는 것으로 오늘날 낚시꾼들 사이에 알려져 있다. 그것은 낚시꾼들의 오랜 경험의 산물로 오래토록 대대로 전해져 내려왔다. 그래서 오늘날 경험 많은 노련한 낚시꾼들은 달이 찰 때는 좀처럼 낚시를 가지 않으려 한다. 그런 날에는 낚시를 가더라도, 손맛을 자주 볼 수 있을 것으로 기대하지는 않는다.

오늘날 찌의 움직임을 감상하면서 손맛까지 즐기려는 낚시꾼이라면 낮보다는 주로 밤에 낚시를 한다. 또 밤낚시는 낮에 하는 낚시에 비해 인적이나 소음이 적어 한가롭다.

돌아보건대, 1980년대 중반만 해도 낚시꾼들은 밤낚시에서 찌의 움직임을 살피려고 카바이트 불빛을 수면으로 훤히 비춰놓곤 했다. 그때만 해도 낚시꾼들은 밝은 불빛이 물고기의 먹이활동에 지장을 줄 것으로 생각하지 않았다. 밤낚시를 하면서 야간의 빛에는 별로 신경을 쓰지 않았다.

그런데 요즘은 '케미컬라이트'라 불리는, 성냥개비보다 작은 발광체를 찌에 끼워 찌의 움직임을 살핀다. 요즘 낚시꾼들은 밤낚시에서 좀처럼 불빛을 비추려 하지 않는다. 손전등도 꼭 필요할 때가 아니면 켜지 않는다. 손전등을 켜더라도 빛이 수면 쪽을 향하지 않도록 조심한다. 빛이 수면을 비추면, 물고기가 경계심을 가져 입질을 하지 않을 것이기 때문이다.

만약 달이 너무 밝아 입질을 자주 볼 수 없을 줄을 알면서도 밤낚시를 간다면, 그는 진정 명상이나 사색을 즐기려는 사람일 것이다. 그런 낚시꾼이라면 물고기의 입질이 자신의 명상을 방해할 것이라는 생각에, 찌의 움직임을 달갑게 여기지 않을 것이다. 오히려 꼼짝없이 수면에 박혀 있는 찌의 모습이 자신의 명상에 도움이 될 것으로 여긴다. 물론 물고기 낚기나 손맛 보기에는 관심이 없다.

물고기가 낚이지 않을 줄 알면서도 한 점의 정지된 찌를 밤새워 바라보는 태도! 오늘날 그런 낚시꾼이라면 조사(釣士) 혹은 조사(釣師)로 불릴 만하다. 강태공이 과연 그런 낚시를 했을까? 그는 물고기의 입질이 귀찮아서, 물고기의 입질을 뿌리치기 위해 일부러 밝은 달밤을 골라 밤낚시를 했을까?

　강태공이 평소 보름달 낚시를 즐겼다고 해도, 의도적이지는 않았을 것 같다. 왜냐하면 1980년대 중반까지만 해도 대다수의 낚시꾼들은 빛이 물고기의 입질에 영향을 미치는지에 관해 잘 몰랐으니까. 하물며 지금으로부터 3천여 년 전의 까마득히 오랜 옛적에 강태공이 물고기의 입질을 피하려고 보름 때를 골라 물가로 나갔으리라, 믿기는 어려울 것 같다.

　만약 강태공이 보름달이 떴을 때를 골라 낚시를 가곤 했다면, 그것은 입질을 피하려는 의도였다기보다는 되레 빛을 반겼기 때문이 아닐까?
　그 당시에는 오늘날과 달리 손전등 같은 인공 빛이 없었다. 밤에는 빛이 귀했음에 틀림없다. 그래서 보름달빛이 반가울 수밖에 없었을 것이다. 물가에서 밤낚시를 할 때, 달빛이 밝지 않으면 미끼를 갈아 끼우거나 할 때 여간 불편하지 않았을 테다. 또 밤중에 물가로 갈 때나 물가에서 돌아올 때, 달빛이 밝지 않으면 허방에 빠지거나 해서 여간 불편하지 않았을 테다. 그래서 달이 밝지 않은 깜깜한 밤에는 가급적 낚시를 삼가지 않았을까?
　만약 강태공이 밤낚시에서 물고기를 낚으려는 마음이 적극적이었다면, 그는 보름달이 떴을 때보다는 깜깜할 때 낚시를 하는 편이 더 나았을 것이다. 왜냐하면 물고기는 빛이 약할 때, 곧 어두울 때, 입질을 자주 하니까. 하지만 그런 사실이 확인된 것은 그다지 오래전의 일이 아니다. 강태공은 자신의 시대에서는 그런 사실을 몰랐을 것이다. 그로서는 보름달이 훤히 비치는 밤에 낚시를 하고 있으면 초조해 했을 수도 있겠다. 물고기가 입질을 자주 하지 않았을 테니까. 강태공이 보름달 낚시를 즐겼다면 그것은 물고기를 낚지 않겠다는 무욕(無慾)의 뜻이었다기보다는 그의 빛지향성 때문이었지 싶다.

　오늘날의 사람들은 왜 옛 선인들이 어둠 속에서 낚시하는 모습을 쉽게 떠올리지 못하는 걸까? 그 이유는 의외로 간단하다. 그것은 옛날에는 빛이 귀해 보름 때가 아니면 낚시를 하기가 쉽지 않았기 때문이다. 그렇다 보니 옛 낚시그림에서도 어둠 속에서 낚시하는 모습은 좀처럼 찾아볼 수 없다. 옛 그림에서 밤낚시를 하는 모습이 보이긴 하지만 낚시꾼의 머리 위로는 언제나 둥근 보름달이 커다랗게 떠 있다. 하긴 낚시꾼이 어둠 속에서 낚시를 한다고 해도 화가는 그 모습을 그려낼 수 없을 것이다. 어두워 보이지 않으니까. 사물은 눈으로 보이지 않으면 그 이미지가 머릿속에서도 제대로 잡히지 않게 마련이다.

　가만히 한번 생각해보자. 칠흑 같은 어둠 속에서 홀로 낚시하는 모습을 그림이나 사진으로 본 적 있는가. 그림이나 사진이라는 영상으로 잡히지 않으면 머릿속에 이미지로 남을 수 없다.

　보름달 아래에서 낚시하는 모습이 오늘날 친근하게 느껴지는 까닭은 오래전에는 밤중에 빛이 귀했기 때문이다. 옛 선인들이 보름달 낚시를 했던 것은 물고기를 낚지 않으려는, 입질을 피하려는 의도가 아니었다. 그래서 보름달 낚시는, 오늘날의 이미지와는 달리, 욕심 없는 사색 혹은 관조의 세계를 즐기려고 시도했던 것은 아니었다. 오히려 강태공이 살았던 시절의 사람들은, 달이 없는 칠흑 같은 어둠 속에서 낚시를 해야 물고기의 입질을 피해 사색을 즐길 수 있을 것으로 생각했을 법도 하다.

　밤중의 보름달, 낚시, 무욕, 그리고 사색. 이것들이 사람의 머릿속에서 한 덩어리로 긴밀하게 연상되는 것은 순전히 시각의 한계 때문이다. 어둠 속에서는 제 역할을 하지 못하는 눈의 한계 때문이다.

　인간의 눈은 빛이 있어야 제 기능을 다할 수 있을 텐데, 밤에는 빛이 귀해 사물을 제대로 식별할 수 없다. 그래서 선인들은 밤낚시를 하려면 보름달이 뜬 날을 골라야 했고, 그날 밤은 물고기들이 밝은 달빛에 민감해져 입질을 자주 해주지 않았다. 물고기를 낚으려는 욕심이 없지는 않았지만, 물고기들이 입질을 해주지 않으니 낚시꾼으로서는 달리 할 일이 없었을 테다. 입질 없는 낚시에서는 낚시꾼의 마음이 설렐 수도, 들뜰 수도 없다. 그래서 낚시꾼은 자연스럽게 명상이나 사색에 젖어들곤 하지 않았을까?

　강태공을 비롯한 선인들의 낚시가 오늘날 사색을 연상케 하는 데는 보름달이 큰 역할을 한다. 하지만 실제로, 그들이 보름달 밤에 낚시를 했던 이유는 사색을 즐기기 위한 목적이 아니었다. 보름달 낚시를 했던 진짜 이유는, 밤에는 제 기능을 할 수 없는 시각의 한계였다. 그 당시 그들로서는 밤낚시의 보름달이란 피할 수 없는 선택이었던 셈이다.

요란한 은거 신드롬

3장

은거에 관한 진실

강태공은 오랫동안 은거생활을 한 것으로 유명하다. 그는 은거의 시조로 통하기도 한다. 먼 곳에 홀로 숨어 지내면서, 좀처럼 세상에 나오려 하지 않은 삶을 살았던 인물로 널리 알려져 있다. 자신의 뜻을 펼칠 때를, 자신의 재주와 덕을 알아주는 귀인을 만나고서야 비로소 긴 은거를 풀었다고 한다.

그는 비록 은둔 기간이 길었지만 세상에 나와서는 포부를 마음껏 펼쳤다. 그래서 '성공한 은둔'으로 세상에 알려져 있다. 그의 은둔 이후로 중국에서는 은둔이 미화되는 풍조가 오랫동안 지속되었다.

그런 영향 탓인지, 예로부터 우리나라에서도 현실의 삶터를 떠나 외진 곳에 숨어 산다는 것이 손가락질 받을 일은 아니었다. 시대상황에 따라서는 은거가 고결하게 받아들여지기도 했다. 높은 관직에 올랐던 정치인이든, 관직을 갖지 않은 선비든 세상살이가 뜻에 맞지 않으면 먼 오지로 숨어버리곤 했다. 이를테면 이성계가 조선을 세웠을 때 뜻을 달리한 고려 충신들은, 두문동(杜門洞)이라 불리는 광덕산 자락의 깊은 곳으로 들어가 세상에 나오지 않으려 했다. 그래서 두문불출(杜門不出)이란 고사를 낳았다.

예로부터 우리나라의 은거에는 으레 낚시가 함께 있곤 했다. 마치 강태공을 닮으려 했던 것인 양. 한적한 위수 강변에서 자신의 뜻을 펼칠 때가 오기를 진득하게 기다렸다는 그의 일화는 오늘날까지 은거의 전형 혹은 모범사례 쯤으로 인식되고 있다. 사실, 강태공의 은거에는 그 진정성을 놓고 논란이 없지 않다.

몰락한 가문의 후손으로서, 그는 어릴 적부터 퍽 곤궁하게 살았던 것으로 알려져 있다. 사기 등 옛 기록에 따르면, 이리저리 혼자 떠돌며 시장 동네에서 가축을 도살한다거나, 밥을 지어 판다거나, 점을 친다거나, 행상을 하면서 온갖 고생을 다하고 살았다. 주나라 문왕을 만나게 되는 나이 일흔 무렵에 섬서성 위수 유역에서 낚시를 하며 살았던 것도 오랜 떠돌이 생활의 일부였을 뿐이라는 설이 있다.

다만 그는 은거를 하면서도 학문과, 세상의 흐름을 파악하는데 소홀하지는 않았다고 한다. 한때 마(馬)씨 성을 가진 여성과 결혼해 가정을 이루기도 했지만, 결혼을 하고서는 학문에 전념하느라 가정을 돌보지 않았던 것으로 전해진다. 방안에서 책읽기에 깊이 빠져 있다가 마당에 늘어놓은 곡식이 빗물에 떠내려가는 줄도 몰랐다는 일화가 설화를 통해 오늘날까지 전한다. 오죽했으면 마씨 부인이 그와 함께 살지 못하겠다며 보따리를 싸 친정으로 가버렸겠는가. 또 생활 터전이었던 시장은 늘 상인들이 모여드는 곳으로, 그는 상인들의 입을 통해 세상 동정을 끊임없이 주시했다. 그가 낚시를 하며 살았다는 위수 강변도 황하를 거쳐 넓은 세상으로 통하는 나루터가 있어 세상 동향을 읽는데 좋은 곳이었다. 서백이 널리 인재를 구한다는 사실과 자신을 만나러 온다는 정보를 알게 된 것도 나루터 상인들의 입을 통해서였다고 한다.

그렇다면 그의 은거는 세상과 결별하겠다는 뜻이 결코 아니었다. 오히려 학문과 세상흐름 파악에 힘쓰면서 세상에 나갈 준비를 하는 과정이었다. 다만 그 준비기간이, 기다림이 길었을 뿐이다. 세상으로 나가는데 걸린 오랜 은거의 시간이 도리어 애처롭다. 마음은 늘 넓은 세상에 있었지만 여건이 되지 않아 야인으로 지내야 했던 그로서는 무척 애가 탔을 테다. 세상에 나가기에는 상나라 폭군인 주왕의 세력이 너무 강하다싶어 그의 힘이 약해지기를 기다리느라 오랜 세월을 흘려보내야 했을 수 있다. 그러다가 주왕의 질서를 무너뜨릴 만한 큰 인물, 서백을 만나고서야 비로소 세상에 나갈 결심을 했나보다. 그렇다면, 얼마나 철저한 준비인가! 상나라를 멸하고 천하통일을 이룬 그의 지략도 오랜 은거의 철저한 준비로부터 나왔을 법하지 않은가.

하지만 오늘날 강태공의 은거는 무조건 세상과 유리된 삶이었던 것처럼 받아들여지곤 한다. 거기에 낚시질까지 곁들여져, 그의 은거가 세상과의 결별이었던 것인 양 인식되곤 한다. 그래서인지 낚시는 세상과 담을 쌓고 지내는 수단인 양 간주되기도 한다.

사실 강태공은 자신의 인생에서 낚시를 그다지 오랫동안, 그리고 그다지 자주 하지는 않았을지 모른다. 어려서부터 늘 입에 풀칠하기에 바빴을 테고, 학문과 세상흐름 파악에 신경 써야 했던 그로서는 낚시란 과분한 것이었을지 모른다. 그의 처지로 미루어 볼 때, 만약 낚시를 오랫동안 자주 했다면 물고기를 낚아 주린 배를 채우거나 생계수단으로 삼으려는 목적이 아니었을까. 위수 부근에서 얼마나 오래 살았는지 알 수는 없지만, 어쩌면 그의 낚시는 위수 시절에만 한정되었을 지도 모른다. 그것도 서백을 만나려는 시기에, 서백을 낚기 위한 이벤트로 낚시를 집중적으로 자주 했을 가능성도 있다. 그럼 그의 낚시는 오늘날 세상에 널리 알려진 바와

❸ 요란한 은거 신드롬 | 109 |

는 달리, 고도의 정신세계를 추구한 게 아니며 그의 인생에서 일과성에 그쳤을 수도 있다.

그런데 서백, 곧 주나라 문왕을 만나던 날의 낚시마저 부정될 수 있는 흥미로운 이설(異說)이 몇 가지 전해진다. 사실 그의 낚시가 온갖 전설과 기담(奇談)을 낳으며 오늘날까지 전해지게 된 것은, 그가 낚시를 통해 서백이라는 큰 인물을 낚았기 때문이다. 그런데 서백을 만나던 시기에 그가 낚시를 한 적이 없다니, 적잖이 의아해질 수밖에 없다. 물론 그것은 정설이나 통설이 아닌, 어디까지나 이설이다. 하지만 이설이라고 해서 사실일 가능성이 전혀 없는 것은 아니다.

강태공이 서백이란 주군을 만나게 되는 계기에 관해, 사기의 제태공세가(齊太公世家)는 낚시 이외의 일화도 싣고 있다. 이를테면, 그가 원래는 상나라의 포악한 군주인 주왕(紂王, 상의 마지막 왕)을 도와 일을 했다는 기록이다. 주왕의 잘못된 정치를 바로잡아야 한다고 여러 차례 주장했다가 번번이 묵살 당하자, 주왕을 버리고 그를 알아주는 서백을 돕게 됐다고 한다. 또 서백이 주왕에 의해 상나라 감옥에 붙잡혀 있을 때 강태공이 그의 석방을 도운 적 있는데, 그 일을 계기로 서백의 스승이 되었다는 일화도 있다. 이 두 가지의 일화로는, 그가 서백과 만나는 과정에서 낚시가 전혀 등장하지 않는다.

전국시대 초(楚)나라의 정치가이자 시인인 굴원(屈原)의 글과 일화를 담은 초사(楚辭)라는 문집에도 강태공과 문왕의 만남이 등장한다. 이 만남에서도 은거나 낚시는 보이지 않는다. 만남의 장소는 강가의 낚시터가 아니라 대처의 푸줏간이다. 강태공은 푸줏간에서 소를 도축하다가 만난 서백에게 "어리석은 도살자는 소를 잡고, 현명한 도살자는 나라를 잡는다."고 말해 서백의 마음을 빼앗는다. 그 길로 서백의 수레를 타고 가 그의 스승이 되었다고 한다.

그 같은 이설대로라면, 그는 서백을 만난 장소가 위수 근처의 물가가 아닌 셈이다. 또 서백을 만나게 된 계기가 낚시질이 아니라는 얘기다. 적어도 서백을 만날 즈음에는 그는 이미 세상에 나와 있었으며, 물가에서 은거생활을 하고 있지 않았다는 얘기가 된다. 만약 그것이 사실이라면, 오늘날까지 전해져 내려온 강태공의 낚시에 관한 신화나 칭송은 모두 과장이거나 거짓이다.

물론 그 이설들은 오늘날 사실이 아닐 것으로 여겨지고 있다. 강태공의 어록이라는 육도에는 그가 서백을 만난 곳이 위수의 물가이며, 만날 당시에는 그곳에서 낚시를 하고 있었던 것으로 분명히 기록되어 있다. 육도에는 만남의 장소로 위수 이외의 다른 곳은 제시되어 있지 않다. 다만 여러 이설들을 곰곰이 따져본다면, 오늘날 널리 알려져 있는 그의 은거생활이 진정성에 상처를 입을 수는 있겠다. 또 그렇다면, 오늘날 은거의 고전적인 수단으로 받아들여지고 있는 그의 낚시도 정체성에 흠집이 생길 수 있다. 그의 은거와 낚시의 고결함에 작은 생채기가 날 수도 있다는 얘기다.

그 같은 변수나 의외의 가능성이 남아 있음에도 불구하고, 강태공은 성공적으로 은거생활을 한 인물로 지금까지 뭇사람들의 뇌리에 깊이 박혀 있다. 그래서 낚시의 달인으로 통한다. 더욱이 강태공의 낚시 하면, 현실과는 아주 동떨어진 은거생활의 상징인 양 받아들여지곤 한다.

오늘날에도 마음을 닦는다거나 학문에 정진한다거나 허황된 물욕에서 벗어나야겠다는 뜻에서 외딴 곳을 찾는 이가 없지 않다. 복잡해지고 기계화되어가는 팍팍한 도회지 삶이 싫다면서 농촌이나 산간벽지로 가는 이가 적지 않다. 그들의 탈출은 굳이 은거라 말할 수는 없을지라도, 어지러운 일상으로부터 벗어나겠다는 뜻이다.

다만 도회지를 떠나더라도 다시는 돌아오지 않겠다느니, 하면서 마음을 독하게 먹을 필요는 없을 듯하다. 적당한 때나 계기를 만나면 돌아갈 수 있다. 돌아가지 않는 것이 더 행복하다, 싶으면 그대로 눌러 살 수도 있다.

만약 낚시가방을 챙겨 떠나는 사람이라면, 강태공의 은거는 세상과의 결별이 아니었음을 한번쯤 상기해볼 필요가 있을 듯하다. 사실 은거가 반드시 결별이어야 할 이유는 없지 않은가. 강태공의 은거는 넓은 세상과 적극적으로 소통하려 했던 처절한 몸부림이었다. 마찬가지로, 그의 낚시는 은거나 결별의 수단이 아니라 소통의 수단이었다.

역사속의 은거 신드롬

강태공 이후로 중국에서는 은거가 미덕으로 통하던 시절이 오랫동안 지속된 적 있다. 그의 '낚시은거'를 흉내 내려 했던 것인지는 알 수 없지만 정치적 갈등을 이유로 현실의 삶을 등지려 했던 이가 많았다. 물론, 큰 인물을 만나게 해주고 천하통일의 계기를 마련해준 강태공의 은거 전례가 그들의 은거행렬에 직접적인 영향을 미쳤다는 증거는 없다. 다만 강태공이 지혜와 지략이 뛰어난 정치인인데다, 오랜 세월 추앙을 받았던 인물이란 정황으로 볼 때 그의 인생역정은 후세에 많은 영향을 미쳤을 법하다.

옛 기록에 의지해 역사속의 은거를 되짚어보면, 은거의 진정성이 의심되는 사례가 종종 발견된다. 어쩌면 강태공이 추구한 은거의 참뜻을 그릇되게 받아들인 탓인지도 모른다. 그의 은거는 극심한 생활고 속에서도 학문에 힘쓰면서 자신의 뜻을 펼칠 때를 차분하게 기다린 삶이었던 것으로 해석된다. 그 결과로 주나라 문왕을 만나 자신의 이상을 실현할 수 있었으리라. 그에 반해, 처음부터 '문왕'을 만나야겠다는 목표를 먼저 설정해 놓고 은거에 들어간 이도 꽤 많았던 것으로 전해진다. 야심에 찌든 기획 은거인 셈이다.

시대를 초월해 가장 이상적인 은거는 어떤 것일까? 외부로부터 불필요한 간섭을 받지 않는 생활, 번잡한 큰 도시로 왔다 갔다 할 필요가 없이 자급자족할 수 있는 생활, 세속과 떨어져 살아도 열등의식이나 마음의 상처를 갖지 않는 생활. 적어도 이만큼만 갖추어져도 은거하겠다는 이가 앞다투어 나올 법하다. 하지만 세상살이에서 그만큼의 여건이 갖춰지기란 결코 쉽지 않다.

중국의 요순(堯舜)시대는 은거하기에 딱 좋은 시절이었다. 은거에 필요한 여건들이 잘 갖추어져 있었기 때문이다. 요순시대가 실재한 역사인지, 아니면 신화나 전설인지 자신 있게 말할 수 없지만 그 당시에는 모든 백성들이 태평성대를 구가했다고 한다.

이를테면, 요순시대에는 '해뜨면 나가 일하고, 해지면 집에 와서 쉰다. 우물 파 물마시고, 밭 갈아 배불리 먹는다. 임금의 힘이 필요 없다.' 라는 격양가(擊壤歌)가 백성들 사이에 불리어졌다. 임금의 정치력조차 필요 없을 만큼 태평성대였던 것이다.

그런데 뒤집어 생각해, 만약 삶이 그렇게 행복했다면 굳이 은거가 필요했을까. 도회지에서 자신을 드러내놓고 살든 초야에 깊숙이 파묻혀 은거를 하든, 삶의 질에 별 차이가 없었지 싶다. 그런데 사람의 마음은 반드시 그렇게 단순하지만은 않았던 것 같다.

고사로 전해지는 그 당시의 은거에 관한 일화 한 토막. 요 임금이 나이가 들어 자신의 자리를 물려줄 지혜로운 사람을 찾고 있었다. 허유(許由)라는 인물은 자신이 요 임금의 후계자로 낙점되자 기산(箕山)이란 곳으로 깊이 은거를 해버렸다. 자꾸만 임금 자리를 물려받을 것을 권유받자 그는 자신의 귀가 더러워졌다면서 기산의 시냇물에 귀를 씻었다고 한다.

아무리 태평성대라 해도 숨어 지내겠다는 사람은 나오게 마련인가보다. 허유가 은거를 한 속뜻은 너무 깊어 헤아릴 수 없지만, 그의 은거에는 적어도 진정성 하나만은 듬뿍 담겨 있었다고 볼 수 있다. 하지만 불순한 뜻이 담긴 은거도 많았다고 역사는 기록하고 있다.

당나라와 송나라 때에는 은거가 큰 유행이었다. 그래서 이른바 '은거지사(隱居之士)', 곧 은사(隱士)가 수없이 많이 배출되었다. 하지만 당송 시대에는 은거에 불순한 의도가 담겨 있는 경우가 많았다고 옛 기록은 전한다. 그냥 마음 편히 강호생활을 즐기며 살겠다는 순수한 뜻이 아니라 출세의 한 방편으로 숨어사는 이들이 한둘이 아니었던 것이다.

중국의 신당서(新唐書)에 종남첩경(終南捷徑)이라는 고사가 나온다.

당나라 때 노장용(盧藏用)이란 사람은 과거시험에 합격했으나 관직에는 오르지 못했다. 그는 수도인 장안에서 가까운 종남산(終南山)에 은거했다. 그의 은거는 불순한 뜻이 담긴 잔꾀였다. 중국에서는 오래전부터 은거생활을 하는 이를 떠받드는 풍조가 있었다. 학문이 높으면서도 명리를 초월해 곧은 삶을 살아가는 선비로 대접하는 풍조였다. 그런 선비는 은사로 통했다. 노장용은 그런 은사가 되기 위해 종남산으로 들어간 것이다. 그는 은거에 들어간 지 얼마 되지 않아 유명한 은사가 되어 관직에 등용되었다.

그 즈음, 장안에서 멀리 떨어진 천대산(天臺山)에는 사마승정(司馬承幀)이란 선사가 은거하고 있었다. 그도 장안에 소문이 자자한 은사였기에 조정으로부터 여러 차례 부름을 받았다. 하지만 부름을 번번이 거절했다. 한번은 황제에 의해 궁궐로 불려왔다가 관직을 사양하고 돌아가는 길에 노장용의 배웅을 받게 됐다. 노장용은 그에게 "가까운 종남산도 은거하기 좋은 곳인데, 왜 멀리 천대산으로 가려 하느냐?" 하고 말했다. 가까운 종남산에 머물러 있으면 조만간 불러주겠다는 의미였다. 하지만 사마승정은 "종남산은 관리가 되는 지름길일 뿐이다." 하고 대답하며 천대산으로 향했다. 물론 그의 대답은 황제가 아무리 불러도 관직을 받지 않겠다는 뜻이면서도, 다른 한편으로는 노장용이 은거를 이용해 관직에 등용된 사실을 비웃으며 한 말이었다.

종남첩경은 곧 '종남산에 은거하는 것이 관직에 등용되는 지름길'이란 뜻으로 풀이된다. 은거를 이용해 출세하려는 세태를 비꼬는 말로 쓰인다. 당송시대에는 그런 고약한 은거와 은사가 아주 많았다고 한다.

강태공의 은거와 종남첩경이란 고사에는, 비록 긴 시차가 있긴 하지만, 유사한 점이 없지 않다.

물론 강태공은 처음부터 관직에 등용되려고 은거를 시작했던 것은 아니었다. 하지만 세상에 알려지기로, 그가 주나라 문왕이란 큰 인물을 얻게 된 것은 다름 아닌 낚시를 통해서였다. 더욱이, 빈 바늘 낚시까지 해가며 문왕의 마음을 사로잡았다면 그의 은거는 관직에 오르기 위한 일종의 등용문이었던 셈이다. 그에게 은거는 세상에서 포부를 마음껏 펼치게 된 모태요 기반이었다.

강태공의 은거생활 가운데 일부인 낚시와, 노장용이 관직을 얻기 위해 종남산에 들어간 것은 고의성이라는 공통점을 갖고 있다. 또 두 사람의 은거생활은 '언젠가는 넓은 세상에 나가고 말겠다.'라는 의지가 있었다는 점에서 서로 닮은 구석이 있다.

강태공은 나중에 제나라의 왕이 되어서는 자신의 딸을 주나라 무왕에게 시집보냈다. 천자의 나라인 주나라 황제의 장인이 된 것이다. 더욱 강력한 정치실세가 됨으로써 자신의 이상을 명실상부하게 실현할 수 있는 권력을 확고하게 다지게 됐다. 그는 문왕과의 낚시미팅으로 정치판에 발을 들여놓은 이후 군왕의 책사, 천하통일의 일등공신, 제나라 초대 국왕 등 화려한 정치프로필을 이미 쌓아놓고 있던 상태였다. 국가전문경영인이라는 이력에는 만족할 수 없었던지 천자를 사위로 맞는 이력까지 더함으로써 정치권력의 최고 정점에 서게 되었다.

그렇다면 강태공과 노장용은 권력지향적인 인물이었다는 점에서도 서로 닮은 데가 없지 않다. 두 사람의 은거가 입신양명의 큰 뜻을 실현하는 데 기여를 한 셈이다. 그런 점에서 볼 때, 비록 결과론이긴 해도, 두 사람 모두 은거생활을 성공리에 마무리 지었다.

물론 강태공의 은거에 노장용의 그것과 같은 얄팍한 잔꾀가 숨어 있었을 리는 없다. 비록 낚시미팅이라는 기획적인 이벤트가 막판에 끼어들긴 했을지라도, 강태공의 은거는 노장용의 그것에 비하면 매우 열정적이고 진지했다.

중국에서 인재를 뽑기 위한 과거제가 처음 시행된 것은 수나라 초기였다. 그러다가 당나라 때에서야 이 제도가 정착되었다. 과거제는 오늘날로 치면 공무원을 뽑는 공채시험이다. 그 이전에는 관리채용이 소문이나 평판에 적잖게 의존했을 것이다. 은거를 등용의 수단으로 이용하려 했던 사람들도 자신에게 좋은 소문이나 평판이 나기를 기대하며 외진 곳으로 숨어들었을 테다. 문왕이, 강태공이 은거하던 위수의 낚시터로 찾아가게 된 것도 소문이나 평판이 한몫 하지 않았을까? 강태공에 대한 평판이 나쁘게 나 있었는데도 문왕이 과연 그 먼 곳을 찾아갔겠는가.

문왕의 처지에서도 강태공을 만난 것은 큰 보람이자 하늘의 은덕이었음에 틀림없다. 그는 강태공과의 만남 이후로 '훌륭한 인재는 번잡한 저잣거리에 있지 않고, 멀리 깊숙한 곳에 은거해 있게 마련'이라고 생각하게 됐을 수도 있다. 나중에 강태공이 천하통일에 큰 공을 세우고 제나라의 왕이 됨으로써, 그의 은거 이야기는 누대에 걸쳐 길이길이 전해지지 않았을까. 그래서 황제는 쓸 만한 인물이 없다싶으면 은거지사를 찾게 되었고, 관직을 얻고자하는 자는 황제의 눈에 들기 위해 산속으로 들어가는 진풍경이 벌어졌을 법하다. 당송시대에 종남첩경의 은자(隱者)가 많았던 것도 그런 전통 때문이 아니었을까. 그렇다면 강태공의 은거는 인재를 뽑기 위한 모범사례 연구에 오랜 세월 자주 이용되었을 법도 하다.

우리나라에서는 종남첩경이라 할 만한 은사가 과연 없었을까. 혹은, 은거를 하고 있으면서도 임금의 부름을 간절히 기다린 사람은 없었을까.

중국의 당송시대에 비견될 만큼은 아니더라도, 은사가 가장 많이 나온 시기는 정치적으로 당쟁이 매우 심했던 조선시대 중기가 아닐까싶다. 이를테면, 중앙 관직에 나아간 사림(士林)의 선비들은 번번이 당쟁으로 인한 정치적 소용돌이, 곧 사화(士禍)에 휘말려 목숨을 잃거나 낙향하거나 은거하곤 했다. 무오사화니 갑자사화니 기묘사화니 을사사화니 하는 사화는, 말 그대로 '사림이 입은 화(禍)'다. 사화는 곧 권력투쟁에서 패배함으로써 겪어야 했던 불행이었다. 물론 화를 입어 은거생활을 한 정치인이야 종남첩경에 해당될 수 없다. 다만, 권력투쟁에서 패배해 은거를 하고 있으면서도 권력에 대한 미련을 버리지 못한 정치인도 더러 있었다. 그들에게는 은거가 세상과의 영원한 결별이 아니었다.

그 당시 정치인 출신의 어떤 은사는 오늘날까지 전하는 자신의 글에서 '성은(聖恩)'이란 말을 자주 썼다. 산속 깊은 곳에 은거하면서도 임금의 은혜를 생각하며 그 고마움을 잊지 않으려 했다. 먼 외딴 곳에서 자연과 벗하며 행복하게 지내는 것도 그에게는 성은을 입은 덕분이었다. 심지어 유배되거나 귀양살이를 하면서도 그는 성은을 잊지 않고 챙겼다. 임금이 그런 가상한 마음을 어떻게 알았는지, 결국에는 그를 한양으로 불러 높은 관직을 하사했다. 그는 종남첩경에 해당하지는 않을지라도 은거 중에도 권력을 지향하고 있었다는 점에서 진정한 은사로 보기는 어려울 듯하다.

반면에, 조선 중기의 어떤 정치인은 유배와 은거 생활로만 무려 사십년 세월을 보냈다지만 그가 남긴 글에는 성은이란 말이 좀처럼 보이지 않는다. 물론 그도 자연 속에서 지내는 삶이 즐겁다고, 오늘날까지 남아 있는 자신의 글을 통해 말하고 있다. 그는 임금의 은혜를 모르는, 배은망덕한 사람이었나 보다. 임금이 그런 불충한 마음을 어떻게 알았는지, 그는 끝내 한양으로 돌아오지 못했다. 그러니 높은 벼슬을 하사받을 수 있었겠는가.

하긴 성은이 없었다면, 자연과 벗하면서 행복하게 지내는 삶도 불가능했을지 모른다. 유교가 통치이념인 조선시대에는, 군주의 폭정으로 나라가 어지러우면 먼 은거생활마저도 편치 않았을 것 같다. 그러니 군주가 폭정을 하지 않는 것만 해도 얼마나 고마운 일인가. 게다가 군주의 나라에서 군주의 힘이 미치지 않는 영역이 어디 있겠는가. 성삼문은, 주나라 무왕과 결별해 수양산에 은거하면서 고사리를 캐먹다 굶어죽은 백이숙제를 향해 그 고사리마저 무왕의 것이라고 일갈하지 않았던가.

한편, 수양대군의 왕위찬탈도 수많은 은거지사를 낳았다. 그의 왕위찬탈에 항거하다가 목숨을 잃은 사육신이야 더 말할 나위가 없고, 생육신이 그 대표적인 은거지사에 해당한다.

김시습은 수양대군의 만행에 통분해 자신의 책을 모조리 불태워버리고, 중이 되어 한평생 방랑했다. 그는 어려서부터 총명해 신동으로 소문난 선비였다지만, 끝내 세상과 화해하지 않았다. 김시습과 함께 생육신의 한 사람이었던 성담수는 은거하면서 지은 한시 한수를 남겨놓고 있다. 그는 사육신인 성삼문의 육촌동생으로, 파주 임진강변에서 낚시로 은거하며 일생을 마쳤다고 전해진다.

〈釣魚〉
杷竿終日趁江邊, 垂足滄浪困一眠.
夢與白鷗飛萬里, 覺來身在夕陽天.

〈낚시하면서〉
낚싯대 드리운 채 온종일 강변을 거닐다가,
푸른 바닷물에 발 담근 채 곤히 졸기도 했네.
꿈에서 갈매기와 짝하여 만리창공을 날다가,

꿈에서 깨어보니 석양하늘 아래 와있구나.

강변과 백구와 창랑이 함께 등장하는 것으로 보건대, 화자는 강물과 바닷물이 만나는 곳에 있다. 아마 서해로 흘러나가는 임진강 하구인 듯하다.

우울함과 쓸쓸, 그리고 초조함이 지배하고 있다. 낚싯대를 드리워놓았지만 낚시에는 도통 마음이 없다. 하루 종일 강변을 오르락내리락하다가, 끝내는 바닷물에 발을 담군 채 피곤해 졸고 말았다. 벗이라고는 갈매기뿐인데 그나마 현실이 아닌 꿈속에서다. 대개 낚시를 소재로 한 시에는 자연을 노래하는 멋이나 여유가 나타나게 마련인데, 이 시에는 풀 한포기 나무 한그루 없다. 낚시에 마음이 없는 것은, 물고기욕심이 없어서라기보다는 불안 탓이다. 그럴 수밖에 없다.

성담수의 아버지는 단종 복위 사건에 연루되어, 고문당하고 유배되어 그 후유증으로 세상을 떠났다. 재종형인 성삼문은 사지가 찢긴 채 처형당했다. 성삼문은 자신뿐 아니라 아버지, 세 동생, 네 아들까지 처형당했다. 멸문지화를 당한 채 은거하고 있는 그로서는 한가하게 낚시를 즐길 마음의 여유가 없다. 그의 심경이 이 시에 그대로 담겨 있다. 세상과의 불화(不和)다. 성담수에게 종남첩경을 들먹였다가는 경을 칠 일이다. 물론 강태공 버전의 포부가 들어 있을 리도 없다.

조선 후기의 은사로는, 김삿갓이란 이름으로 널리 알려진 김병연을 빼놓을 수 없다.

널리 알려진 대로, 그는 홍경래의 난 때 선천부사였던 조부 김익순이 홍경래에게 항복하는 바람에 집안이 풍비박산 났다. 그 당시 그는 젖먹이였다. 겨우 목숨을 건지긴 했지만 온갖 고생을 다하며 어렵사리 학문을 닦았다. 과거시험을 보게 됐다. 그런데 하필이면 조부의 항복을 비판하라는 문제가 출제될 것은 뭔가. 그는 김익순을 비난하는 내용으로 답안을 작성해 급제를 했고, 나중에서야 김익순이 자신의 조부라는 사실을 알게 되었다.

 결국 그는 세상을 향한 분노와 자괴감을 견디지 못해 벼슬을 버리고 방랑길에 올랐다. 겨우 스무 살의 나이에 삿갓이라는 하늘가리개를 푹 눌러쓴 채. 그 이후로 일생을 마칠 때까지 세상과 단 한 번도 타협하지 않았다. 삿갓은 그의 은거가 얼마나 철저했는지를, 세상을 향한 분노와 자신에 대한 부끄러움이 얼마나 컸는지를 상징적으로 말해준다.

 우리나라에서 은거지사 하면, 신라 말기 최치원으로까지 거슬러 올라간다. 은거의 원인이 세상과의 불화였다면, 그의 은거는 김시습이나 성담수보다 6백년쯤 앞선다.

〈贈山僧〉
僧乎莫道靑山好, 山好何事更出山.
試看他日吾蹤跡, 一入靑山更不還.

〈산중의 스님에게〉
스님이여, 청산이 좋다고 말하지 마시오,
산이 좋다면서 왜 산을 떠나려하나요.
두고 보시오 훗날 나의 종적을,
한번 청산에 들면 다시는 나오지 않으리.

비장한 포부를 밝히고 있다. 그런데 넓은 세상에서 펼칠 포부가 아니라, 산속으로 숨어들겠다는 포부다. 세상과 절교하기 위한 입산(入山) 맹세다. 속세와의 영원한 결별을 선언한 도연명(陶淵明)의 귀거래사(歸去來辭)를 연상케 한다. 강태공이 문왕 앞에서 선보인 낚시 이벤트와 비교하면, 뜻에서도 방향에서도 완전히 거꾸로다. 종남첩경은 더더욱 아니다.

열두 살 때 당나라로 유학 갔다가, 그곳에서 과거시험에 합격하고 토황소격문으로 이름을 날린 최치원. 신라로 돌아와서도 촉망을 한 몸에 받았지만, 관직을 버린 채 마흔 살 무렵에 깊숙이 은거해버린다. 이 시는 그 당시 쓰어진 것으로 보인다. 육두품 출신인 그로서는, 진골 귀족이 지배하는 집권층에 염증과 한계를 느꼈을 테다. 게다가 열 가지의 정치개혁안을 담은 자신의 시무십조(時務十條) 구상이 집권층에 의해 거부되자, 말세를 절감했을 테다. 결국 그의 은거도 세상과의 불화가 원인이었다.

오늘날의 세상살이에서 요구되는 진정한 은거란 어떤 것일까. 또 은거가 가능하긴 할까.

은거의 방식이 강태공이든 노장용이든 사마승정이든 생육신이든 김병연이든 최치원이든 가릴 것 없이, 지금은 속세로부터 멀리 벗어나는 삶이 가능할 것 같지 않다. 사통팔달로 산간벽지까지 그물처럼 뻗어 있는 도로, 인터넷 강국의 힘을 떠받치고 있다는 실시간 정보통신망, 인공위성을 이용한 위치 자동추적시스템, 휴대용 전화나 휴대용 노트북……. 이젠 전통적 의미의 은거란 사실상 불가능한 세상이다. 이곳이 싫으면 저곳으로 숨어드는 공간이동 방식의 은거는 통하지 않는 세상이 되어가고 있다.

하지만 옛 사람들이 은거를 하려했던 동기의 순수성만큼은 오늘날에도 여전히 유효하지 싶다. 사마승정의 지조 지키기, 김삿갓의 분노하고 부끄러워 할 줄 알기, 생육신의 절개와 의리 지키기, 최치원의 꼿꼿함이나 고결함 등의 태도는 오늘날에도 여전히 필요한 덕목이지 싶다.

만약 강태공 모델의 은거라면, 자신의 뜻을 알아줄 큰 인물을 만나기 위해 진득하게 기다리는 태도는 지금도 필요하지 싶다. 안타깝게도 때와 장소를 가리지 않은 채, 또는 마음의 준비를 하지 않은 채 함부로 세상에 나가겠다고 떼를 쓰는 이가 오늘날 너무 많은 것 같다.

강태공도 맞수가 있다

오늘날 낚시에서 강태공은 독보적인 존재로 남아 있다. 사람들은 권위로든 명성으로든 조과(釣果)로든, 그를 능가하거나 필적할 만한 낚시꾼을 좀처럼 내세우지 못한다. 그런데 강태공의 권위나 명성에 치명상은 아니라도 제법 큰 상처를 입힐 수 있는 낚시꾼이 있다. 바로 엄자릉(嚴子陵)이다.

낚시꾼으로서는 강태공이 엄자릉보다 한참 선배다. 강태공이 상나라 말과 주나라 초기에 살았고, 엄자릉은 후한(後漢) 시대에 살았다니, 강태공이 1천년쯤 세상을 먼저 살았다.

강태공과 엄자릉은 '세월이 키워낸 낚시꾼'이라는 공통점을 갖고 있다. 즉, 이들 둘은 실제로는 낚시 역량이 얼마나 탁월했는지 오늘날의 우리가 정확히 알 수 없지만, 긴 세월 동안 후세사람들의 평판을 받아먹으며 내로라하는 낚시꾼으로 자라났다. 후세의 평판이 그들이 오늘날까지 살아남게 된 자양분이요 에너지원이었던 셈이다. 그래서 보기에 따라서는 두 사람이 맞수 관계가 될 수 있다. 물론, 적어도 우리나라 사람들은 강태공을 더 훌륭한 낚시꾼으로 친다. 하지만 엄자릉도 강태공의 자존심에 상처를 입힐 수 있을 만큼 꽤 많은 팬을 거느리고 있다.

 두 낚시꾼이 후세의 평판을 받아먹으며 성장한다는 현실을 감안할 때, 강태공 한쪽만이 앞으로도 늘 지속적으로 우위를 지킬 것으로 단정할 수만은 없다.

 우선, 강태공은 낚시로 큰 인물(주나라 문왕)과 천하까지 낚았다지만 엄자릉은 낚시로 오직 물고기밖에 낚을 줄 몰랐다고 전해진다. 그렇다면 두 사람은 낚시 역량에서 아주 큰 차이를 드러내는 셈이다.

 엄자릉은 왜 낚시로 물고기밖에 낚을 줄 몰랐을까? 아니, 낚시로는 물고기밖에 낚지 못하는 것이 너무나 당연하다. 그래도 상대는 온 세상이 다 알 정도로 유명한 강태공인지라, 물고기 말고 다른 무언가를 낚아내는 재주가 있어야 감히 강태공과 비교될 수 있다. 역량의 차이가 아니었다. 낚시의 세계관에서, 그리고 삶의 가치관에서 그 둘은 하늘과 땅만큼의 차이를 갖고 있었다. 그 둘은 낚시를 하는 이유가 서로 달랐다.

 후한서에 따르면, 엄자릉은 후한을 세운 광무제(光武帝)와 오랜 친구사이다. 어릴 적부터 함께 뛰놀며 자랐다고 한다.

 한나라는 전한과 후한으로 나뉘는데, 그 사이에 왕망(王莽)이 세운 신(新)이란 나라가 있다. 광무제의 후한 건국은 그가 신을 무너뜨리고 전한의 법통을 되찾았음을 뜻한다. 광무제는 제위에 올라 친구 엄자릉을 찾았다. 아무리 찾아도 보이지 않았다. 엄자릉은 광무제가 황제가 되자 멀리 숨어버린 것이다. 광무제는 수소문 끝에 그를 찾아내어 높은 관직을 주려

했다. 하지만 엄자릉은 마다했다. 한번은 그가 궁궐로 불려와 황제와 함께 잠을 자게 됐다. 엄자릉은 자신의 다리를 황제의 배 위에 올려놓은 채 잤다고 한다. 그는 광무제를 황제가 아닌 옛 친구로 대한 것이다.

그는 광무제가 집요하게 자신을 관직에 중용하려 하자, 마침내 부춘산(富春山)이라는 멀고 깊숙한 곳으로 은둔해버렸다. 거기서 낚시를 하고 밭을 갈며 일생을 마쳤다고 한다.

절강성 동려현 부춘산에는 청계강이 흐르고 있는데, 이 강에는 지금도 그가 낚시를 했다는 조어대가 보존되어 있다고 한다. 특히 조어대 근처에 있다는 칠리탄(七里灘)은 중국의 시문에서 그의 낚시장소로 자주 인용되는 곳이다.

낚시나 은거를 하게 된 이유가 강태공과 근본적으로 달랐다. 강태공이 세상으로 나오기 위해 낚시은거를 했다면, 엄자릉은 세상을 등지려고 낚시은거를 한 셈이다. 그러니 엄자릉에게는 물고기 말고는 달리 낚을 만한 게 없었다. 상식적으로 볼 때, 은거라는 것은 낚을 만한 게 없어야 마땅하지 않은가.

광무제는 결코 폭군이 아니었다. 그가 신을 무너뜨리고 한나라의 정통성을 되찾은 것은 민심을 등에 업고 거둔 업적이었다.

이에 비해 왕망은 백성들로부터 많은 원성을 샀다. 그의 신나라는 정통성을 인정받지 못한 채 불과 십오 년 만에 광무제에게 무너졌다. 왕망은 자신의 나라를 세우는 과정에서도 여러 무리수를 두었다. 전한의 아홉 살짜리 황제인 평제(平帝)를 옹립해 자기의 딸을 왕후로 삼는가 하면, 나중에 평제를 독살하고 두 살짜리 유영(劉嬰)을 왕위에 세웠다. 이어 그마저 몰아내고 새로운 나라, 신을 세웠다. 결국 광무제는 왕망을 내쫓아 국가의 정통성을 다시 반석에 올려놓은 것이다. 또 정치의 법도를 똑바로 세운 것이다.

그런데 왜 엄자릉은 광무제의 벼슬 제의를 번번이 거절했을까? 왜 죽마고우의 뜻을 매몰차게 거부하고 은둔해버렸을까? 알 수 없는 노릇이다. 다만, 친구로 함께 지내는 것과 황제로 모시는 것 사이에는 큰 차이가 있을 테다. 죽마고우라는 오랜 동무도 큰 정치권력을 얻게 되면, 죽마고우의 옛정을 저버릴 수도 있을 테니까.

왕이 벼슬로 호의를 베풀려고 하자, 되레 멀리 깊숙한 곳으로 숨어버린 예는 중국에서도 우리나라에서도 종종 있었다. 더욱이 그 왕이 폭군이 아닌데도 그런 호의를 마다하곤 했다.

이를테면, 역사라기보다는 신화에 가깝다지만, 요순(堯舜)시대에 어질기로 소문난 허유(許由)라는 이는, 요 임금이 제위를 자기에게 물려주려 하자 멀리 기산(箕山)으로 숨었다. 이어 관직을 주려한다는 소문을 듣고는 기산 근처의 냇물에다 자신의 귀를 씻었다고 한다. 더러운 소문을 들어 자신의 귀가 더럽혀졌기 때문이라 했던가. 그럼, 냇물도 더러워졌을까? 그의 친구 소부(巢父)는, 자신의 말이 그 귀 씻은 더러운 물을 마실까 봐 냇물의 상류로 한참 거슬러 올라가 물을 마시게 했다고 한다. 요 임금이 누구던가. 나라를 하도 잘 다스려 백성들이 격양가를 부를 정도로 태평성대를 이루었다지 않던가.

하긴 백이와 숙제도, 상나라를 멸하기 위해 출정하는 주나라 무왕의 말고삐를 부여잡지 않았다면 높은 벼슬을 받았을 것이다. 하지만 그들은 출정을 말렸고, 자신들의 뜻이 이뤄지지 않자 수양산으로 숨어들어갔다.

또 이성계가 조선을 세웠을 때는, 일흔두 명의 고려 충신이 두문동 광덕산 속으로 깊숙이 숨어들어 세상 밖으로 나오려하지 않았다. 그들은 나중에 괘씸죄에 걸려 이성계 정권에 의해 처참하게 살육당하는 비운을 겪고 만다.

허유나 소부나 백이나 숙제나 일흔두 명의 고려 충신의 뜻이 후세에 널리 알려질수록, 엄자릉의 낚시는 더욱 빛이 날 것이다. 물고기밖에 낚을 줄 몰랐던 그의 낚시가 더욱 가치 있게 여겨질 테다. 그에 비해 지존과 천하를 낚은 강태공의 낚시는 상대적으로 퇴색될 수밖에 없다. 이만하면 강태공의 낚시가 엄자릉의 낚시보다 늘 탁월했다는 말에 딴죽을 걸고 싶은 이가 생겨날 법하지 않은가.

엄자릉은 우리나라 서민들의 삶 속에서도 간간이 등장한다. 이것은 그의 낚시도, 강태공보다는 덜 알려졌지만, 세상 사람들로부터 꽤 높은 가치를 인정받고 있음을 말해주는 것이다.

그는 강태공에 비해 엄숙함이나 신비주의적인 중압감이 훨씬 덜한 모습으로 살아 있다. 그렇다고 해서 그의 낚시가 경박하다거나, 그의 은둔이 무의미하다는 뜻은 결코 아니다. 도리어 낚시나 삶은 간결하고 담백한 게 제 맛이라는 메시지를 오늘날의 이 복잡한 세상에 던지고 있는 듯하다.

판소리 수궁가에는 '게 뉘라서 날 찾는가, 날 찾는 이 게 뉘신가, 수양산 백이숙제 고사리 캐자고 날 찾나, 소부 허유 영천수에 귀 씻자고 날 찾나, 부춘산 엄자릉이 밭 갈자고 나를 찾나'라는 구절이 있다. 엄자릉 말고도, 강태공이 좋아할 리 없는 인물들이 한꺼번에 총출동하고 있다.

창부타령에도 엄자릉이 등장한다. '부춘산 엄자릉이 간의대부 마다하고 칠리동강 일사풍에 함께 가자 나를 찾나'라는 구절에서 그는 낚시꾼으로 나온다. 칠리동강은 부춘산 청계강 줄기에 있는 강으로, 그의 조어대와 칠리탄이 있다는 곳이다.

또 이 땅 조선의 낚시꾼, 윤선도는 어부사시사에서 '칠리탄에 낚시질 하던 엄자릉은 어떻던고'라며 강호에서 낚시하며 지내는 자신의 삶이 엄자릉에 부럽지 않을 만큼 즐겁다고 했다.

윤선도는, 조선의 여느 정치인 출신의 문인들과 달리, 강호에서의 삶을 주제로 한 자신의 글에서 '성은(聖恩)'이란 단어를 좀처럼 쓰지 않았다. 어찌 보면, 엄자릉의 낚시세계를 빼닮았다. 강호에서 산수를 벗 삼아 지내는 삶이 도대체 임금의 은혜와 무슨 상관이 있다는 말인가. 윤선도의 낚시는 엄자릉의 낚시와 친구 사이가 될 만하다. 윤선도는 남해의 섬에 은거하면서 민물낚시보다는 주로 바다낚시를 즐겼다지만, 그의 낚시는 강태공보다는 엄자릉의 태도를 더 많이 닮았다.

강태공과 엄자릉이 나란히 함께 등장하는 시 한수가 전해지고 있다. 고려 말~조선 초의 문신이었던 이직의 한시다. 이직은 '까마귀 검다하고 백로야 웃지 마라'로 시작하는 시조의 지은이다. 그는 평소 낚시를 좋아한 정치인이었던 것 같다. 제목으로 보건대, 이 시는 그가 평소 가깝게 지냈다는 공부(孔俯, 고려 말~조선 초의 문신)라는 사람의 낚시움막에서 낚시하며 지은 듯하다.

〈孔俯漁舍詩卷〉
柳陰密成幄, 黃鳥逐好音.
幅巾步回渚, 沙白水淸深.
問君何爲者, 不憂世紛侵.
潔身富春志, 濟世磻溪心.

乾坤一竿竹, 氣味古猶今.

〈공부의 낚시쉼터에서〉
버드나무가 우거져 장막 그늘을 이루고,
꾀꼬리는 예쁜 노랫소리 들려주는구나.
두건을 쓰고서 물가를 둘러보니,
흰 모래에 맑은 물이 깊기도 하다.
묻노니 그대는 대체 누구인가,
어지러운 세상 마음을 두지 않는다.
엄자릉의 뜻으로 몸을 깨끗이 닦고,
강태공의 마음으로 세상을 구제한다.
천지에 오직 낚싯대 하나 들고 있으니,
예나 지금이나 취미에는 변함없구나.

   버드나무와 꾀꼬리로 보건대, 절기는 봄이나 초여름이다. 모래밭으로 보건대, 장소는 늪이나 호수가 아니라 강이다. 강가에서 길게 은거생활을 하고 있는지, 아니면 강으로 잠깐 다니러나왔는지 분명하지 않다. 화자(話者)는 자신을 향해 '내가 누구인가'라고 자문해본다. 그 대답은 자신이 엄자릉이기도 하고, 다른 한편으로는 강태공이기도 하다.
   엄자릉의 뜻으로 자신의 몸을 깨끗이 한다는 말은, 부춘산에서 은거한 엄자릉의 욕심 없는 삶을 닮겠다는 의미다. 강태공의 마음으로 세상을 구제한다는 말은, 강태공의 적극적인 이상실현의 태도를 본받겠다는 뜻이리라. 이 시에서도 엄자릉과 강태공은 삶의 세계관이 사뭇 대조적으로 나타나고 있다.

이직은 이성계를 도와 조선을 세우는데 힘을 보탠 것으로 전해진다. 조선 건국에 반대해 두문동으로 들어간 일흔두 명의 고려충신들과는 상반된 길을 걸었던 인물이다. 그는 이어 제 2차 왕자의 난 때 이방원을 도운 것으로 알려져 있다. 그는 평소 권력욕이 강했기 때문인지, 아니면 엄자릉과 강태공의 모범적인 삶의 태도를 열심히 본받았기 때문인지, 세종 때는 영의정과 좌의정 벼슬까지 지냈다.

대개 이 땅의 낚시꾼들은 오래전부터 엄자릉보다는 강태공을 닮고 싶어해왔다. 낚시를 통해 강태공의 정신세계나 큰 뜻을 본받으려고 했다. 그를 배우려는 낚시꾼들의 태도는 예나 지금이나 별 차이 없이 언제나 한결같아 보인다. 사람들은 자신의 낚시가 강태공의 경지에 이르지 못한다는 생각이 들면 수양이 부족한 탓이라 여기기도 한다. 어떤 때는, 그의 낚시태도에 근접하지 못하는 자신을 책망하기도 한다.

오늘날 강태공의 낚시태도는 물가에서 다양한 모습으로 나타나고 있다. 강태공의 낚시를 실제로 눈으로 본 사람은 아무도 없다. 하지만 강태공은 여러 가지의 응용된, 혹은 변형된 모습으로 낚시현장에 나타나곤 한다.

이젠 엄자릉의 낚시도 한번쯤 닮아볼만한 가치가 있을 듯하다. 그러면 강태공의 낚시에서보다 더 효과적으로 삶의 부담을 덜어낼 수 있을 것 같다. 번잡한 세상을 사느라 현실의 삶만 해도 무거워 등이 휘어질 판인데, 낚시에서마저 부담을 느껴야 한다면 너무 억울하지 않은가. 엄자릉의 낚시태도를 닮는다고 해서 낚시의 품위나 깊이가 줄어드는 것은 아닐 테다.

다양한 낚시은거 태도

예로부터 낚시께나 했다는 인물들이 모두 강태공 유형의 낚시태도를 닮았거나 지니고 있었던 것은 아니다. 강태공과 다른 태도를 지닌 낚시꾼도 더러 있었다. 단지 그들의 낚시태도가 오늘날의 세상에, 특히 우리나라에 그다지 널리 알려지지 않았을 뿐이다. 그들은 자기 나름대로 독창성을 갖고 있었다.

물론 강태공표 낚시의 대척점에 서 있는 가장 대표적인 인물이, 오늘날 우리나라에 알려져 있기로는 엄자릉이다. 그는 중국이나 우리나라의 옛 기록에 행적의 일화로는 자주 등장하지만, 자신이 직접 썼다는 문학작품 혹은 문집을 남기지는 않고 있다. 강태공이 육도와 삼략이란 어록을 자신의 이름으로 갖고 있는 것에 비하면, 엄자릉은 그와 사뭇 대조적이다. 엄자릉의 삶의 태도가 그만큼 강태공과 달랐음을 말해주는 것이다.

삶의 태도가 철저하게 은거를 지향할수록, 세상에 남겨지는 것은 그만큼 덜할 수밖에 없을 테다. 만약 은거의 목적이 세상을 영원히, 그리고 완벽히 등지는 것이었다면 후세에 아무런 종적을 남겨놓지 말아야 한다. 완벽한 은거를 실천했는지에 대한 평가는 세상에 아무런 흔적을 남기지 않았다는 결과에 의해 결정되지 않을까? 은거가 자신의 포부를 펴기 위한 전략적 목적이 아니었다면, 은사는 세상에 이름 석자조차 남기지 않는 것이 가장 완벽한 목표달성이다. 완벽한 은거를 꿈꾸며 살았던 사람을 상대로, 후세 사람들이 자꾸 그의 행적을 캐묻고 다닌다는 것도 어쩌면 도리에 어긋나는 일일지 모른다.

그럼, 자신의 이름 석자뿐 아니라 여러 일화가 남겨져 있는 엄자릉은 완벽한 은거를 이루지 못했단 말인가? 그런 반문은 어리석은 관념론에서 비롯된 것일 뿐이다. 게다가 낚시가 반드시 은거를 위한 방편으로만 여겨지는 것도 온당치 않다. 따지고 보면, 낚시는 속세와 거리가 먼 은거지향성을 띠게 마련이라는 오늘날의 통념도 강태공의 은거를 왜곡되게 받아들인 탓인지 모른다.

노장사상, 도교, 호접지몽(胡蝶之夢) 등으로 세상에 알려져 있는 장자(莊子)도 낚시에 관한 일화 한 가지를 전하고 있다.

장자의 추수(秋水) 편에 따르면, 장자는 산동성 복수(濮水)라는 강에서 낚시를 하던 중 초나라 위왕(威王)이 보낸 사자의 방문을 받았다. 장자는 세상으로 나와 재상 벼슬을 맡아줄 것을 제안 받는다. 그는 낚싯대를 쥔 채 돌아보지도 않고 "초나라에는 신령한 거북이 있는데 죽은 지 3천년이나 됐다고 한다. 왕께서는 그 거북을 소중히 간직하고 있다지만 그 거북은 죽어서 뼈로 남아 소중히 받들어지기를 바랐을까, 아니면 진흙 속에서 꼬리를 끌며 기어 다니더라도 살아 있기를 바랐을까?" 하고 물었다. 물론 위왕의 사자는 "당연히 진흙 속에서 기어 다니더라도 살아 있기를 바랐겠지." 하고 대답했다. 장자는 자신도 진흙 속에서 꼬리를 끌며 살아 있겠다면서 그들을 돌려보냈다. 장자는 아무리 더러운 개똥밭에 굴러다녀도 저승보다는 이승이 낫다고 말한 것이다.

사기도 노자한비열전(老子韓非列傳)에서 장자에 관해 추수 편과 비슷한 내용을 전하고 있다. 사기는 장자가 사자를 돌려보내면서 "시궁창에서 뒹굴며 즐거워할지언정 제후들에게 구속당하며 살지 않겠다. 죽을 때까지 벼슬을 하지 않음으로써 즐겁게 살려고 한다." 했다고 전한다.

이 일화로 보건대, 장자의 낚시태도는 강태공의 그것과는 확연히 다르다는 점을 알 수 있다.

그렇다고 해서 엄자릉의 낚시태도와 같다고 할 수도 없다. 장자는 현실의 삶에서 적극적으로 살려고 했던 것 같다. 또 즐겁게 살려고 한다는 말도 곁들였다. 게다가 장자는 오늘날 알려진 그의 생애로 보자면 철저하게 은둔생활을 한 것이 아니었다. 장자는 자신을 따르는 제자들을 거느리고 있었고, 노자의 사상을 토대로 자신의 사상적 체계를 일구어냈다. 엄자릉과 닮은 게 있다면 정치권력에 대한 욕심이 없었다는 점일 것이다.

장자의 낚시에 관해서는 전해지는 것이 별로 없어, 그의 낚시태도를 함부로 속단할 수는 없다. 다만 그는 강태공과 달리 정치권력을 낚으려 하지는 않았다. 그렇다고 해서 삶이 마냥 은거 지향적이거나 현실세상과 담을 쌓은 채 지내지만은 않았던 것 같다. 이를테면, 사기는 장자의 인물됨에 대해 '장자는 공자의 무리를 비방하고 노자의 학설을 명백히 드러냈다' '장자는 문장력이 뛰어나고 세상 이치에 합당한 비유로 유가와 묵가를 공격했으니 당대의 뛰어난 학자라 해도 장자의 공격을 피할 수 없었다' '장자의 언사는 거센 물결처럼 자유롭고 제 마음대로여서 왕이나 제후나 사대부로부터 훌륭한 인재로 인정받지 못했다' 등의 말로 평했다. 장자는 비록 냉소적이긴 해도, 현실에 관심을 가졌던 것으로 보인다. 그에 비해 엄자릉은 멀리 부춘산으로 한번 들어간 이후 바깥세상으로 나오지 않은 채 밭 갈고 낚시 하면서 한평생을 마쳤다니 대조적이다.

유방을 도와 한나라를 세우는데 일등공신이었던 한신(韓信)은 낚시라면 아마 지긋지긋했을 것 같다.

사기에 따르면, 한신은 낚시를 즐겼다기보다는 어쩔 수 없이 생계형 낚시를 한 것으로 알려져 있다. 어려서 부모를 모두 여의고 강소성 회수(淮水)라는 강에서 낚시로 물고기를 잡아 어렵사리 연명하고 있었다. 하루는 낚시를 하고 있는데 근처에서 빨래하던 노파로부터 밥을 얻어먹고는 "나중에 반드시 후하게 보답하겠다." 하고 말했다. 하지만 "뼈대 있는 가문의 후손으로서 낚시로 연명하는 것이 불쌍해 밥을 주었을 뿐, 대가를 바라고 도운 게 아니다." 하는 굴욕적인 말을 들어야 했다. 한신은 그 말이 얼마나 뼛속깊이 사무쳤든지 내내 잊지 않고 지내다가, 세월이 흘러 입신양명하자마자 노파에게 황금 일천 냥으로 갚았다고 한다. 거기에서 나온 고사가 '일반천금(一飯千金)'이다. 밥 한 그릇의 은혜에 황금 일천 냥으로 후하게 갚는다는 뜻이다.

한신은 타고난 무인이었다지만 강가에서 낚시로 연명하던 젊은 시절, 검술을 부지런히 연마했다고 한다. 하루는 검술을 익히던 중 불량배들로부터 싸움 도전을 받게 됐다. 그는 자신의 검술로 그들을 물리칠 자신이 없어 복종의 뜻으로 그들의 가랑이 사이로 엎드린 채 기어 다니는 굴욕을 당해야 했다.

젊은 시절의 물질적 궁핍과 정신적 굴욕을 꾹 참고 견디는 것도 바람직한 낚시태도라 할 수 있지 않을까. 그 참을성이 나중에 자신의 뜻을 이루는데 밑거름이 되었다면 가치 있는 태도라 할 수 있을 것 같다.

그에게는 낚시태도라는 것이 오직 참을성 하나밖에 없었을지 모른다. 그래서 강태공이나 엄자릉의 낚시태도에 비할 바는 아닐 수도 있다. 또 문신(文臣)이 아닌 이상, 낚시에 대한 고상한 세계관을 갖지도 못했을 수도 있다. 젊은 시절의 굴욕적인 순간이 떠올라 그는 낚시하던 시절을 그리워했을 것 같지는 않다. 되레 그 굴욕이 머릿속에 떠오를 때마다 심하게 도리질 쳤을 테다.

하지만 자신의 포부를 펼치기 위해 어려움을 꾹 참고 견뎠다는 점에서는 강태공의 낚시태도와 별반 다를 바 없다. 물론 엄자릉 방식의 은거란 그에게는 상상할 수조차 없는 일일 테다.

우리나라에서 역사적으로 가장 널리 알려진 낚시꾼으로는 조선 초기의 월산대군 이정(李婷)과 조선 중기의 윤선도가 있다. 두 사람 모두 정치권력을 멀리한 채 은거생활을 오래도록 했던 것으로 전해진다.

이정은 성종의 형으로서, 예종에 이어 왕위에 오를 적통(嫡統)이었지만 권력에 욕심을 내지 않았다. 풍월정(風月亭)이란 호가 말해주듯 그는 평생 낚시로 풍류를 즐기며 살았던 것으로 전해진다. 윤선도도 젊은 시절에는 한때 정치권력을 누리기도 했지만 당쟁에 염증을 느껴 관직을 사양한 채 오랫동안 은거생활을 했다.

두 사람 모두가 욕심을 모르는 낚시꾼이자 풍류객이었다. 다만, 엄밀히 말하면, 그들은 정치권력으로부터 멀리 떨어진 곳에서 지냈을 뿐 은거생활을 했다고 볼 수 없을 수도 있다.

이정은 왕위에 오른 성종과 평소 우애를 돈독히 하면서 왕실의 안녕을 위해 애쓴 것으로 오늘날까지 전해진다. 또 윤선도도 인생의 후반을 고향인 남해 보길도에서 지내면서 가족과 종복들은 물론 현지주민들과도 깊은 교류를 한 것으로 알려져 있다. 그가 보길도에 지어놓은 집의 구조나 배치 등을 오늘의 시각으로 보자면 여느 고택에 못지않게 자연스러우면서도 매우 세련되어 있다.

은거가 속세와의 완전한 결별이 아닐 수도 있음을 이 두 사람은 오늘날을 향해 말하고 있는지 모른다. 사람은 '사회적 동물'의 굴레를 완벽하게 벗어날 수는 없다, 라는 메시지를 그들은 지금 전하고 있는지도 모른다.

세상에서 본받을만한 낚시태도 또는 은거태도라면, 강태공 버전 하나만 있는 게 아니다. 마찬가지로 엄자릉 버전만 있는 것도 아니다. 또 세상에 그다지 알려져 있지 않다는 이유로 장자나 한신의 낚시태도가 무조건 배척당해야 할 까닭도 없다. 월산대군이나 윤선도처럼 한적한 강호에서 풍류를 즐기며 낚시나 은거를 할 수도 있다.

사실, 군주의 처지에서 볼 때 엄자릉처럼 벼슬제의를 고사한 채 숨어버리는 태도가 마음에 들었을 리 없다. 군주라는 최고 정치지도자는 지위의 뾰족한 정점에 홀로 앉아 있어, 마음속으로는 늘 외로운 법이다. 그래서 군주는 자신이 부를 때 곧바로 달려와 도와주는 사람을 좋아할 것이다. 이를테면 강태공 같은 인물이야말로 군주가 썩 좋아할 법하다. 높은 벼슬을 주겠다는 제의가 번번이 거부당하면, 무소불위의 권력을 가진 군주로서는 자존심이 상해 못된 마음을 먹을 수도 있지 않을까. 자존심 상한 군주라면 '내가 덕이 없기 때문'이라는 자책은 하지 않을 것 같다. 하지만 군주가 제아무리 큰 호의를 베풀려고 해도 당사자가 죽기보다 싫다는데 어떡하겠는가.

예나 지금이나 낚시(혹은 은거)의 태도는 시대, 장소, 개인의 가치관 등에 따라 다양할 수밖에 없다. 물론, 본받을만한 낚시태도라는 것도 상대적인 가치일 뿐이다. 또 늘 올바른 낚시태도라는 것은 아예 존재할 수조차 없을 것 같다. 마찬가지로, 강태공의 낚시태도라는 것도 절대적으로 변함없이 존재한다기보다는 사람들에 의해 늘 만들어지고 가꾸어진다.

낚시 한시(漢詩)에 나타난 두 가지 삶의 태도

역사속의 낚시꾼이 자신의 낚시태도를 기록으로 남겨두면, 후대 사람들이 그의 낚시를 쉽게 이해할 수 있다. 후대 사람들이 그의 삶의 가치관, 곧 인생관까지도 짐작할 수 있다. 다른 사람에 의해 씌어진 문헌에 낚시꾼 본인의 행태나 흔적이 남아 있는 경우에는, 대개 기록이 충분하지 못해 아쉬울 때가 많다. 강태공만 해도 육도에 자신의 낚시에 관한 기록을 남기고 있지만, 그 분량이 지극히 짧다. 그의 낚시에 관해 허황된 얘기가 많이 떠도는 것도 기록이 충분치 않기 때문일 테다. 그렇다고 해서 낚시꾼이 '나의 낚시 태도와 행적을 기록으로 남겨야지.' 하면서 작정한 채 물가로 갈 수는 없지 않은가.

낚시태도나 삶의 세계관이 제대로 드러난 한시 두 수가 오늘날까지 전해지고 있다. 두 시는 시 그 자체의 정서로, 또 지은이의 인생역정으로도 서로 확연히 구별되는 대척점에 있다. 낚시태도는 한 가지로 고정될 수 없음을 이 두 편의 시가 말해주고 있다.

먼저, 조선 중기 인조 때의 문신 김류가 지었다는 낚시한시다. 그의 문집인 북저집(北渚集)에 수록되어 있다.

〈苔磯釣魚〉
日日沿江釣, 呑釣盡小鮮.
誰知滄海水, 魚有大於船.

〈이끼 낀 바위에 앉아 낚시하며〉
매일 강가에서 낚시를 해보지만,
미끼를 무는 녀석들은 모두 잔챙이뿐이구나.
누가 알까 넓고 푸른 바다에,
배보다 더 큰 물고기가 있는 줄을.

드넓은 세상으로 나가 큰 뜻을 펼쳐야겠다는 사나이의 포부가 야무지게 들어 있다. 낚시를 하고 있는 곳은 분명히 강이다. 하지만 마음으로는, 보이지도 않는 넓고 푸른 바다를 담으려 하고 있다. 잔챙이는 떼로 몰려와 미끼를 물면서 설쳐대지만 성가실 뿐이다. 큰 바다로 나가, 오로지 큰 물고기만 낚겠다는 야심으로 가득 차 있다. 정치권력을 좇는 욕심이 노골적으로 드러나 있다.

실제로 김류는 그런 당찬 포부를 품었기 때문인지, 정치권력을 향한 뜻을 넉넉히 실현했다. 인조반정의 일등공신으로 인조의 총애를 받아, 나중에 영의정 벼슬에 세 차례나 오른다. 인생에서 영욕과 부침이 없지는 않았지만, 인조반정 이후 25년의 세월동안 권력의 실세로 군림했다.

〈江雪〉
千山鳥飛絶, 萬徑人踪滅.
孤舟簑笠翁, 獨釣寒江雪.

〈강에 눈이 내리네〉
온 산에 새가 한 마리도 날지 않으니,
온 길에 사람의 자취도 사라졌구나.

도롱이 걸치고 삿갓 쓴 늙은이가 외로운 배에 올라,
추운 강에서 눈 맞으며 홀로 낚시질을 하고 있구나.

당나라 중기에 살았던 유종원(柳宗元)의 시다. 그는 당송팔대가의 한 사람으로 꼽히며, 주특기가 산수(山水)다. 강호에 머물면서 산수의 아름다움을 전문적으로 노래한 시인이다.

이 '강설'은 청소년들의 학습교과서에 나와 있을 정도로 우리나라에 널리 알려져 있다. 태기조어나 강설이나, 작중 공간은 모두 강이다. 하지만 시상은 서로 완전히 딴판이다. 태기조어에서는, 화자가 강에서 상상만으로 넓고 푸른 바다의 대물 물고기를 꿈꾸고 있다. 그에 비해 강설에서는, 화자가 강에서 상상하는 것이라고는 아무 것도 없다. 단지, 눈을 맞으며 낚시하는 추레한 늙은 어부가 자신의 눈에 띌 뿐이다.

강설은 지은이의 감정을 모조리 배제한 채, 강에서 눈으로 보이는 것만 담담하게 그려내고 있다. 추운 강에서 눈 맞으며 홀로 낚시질하는 늙은이가 무슨 야심이 있겠는가.

유종원은 젊은 시절 정치 초년생일 때 정치개혁운동에 가담했다가 실패한 적 있다. 그 바람에 수도 장안에서 멀리 변경으로 좌천되는 쓴 맛을 봤다. 하지만 변경의 한가한 하급관리로 살아간다는 것은 문학에 몰두할 수 있는 기회이기도 했다. 사상적으로는 봉건주의나 전통주의를 배격하는, 요즘으로 치면 진보적인 지식인에 해당한다. 그에 비해 김류는 공신으로서, 개혁이나 현상타파와는 거리가 먼 인물이다. 보수 쪽에 가깝다.

이 두 사람은 국가가 제각기 다르고 8백여 년의 긴 시대차이를 갖고 있어, 인생관을 단순비교하기에는 적잖게 무리가 따른다. 다만 두 편의 시에 드러난 낚시태도로만 보자면, 두 사람은 강태공과 엄자릉의 사이만큼 이나 서로 멀찌감치 떨어져 있다. 김류의 낚시는 강태공의 그것처럼 무겁고 버거운데 비해, 유종원의 낚시는 한가하고 여유롭다.

현대인의 억압

강태공이 문왕 앞에서 선을 보인 낚시는 오늘날의 대학 졸업식 같은 것이었다. 긴 은거생활을 매듭짓는 마무리이면서, 그와 동시에 넓은 세상으로 나아가는 시작인 셈이었다. 결과론이긴 하지만, 그 낚시 쇼는 그의 개인 인생에서나 주나라에서나 흥망을 가름하는 기념비적인 의례(儀禮)였다. 그는 그 낚시 쇼를 열기 위해 혼자 각본을 짰고, 연출까지 도맡았다. 게다가 빈 바늘 낚시라는 기상천외한 연기까지 동원해가며 직접 출연까지 했다. 아마, 그 쇼를 앞두고 오래전부터 치밀하게 준비했을 테다.

하지만 졸업식치고는 마무리도 시작도 매우 늦었다. 무슨 까닭에서인지 나이 일흔 무렵에서야 뒤늦게 세상에 나갈 수 있었다. 세상을 향한 동경과 이상실현의 의지가 그토록 강했음에도 왜 뜻을 펼칠 기회를 일찍 갖지 못했는지, 문헌상으로는 분명하게 기록되어 있지 않다. 오늘날 널리 알려져 있는 '때를 만나지 못해', 혹은 '뜻을 펼칠 시기를 기다리느라' 등의 추상적인 말로는 너무 막연하다. 그런 말들은, 그가 왜 오랫동안 초야에 은거해야 했는지에 관한 이유를 알 수 없다고 스스로 인정하는 셈이나 마찬가지다.

어려서부터 이곳저곳 떠돌아다니면서 입에 풀칠하기에 바빴던 가난이 그의 발목을 붙잡았을 것으로 추측해볼 수도 있다. 하지만 그 역시 의문을 명쾌하게 풀어주지는 못한다. 만약 그게 원인이었다면, 그가 문왕을 따라 세상으로 나갈 때는 가난에서 벗어난 시기였던가?

 어쨌든, 그는 오랫동안 마음이 심하게 억눌려 있었음에 분명하다. 나이 일흔이라면 어느 누구에게나 인생을 마감할 시기다. 그 나이가 되도록 자신의 뜻을 펼 기회를 잡지 못하고 있었다면 심리적으로 답답하고 우울했을 테다.
 세상으로 나가려는 간절한 마음과, 그것을 가로막는 현실의 장벽. 그는 요즘세상으로 치면 우울증 같은 정신적인 속병을 앓았을지도 모를 일이다. 아마 심리적 억눌림, 곧 스트레스를 칠순의 나이까지 달고 살지 않았을까.

 하지만 콤플렉스는 종종 큰일을 해낼 때가 많다. 강태공이 세상에 나가 뜻을 이루게 된 것은 마음속 깊숙이 자리 잡은 콤플렉스 덕분이었을지도 모른다. 그의 숱한 업적들은 70년 동안의 심리적 억압이 만들어낸 것인지도 모른다. 그가 주나라 문왕과 무왕의 스승이었다면, 그 자신의 스승은 심리적 억압이라고나 할까. 그 심리적 억압이 천하를 평정하는 길과, 제나라 임금으로서 성군(聖君)이 되는 길을 그에게 가르쳐주었을지 모른다. 또 아버지를 상나라의 폭군 주왕에게 잃었다는 마음의 상처도, 그가 천하통일을 주도적으로 이끌어 이상을 실현하는데 디딤돌 역할을 했을 수 있다.
 사마천이 사기라는 방대한 역사서를 편찬해낼 수 있었던 것도, 궁형(宮刑)이란 심리적 억압에서 비롯됐다는 분석이 있지 않은가. 그가 궁형이라는 치욕을 당하지 않았더라면 그런 업적을 이루지 못했을 것이라는 정신분석도 있다. 오늘날까지 역사서의 고전으로 통하는 그 위대한 기록은 궁형이라는 한 개인의 심리적 억압에서 나온 셈이다.

공자가 넓은 세상의 질서를 다잡는 사상체계를 이룬 것도 '야합(野合) 콤플렉스' 덕분이라는 분석이 있다. 야합은 공자의 출생에 관계되는 말이다. 사마천은 사기에서 공자의 출생을 '야합이생(野合而生)'으로 표현했다. 곧, '들판에서 성관계를 맺어 낳았다'는 의미다. 공자는 아버지의 정실(正室)부인으로부터 태어난 것이 아니라, 정식 결혼을 하지 않은 여자로부터 태어났다. 쉽게 말해, 아버지의 후처를 어머니로 둔 것이다. 그 때 아버지의 나이는 일흔이었고 어머니는 겨우 열여섯이었다. 공자는 세살 무렵에 아버지를, 스무 살 무렵에 어머니를 여의었다. 공자로서는 자신의 출생에 얽힌 비밀을 죽도록 숨기고 싶었을지 모른다. 하지만, 결과론이긴 하지만, 출생부터 꼬이기 시작한 태생적 한계가 오히려 공자 자신의 스승 노릇을 하지 않았을까.

사마천이나 공자에 비하면 강태공의 억압은 그 세월이 너무나 길었다. 그는 긴 억압의 세월을 어떻게 견디었을까. 그가 집안 살림을 제대로 돌보지 않은 것은, 어쩌면 긴 억압의 세월을 견디는 과정에서 생겨난 심리적 갈등이 밖으로 표출된 것이 아닐까.

낚시는 스트레스를 다스리기 위해 그가 스스로 내린 처방이었을지도 모른다. 만약 그의 낚시태도가 기다림이나 사색이었다면, 그것은 심리적 억압이 내면으로 다져지면서 생겨난 정서일 수도 있다. 그 농익어 보이는 정서는 강태공 자신에게 억압을 다스리는 효험을 보게 했을 수 있다.

그의 낚시정서는 오늘날의 여느 사람들에게도 비슷한 효과를 낼 수 있을까? 그의 깊은 사색이 현대인들의 심리적 억압을 다스리는 데에도 도움을 줄 수 있을까, 하는 궁금함이다.

현대인의 생활무대인 도시는 크고 넓다지만, 촘촘하고 번잡하기도 하다. 강태공이 낚시를 하면서 꿈꾸었던 세상이 이런 모습이었을까? 도회지라는 곳은, 오늘날에도 도회지 밖의 사람들에게는 여전히 동경의 대상이거나 뜻을 펼쳐볼 만한 세상일 수 있다. 거꾸로, 어떤 사람에게는 도회지라는 곳이 멀리 떨어지고 싶은 세상이기도 하다. 마음으로야 도회지를 떠나고 싶지만, 어쩔 수 없이 몸을 도회지에 담근 채 하루하루를 견디는 사람들이 적지 않다.

서울은 크다지만 사람 개인은 작다. 서울은 넓다지만 한 사람의 영역은 비좁다. 사람들은 열 평, 스무 평, 서른 평에 늘 갇혀 지낸다. 벗어나려 해도 곳곳에 벽이 놓여 있고 금이 그어져 있다. 좁은 공간은 감옥이나 마찬가지다.

요상한 시국사건에 연루되어 오랫동안 옥살이를 한 적 있는 어떤 사람은 자서전에서 '감옥에서는 사람 그 자체가 섭씨 36.5도의 발열체'라고 표현했다. 감방에서는, 사람이 존재 그 차체만으로 이웃에 영향을 미칠 수밖에 없다는 얘기다. 좁은 곳에 사람들이 너무 많이 몰려 있으면, 사람이 사람을 싫어하는 일이 생겨날 수밖에 없다고 한다. 그런 곳에서는 공맹도 악다구니를 써가며 서로 싸우게 된다. 세상에, 사람이 사람을 싫어하다니! 자신의 안전을 위협하지도 않는데, 단지 곁에 있다는 이유만으로 사람을 싫어하게 되니, 얼마나 끔찍한 일인가.

하지만 도회지가 덩치가 커질수록, 그리고 문명이 더욱 고도화될수록, 사람이 사람을 미워하는 일이 자주 일어난다. 그것은 엄연한 현실이다.

그럴수록 인간이라는 생명체는 가치를 제대로 인정받지 못한다. 하긴, 너무 많이 몰려 있으니 가치가 떨어질 수밖에 더 있겠는가.

인간이 자신의 가치를 스스로 인정하지 않으려 하는 세상. 참으로 불행한 일이다. 만약 강태공이 무덤에서 부활해 다시 낚시로 은거하고 있다면, 그런 세상을 어떤 태도로 바라보려 할까? 혹시 '세상으로 나가서 인간이 제대로 대접받는 세상을 만들어봐야지.'라고 다짐하게 될까. 그게 아니면, 자신의 힘으로는 도저히 감당할 수 없다고 판단해 세상에 나가기를 포기한 채 영원한 은거를 결심하게 될까. 그것도 아니라면, 세상에 나가기를 망설이면서 좀 더 결정적인 때가 찾아오기를 기다리려 할까.

강태공의 은거가 심리적 억압상태였다면, 현대인의 도회지 생활도 심리적 억압에 놓여 있기는 마찬가지일 것 같다. 강태공이 넓은 세상에 나가 자유롭게 뜻을 펼치고 싶었다면, 현대인도 감옥 같은 도시의 쪽방에서 벗어나 자유를 한껏 누려보려고 할 테다. 적어도 겉으로는, 둘 다 자신의 삶을 옥죄는 억압으로부터 벗어나 자유를 갈망하는 것처럼 보인다.

하지만 그 둘의 경우는 억압의 원인이나 억압에서 벗어나려는 양상이 서로 전혀 다르지 싶다. 강태공이 오랜 세월 억눌려 지내야했던 것은 자신의 때를 만나지 못해서였다. 자신의 뜻을 펼칠만한 여건이 시의적절하게 맞아떨어지지 않았기 때문이었다. 그에 비해 현대인의 억눌림은 일종의 문명병 같은 것이다. 인간의 집단적 혹은 총체적 어리석음에서 생겨나는 증상이다. 그 병을 다스리기 위해서는 역시 인간의 집단적 혹은 총체적 자각이 필요하다.

현대인들이 도회지를 떠나려 하는 것은, 시의적절하게 자신의 이상을 실현하려 했던 강태공의 의도와는 거리가 멀다. 현대인들의 그것은 한마디로 말해, 도피다. 억압이 무서워 마냥 도망치려고만 할 뿐 억압을 뛰어넘으려는 적극적인 의지가 있어 보이지 않는다. 도피는 으레 즉흥성이 강한 탓에 진지하고 진득한 태도가 부족하다. 목적지로 삼은 곳에서도 정착하지 못해 늘 좌고우면하면서 불안한 심리를 드러내곤 한다.

  강태공 방식의 은거태도나 낚시정서로는 현대인의 억압을 푸는데 별로 도움이 될 것 같지 않다. 감옥 같은 삶이 무서워 도망쳐 나온 사람이 기다림이나 사색의 태도를 온전히 가질 수 있겠는가. 더욱이 강태공 버전의 은거나 낚시 태도에서는 인간 개인의 존엄성은 좀처럼 찾아볼 수 없다. 그의 태도에는 오로지 세상 속으로 깊숙이 파고들어가겠다는 집요함만이 일관되게 자리 잡고 있을 뿐이었다. 그래서 도피라는 불안심리를 다스릴 만한 내용물이 거기에는 들어 있지 않다.
  현대인의 도피심리를 다스리는 데는 강태공 방식의 그다지 심각한 정서가 필요하지 않을 것 같다. 차라리 1994년 개봉된 감옥생활의 피억압을 다룬 영화 '쇼생크 탈출'의 마지막 장면, 일광이 작열하는 멕시코 해변의 풍광이 제격이지 싶다. 거기에도 자유를 향한 동경의 심리가 나타나 있다. 그렇지만 거기에는 강태공 버전의 무겁고 집요한 사색은 보이지 않는다.

정치판의 우상

4장

정치판의 낚시풍경

    2008년 4월의 제18대 국회의원 총선거에서 한나라당은 국회 과반수 의석을 확보하는데 성공했다. 더 일찍이 한나라당은 2007년 12월의 제17대 대통령선거에서도 승리한 바 있다. 총선거 직후 한나라당 대표 강재섭씨는 들뜬 마음으로 언론사 기자들과 간담회를 갖고 있었다. 그는 개인적으로는 18대 총선거 출마를 스스로 포기해, 20년간 유지해온 국회의원 신분을 곧 접어야 할 판이었다.

    언론보도에 따르면, 그는 자신의 향후 거취에 관한 기자들의 질문에 "확 정치판을 떠나 사람들의 기억 속에서 잊혀지고 싶다."하고 말했다. 이어 "우리 조상이 강태공이라 낚시는 잘 할 수 있을 것이다."라고 했다. 그러면서 "다른 공직을 맡는 것보다는 지금까지 살아온 길과는 완전히 다른, 사람들이 볼 때 '의외다' 싶은 길을 갈 가능성이 많다. 다른 것으로 승부를 걸 수도 있다."고 했다.

    그의 말 속에 낚시와 강태공이 매우 무겁게 등장한다. 대권에 도전할 수도 있을 법한 노회한 정객이, 한나라당이 권력을 장악하는데 일등공신

노릇을 한 그가 정치판을 떠나 사람들의 기억 속에서 잊혀지고 싶다면서 던진 화두가 '낚시'와 '강태공'이다. 한나라당의 집권에 큰 공을 세워놓고 20년간 몸담았던 국회를 곧 떠나야 하는 정치인의 소회가 낚시와 강태공이란 말로 은유되고 있다. 세인들로서는 그 말의 진의를 찾으려 하다 보면 진땀깨나 흘릴 법하다. 앞으로 '정치를 그만 두겠다.'고 명시적으로 밝힌 것도 아니고, '정치를 계속 하겠다.'는 의중은 더욱 더 아니다. 거기에 강태공처럼 낚시를 하겠다는 뜻이 곁들여져 있다. 고매한 선사(禪師)의 선문답만큼이나 모호하고 아리송하다.

그의 진의는 낚시와 강태공이란 낱말을 어떻게 해석하느냐에 달려 있다. 그에게 강태공이란 인물은 '낚시를 잘 하는 사람'이다. 그는 조만간 국회를 떠나, 강태공이 추구했던 낚시를 하고 싶다는 뜻을 드러내고 있다. 강태공이 추구했던 낚시란 무엇일까? 오랜 기다림의 세월을 거쳐 천하를 평정하려 했던 낚시태도로 세상에 널리 알려져 있다. 천하를 낚기 위한 은거와 기다림, 그것이 강태공표 낚시다. 그렇다면 그도 의회정치의 중심인 국회를 떠나, 강태공의 큰 뜻을 낚기 위한 준비를 하려는 것일까?

강씨의 '큰 뜻'은 세인들에게는 대권 도전인 양 비쳐지곤 했다. 그의 속내가 정말로 대권 도전인지 단언할 수는 없지만, 분명한 것은 그에게 낚시와 강태공은 매우 무겁고 큰 뜻을 지닌 존재다. 그는 정치판을 떠나겠다고 말하면서도, 다른 한편으로는 자신의 포부를 낚시와 강태공의 무거운 권위를 빌려 드러내려 한 것이다.

노무현 정부에서 청와대 국민경제비서관을 지낸 정태인 씨가 2007년 여름 어느 날 한 언론인터뷰에서 "유시민 씨와는 낚시도 함께 가지 않겠다."라고 말했다. 인터뷰 당시 정씨는 민주노동당의 한미자유무역협정

저지 사업본부장으로 있었다. 그 때 유씨는 현역 국회의원이자, 민주신당의 대선 예비후보로 있었다.

　낚시도 함께 가지 않겠다, 라니? 그럼 평소에는 낚시를 함께 자주 다녔나보다. 그럼 서로 친한 사이임에 틀림없다. 사실 두 사람은 정치판에 몸담고 있으면서 당적은 달랐지만, 사사롭게는 서울대학 78학번 동기생 사이다. 정씨가 유씨와 낚시를 함께 다니지 않겠다고 공개적으로 말한 것은 무슨 까닭에서였을까?

　사연인즉, 한미자유무역협정 체결을 놓고 두 정치인 사이의 심기가 적잖이 불편했던 모양이다. 정씨는 협정에 반대하는 쪽으로, 그 인터뷰에서 "30년 친구인 유시민과 결별했다. 한미자유무역협정에 찬성한 그와 더 이상 친구가 아니다." 하면서 낚시도 함께 다니지 않겠다고 밝힌 것이다. 정씨의 말대로라면, 낚시를 함께 다니지 않겠다고 말한 것은 순전히 정치적인 입장 차이 때문이다.

　정씨의 낚시는 정치적 입장이 상반되면 오랜 우정, 심지어 낚시우정도 함께 할 수 없다는 뜻을 담고 있다. 한미자유무역협정에 반대한다는 자신의 결연한 의지를 드러내면서 낚시우정을 들먹였다. 물론 한미자유무역협정은 대외무역에, 국민의 살림살이에 큰 영향을 줄 만한 중대한 사안이다. 그렇다고 해서 사생활의 영역에 속하는 낚시우정까지 버리겠다고 말하는 것은 꽤 이례적이다. 친구 사이에 뜻이 서로 다르면 다시는 너를 만나지 않겠다, 라며 절교를 선언할 수 있을 것이다. 그렇다 해도 낚시마저 함께 다니지 않겠다고 공개적으로 말하는 태도는 일반낚시꾼들 사이에서는 쉽게 납득되지 않는다.

　소중해 보이는 가치 하나를 공개적으로 버림으로써, 또 다른 소중한 가치를 얻으려 한 것이다. 낚시우정까지 버려서라도 한미자유무역협정에 강력히 반대한다는 정치적 의사를 드러내고 싶었던 것이다. 그렇다면 정씨에게 낚시는, 정치인이 자신의 정치적 입장을 드러내는데 이용할 만큼 가치가 꽤 큰 것인가 보다.

정씨가 그 인터뷰를 한 이후 정말로 유씨와 낚시를 함께 다니지 않았는지는 알 수 없다. 다만, 정씨는 낚시를 사랑하는 정치인임에 틀림없어 보인다. 삼십년간이나 친분을 쌓아온 오랜 친구와 함께 낚시를 다녔다니. 또 낚시를, 정치적 대의명분과 바꿀 수 있을 만큼의 큰 교환가치를 지닌 것으로 생각하나보다.

그보다 조금 더 일찌거니 2006년 4월 어느 날, 평소 쓴 소리를 잘하기로 소문난 시사평론가 진중권 씨가 또 쓴 소리를 했다. 그 당시 진씨는 한 언론을 통해, 이미 두 차례나 대통령 선거, 곧 대권 도전에 실패한 정치인 이회창 씨에게 "현실정치에 더 이상 개입하지 말고 낚시나 가라."라고 말했다. 이씨가 행한 모종의 정치적 성격의 발언을 공개적으로 비판하면서, 조용히 낚시나 하면서 살라고 한 것이다. 정치 일선에서 물러났음을 이미 공개적으로 선언한 이씨가 멀리서 자꾸 정치판을 향해 훈수를 두자, 진씨로서는 달갑지 않았던 모양이다.

하지만 이씨가 진씨의 말을 받아들여 낚시터로 갔다는 소식은 없다. 오히려 이씨는 보란 듯이 2007년 다시 한 번 대권에 도전하는 삼수생의 기염을 토했다. 그는 삼수 도전에서마저 실패했지만, 내친 김에 자신의 정당을 새로 만들어 또다시 현실정치에 깊숙이 뛰어드는 용기를 내보였다.

진씨에게는 낚시가 무엇으로 여겨졌을까? 그에게 낚시란, 현실의 삶에서 더 이상 할 일이 없어진 사람이 조용히 인생을 정리하는 수단인 것으로 여겨졌던 것 같다. 낚시란, 에둘러 좋게 말하자면, 삶을 치열하게 살았던 이가 멀찌감치 물러나 푹 쉬면서 지나온 인생을 차분히 되돌아보는 도량쯤으로 여겨졌던 것 같다.

진씨는, 낚시를 할 사람은 따로 정해져 있다고 생각했나보다. 또 낚시에서는 하는 시기가 따로 정해져 있다고 생각했나보다. 그에게 낚시란, 현실의 삶에서 할일을 다 끝낸 사람이 인생의 후반부에 이르렀을 때 하는 것이었나 보다. 야당총재까지 지낸 노회한 정치인에게 권할 수 있는 인생 정리 방식으로는 굳이 낚시가 아니라도 얼마든지 있을 텐데. 이를테면, 이씨의 취미로 알려진 음악 감상이나 등산이나 독서 같은 것들. 진씨가 낚시를 권한 것은 낚시를 현실의 삶에서 멀리 떨어진 고독한 은사(隱士)의 세상쯤으로 여겼기 때문인가 보다. 음악 감상이나 등산이나 독서로는 이씨를 조용히 쉬게 할 수 없을 것으로 생각했나 보다.

진씨에게는 낚시가, 비록 큰 가치를 지니지는 않았을지 몰라도, 왠지 너무 심각하고 진지하다. 낚시가 과연 한 인간을 은둔의 길을 걷게 할 만큼 큰 힘을 지니고 있을까? 또 낚시는 과연 은둔하면서 지내기에 적합한 수단일까?

심상정 씨가 민주노동당 원내수석부대표 시절인 2005년 12월 어느 날 언론브리핑에서 "민주노동당은 오늘 평화를 낚는 조어대에 서 있다."며 입을 열었다. 이어 그는 "강태공은 시대를 낚았지만 민주노동당은 평화를 낚겠다."고 사뭇 비장한 태도로 말했다.

진보를 자처하는 정치인이, 진보적인 가치로 무장한 공당의 지도자가 왜 뜬금없이, 너무 오래 묵어 곰팡내가 날 듯한 강태공과 조어대를 들먹였을까?

　사연인즉, 그 즈음 국회가 이라크파병 연장 동의안을 처리할 예정이었는데 심씨는 그 동의안이 부결되어야 한다는 뜻을 국회와 국민에게 분명히 보여주려 했다. 하지만 대세는 파병연장에 동의하는 쪽으로 굳어져가고 있었다. 미국이 주도하는 이라크전쟁에 동조하는 것은 전쟁에 동조하는 셈이라면서 파병연장에 반대하는 쪽이 없지 않았지만 소수였고, 냉엄한 국제질서를 따를 수밖에 없다는 쪽이 다수였다. 민주노동당은 파병연장에 반대하며 평화를 간절히 원하고 있다는 뜻을, 강태공과 그의 조어대에 얽힌 고사를 인용함으로써 분명하게 드러내고 싶었다.

　민주노동당은 그 당시 제도권 정당 가운데 가장 진보적인 세력으로 자처하고 있다. 언젠가는 달성되어야 할 소중한 진보적 가치인 평화를 진보정당이 적극적으로 이야기한다는 것은 자연스러운 일이다. 다만, 평화를 말하면서 기원전 11세기, 그러니까 지금으로부터 3천년이 훨씬 더 지난 시절에 중국에서 살았다는 강태공과 그의 조어대를 끄집어냈다는 것이 듣기에 따라서는 아이러니다. 미래지향적인 가치를 말하면서, 시간적으로는 케케묵었다할 수 있는 강태공의 고사를 인용했다는 게 흥미롭기도 하다(사실, 오래 묵었다고 해서 미래지향적인 가치가 없다고 단언할 수만은 없다).

　강태공! 너무 크고 무거워 버겁다. 낚시꾼이라면 금방 주눅이 들고 만다. 낚시꾼 치고 그의 권위를 당할 자는 이 세상에 아무도 없다. 예전에도 없었고, 앞으로도 없을 것 같다. 세상에서 낚시를 제아무리 잘 한다는 낚시꾼이라 해도, 강태공이란 이름 석 자 앞에서는 맥을 추지 못한다. 직업 정치꾼들이 갖추어야 할 지혜나 지략, 그리고 병법으로도 세상에는 그를 당할 자가 없다.

심씨는 평화를 얘기하면서 왜 하필 강태공을 거론했을까. 물론 천하를 낚아낸 낚시꾼 강태공의 권위와 힘을 빌리려 했을 테다. 그의 말을 곰곰이 생각해보면 낚시가, 정태인 씨나 진중권 씨의 표현에서보다 훨씬 더 무거워 보인다.

노무현 정부 시절에 국무총리를 지낸 고건 씨가 2004년 12월 어느 날 제주도로 바다낚시를 갔다.

당시 언론은, 좀 섣부른 감이 있지만, 차기 대통령 선거를 염두에 두고 지도자 인기조사를 벌이면서 18대 대선의 분위기를 일찌감치 띄우고 있었다. 고씨는 언론사의 인기조사 때마다 지속적으로 1위를 차지하곤 했다. 고씨는 그때만 해도 자신의 대선 출마에 관심을 두고 있었던 모양이다. 그는 자신의 인기도가 가장 높게 나오자 기분이 좋았던지 일행과 함께 제주도로 바다낚시를 떠났다. 고씨는 평소에도 낚시를 좋아했다고 한다.

미래의 지도자로 인기도가 가장 높은 그의 조행(釣行)에, 언론사 취재진이 따라가지 않았을 리 없다. 언론보도에 따르면 그는 이렇게 말했다.

"살아가는데 팽팽한 텐션(긴장)을 잃어서는 안 된다. 가장 중요한 건 타이밍이다. 때를 기다리면서 긴장을 유지하다가 기회가 왔을 때 한번에 확 잡아채야 한다."

낚시 얘기인가, 대선 출마 얘기인가? 둘 중 그 어느 쪽에 갖다 붙여놔도 무리 없이 의미가 통할 것 같다.

높은 인기도를 반영하듯 '고건 대망론'이 한창 무르익을 때 나온 말이었다. 그래서 고씨는 그 말로 세인들의 큰 관심을 끌었다. 언론에 보도된 사진에는, 그 자신이 직접 낚은 것으로 보이는 커다란 방어 한 마리를 치켜든 모습이 클로즈업되어 있었다. 특히 '때를 기다리며', '기회', '한번에 잡아채야' 등의 표현으로 보건대, 고씨는 대선 출마를 염두에 두고 있음을 강력히 내보인 것으로 해석되었다. 하지만 그는 결국에는 대선에 나오지 않았다.

낚시와 대통령 선거는 어떤 관계일까. 선거는 낚시이고, 대통령은 낚아내기 위한 대상물로 여겨지고 있다. 물론 의식적으로야 그렇지 않다할지라도 무의식적으로 은연중 그런 심리가 깔려 있다. 정치판의 그런 풍토와 현실을 고씨가 여실히 보여주고 있는 듯하다. 특히 '한번에 잡아채야'라는 기사문의 표현에서, 대통령은 낚시로 낚아낼 대상에 다름이 아니라는 심리를 드러내고 있다. 사진에 클로즈업된 대로, 대어를 들고 있는 고씨의 사진은 천하통일을 이룬 강태공의 이미지를 연상케 한다.

고씨는 낚시와 강태공을 일찌감치 선거정치에 끌어들이고 있다. 사적인 취미와 공적인 정치에 구분을 두지 않은 채 낚시를 두루 활용하고 있다. 그에게는 낚시가 선거이다. 그에게는 낚시가 휴식이 될 수 없다.

그보다 한참 더 오래된 얘기다. 대학교수를 하다가 정치판에 몸담은 적 있는 김동길 씨는 교수 시절인 1985년 어느 날 한 일간신문 칼럼에서 '3김(金)'에게 "더 이상 할 일이 없으니 정치에서 손떼고 낚시나 하라."고 말했다. 당시 그의 말은 세인들로부터 큰 주목을 받았고, 적지 않은 반향을 불러일으켰다.

물론 3김이란 김영삼, 김대중, 김종필 씨를 이르는 말이다. 그의 은퇴주장에 세 김씨는 낚시터로 가기는커녕, 그 이후로도 보란 듯이 모두 오랫동안 현역에서 화려한 정치지도자 노릇을 했다. 특히 김영삼 씨와 김대중 씨는 직업정치꾼의 최고봉이랄 수 있는 대통령까지 지냈다. 지금은 세 김씨 모두 현실 정치판에서 은퇴를 했다지만 그들 가운데 한 사람이라도 낚시터로 갔다는 소식은 들려오지 않는다. 그 대신 그들은 멀리서도 현실 정치에 간간이 훈수를 두면서 여전히 노익장을 과시하곤 한다.

김동길 씨는 그렇게 세 김씨를 향해 낚시터로 가라고 말해놓고는 수년 뒤 자신이 직접 현실정치판에 뛰어들었다. 그래서인지 그의 낚시론은 한때 순수성이나 진정성을 의심받기도 했다.

다만 그의 낚시론은 진중권 씨의 그것과 꽤 닮았다. 진씨의 낚시론과 20여년의 긴 시차를 두고 있으면서도 낚시를 현실세계와 동떨어진, 고독과 성찰이 지배하는 은사의 세상으로 여긴다는 점에서 닮았다.

사실, 낚시는 평소 좋아하지 않는 사람이 나이가 들어 갑작스레 즐기기에는 적합하지 않다. 김영삼 씨는 등산이나 조깅이, 김대중 씨는 독서나 영화 감상이, 김종필 씨는 서예나 바둑이나 그림이나 골프가 취미인 것으로 알려져 있는데, 그런 취미를 젖혀둔 채 왜 하필 낚시를 권했을까? 김동길 씨도, 진중권 씨처럼, 사람을 현실과 동떨어진 곳으로 멀리 내보내 조용히 지내게 하는 방법은 오직 낚시밖에 없다고 생각했나 보다.

김동길 씨도, 그냥 심심풀이로 해본 말이 아니라면, 낚시에 너무 큰 기대를 갖고 있었나보다. 그에게도 낚시는 너무 무겁고 심각하다.

낚시가, 정치판에서 자못 심각한 어조로 심심찮게 등장하는 것으로 보건대 꽤 쓸모 있는 가치를 지니고 있는 듯하다. 정치적 입장이나 포부를 얘기할 때, 마음에 들지 않는 정치인을 현실 밖으로 내보내려할 때, 낚시가 자주 거론되곤 하는 것으로 보건대 낚시는 그 자체로 상당한 힘을 지니고 있는 듯하다. 정치판이 낚시로부터 권위를 빌려오곤 하는 현실로 보건대, 적어도 겉으로는 현실정치가 낚시와 원활히 소통하고 있는 것으로 보인다.

그런데 정치는 세상살이와는 왜 제대로 소통하지 못하고 있을까? 정치가 삶의 질을 높이는데 왜 자꾸만 걸림돌이 된다는 말을 듣고 있는 걸까?

어쩌면, 정치판이 정작 관심을 두고 있는 것은 낚시가 아니라 강태공일런지 모른다. 예나 지금이나 낚시세상을 혼자 주름잡는 강태공으로부터 힘과 권위를 빌려오고 싶어 하는지도 모른다. 낚시로 지존과 천하를 낚았다는 강태공의 큰 영향력에 기대고 싶은 심리일지도 모른다. 다만, 정치판이 강태공의 실체나 참모습을 제대로 꿰뚫어 파악하고 있는 걸까? 혹시 정치판이 강태공을 자기 입맛대로 다시 만들어내어, 그 우상과 허상과 껍데기만을 닮아보려 하는 것은 아닌가. 그것이 아니라면, 강태공을 대할 때 낚시를 말하지 말고, 그의 지혜나 품성을 거론해야 마땅하지 않겠는가.

대물지향성

예나 지금이나 정치하는 사람들이야 겉으로는 언제나 숭고한 뜻을 말한다. 그들의 말 한마디 한마디가 나라를 생각하고 백성의 삶을 걱정하는 쪽으로 귀결된다. 행동 하나 하나가 타인의 모범이 되어야 한다면서 성인군자인 양 행동한다. 적어도 겉으로는, 역사 앞에서 언행이 한 점 부끄러움이 없어야 한단다. 말 한마디가, 행동 하나가 모두 숭고한 정치행위이며 평소 사소해 보이는 자잘한 언행은 밖으로 잘 드러내지 않는다.

그들은 모두 한결같이 우국지사(憂國之士)다. 언제나 큰 정치와 큰 뜻을 지향한다. 한두 푼 월급에 아등바등 목을 맨 채 살아가는 월급쟁이나 소시민과는 삶의 태도나 스케일이 확연히 다르다.

그들의 의식 한 구석에는 으레 낚시의 속성(俗性)이나, 낚시꾼의 조율되지 않은 거친 심리가 똬리를 튼 채 자리를 잡고 있다. 정치자금과 여론과 인기와 표를 낚아야 한다. 한두 푼의 자금이나, 한두 명 분량의 여론과 인기와 표로는 만족할 수 없다. 하지만 한꺼번에 무더기로 많이 그것들을 구한다는 것은 현실적으로 쉽지 않다. 그렇다고 해서 하루에 혹은 한달에 조금씩 그것들을 얻어내어 차곡차곡 쌓아간다는 것은 성에 차지 않는다. 그런 태도는 큰 정치와 큰 뜻을 지향하는 우국지사에게는 영 어울리지 않는다. 그래서 그들의 낚시태도는 여느 낚시꾼들의 그것과는 사뭇 달라 보인다.

물가에서 취미로 낚시를 즐기는 사람들이야 물고기가 크든 작든 가리지 않고 한 마리씩 낚아 살림망에 넣어 담아둔다. 물론 갓 태어난 잔챙이 치어들이야 곧바로 물속으로 돌려보낸다. 그렇게 한 마리씩 낚인 물고기들이 하룻밤이 지나면 어느새 살림망을 묵직하게 채운다. 낚시꾼은 낚시를 마무리하면서 살림망을 들어올려 본다. 묵직한 살림망 안에서 크고 작은 생명들이 일제히 파닥거리며 앙증맞은 자태를 뽐낸다. 그것들은 낚시꾼이 밤을 새워 낚아낸 조과(釣果)요 보람이다. 낚시꾼은 살림망을 거꾸로 뒤집어 물고기들을 물속으로 도로 놓아준다.

낚시꾼 가운데는 이른바 '대물(大物)낚시'라 해서 월척 급의 큰 붕어만 낚으려하는 사람도 없지는 않다. 하지만 여느 낚시꾼들은 대개 물고기를 한 마리씩 낚아내어 한데 모아뒀다가, 물가를 떠나기 직전 그것들을 감상하면서 방생하곤 한다. 그게 물가에 나앉은 낚시꾼들의 일반적인 낚시태도다. 한푼 두푼 차곡차곡 모아 살림을 조금씩 불려나가는 삶의 태도와 기본적으로 다를 바 없다.

    정치판의 지사들은 늘 대물 물고기를 낚아내기를 원한다. 마치 대물 콤플렉스에 사로잡혀 있는 듯하다. 정치자금이나 여론이나 인기나 표를 낚으면서 늘 월척 급의 큰 물고기만을 노린다. 그것이 강태공 방식의 이른바 '통 큰 낚시'로 통한다. 하긴 강태공이 자잘한 잔챙이 물고기를 낚으려했다고 말하면 왠지 우스워질 수밖에 없다. 한 나라의 지존과 천하를 낚았다는 강태공이 피라미낚시를 좋아했다고 말한다면 쉽게 납득할 사람이 없을 것 같다.
    그들은 정치자금도 한 푼 두 푼 받는 쩨쩨함을 별로 좋아하지 않는다. 세월이 좀 지난 일이긴 해도, 차떼기로 혹은 사과상자 째로 받지 않았던가. 푼돈보다는 뭉칫돈을 선호한다. 지금은 얼마나 달라졌는지 확인할 길이 없지만, 그들은 오랜 세월에 걸쳐 몰래 그렇게 해왔다.
    선거철을 맞아 그들이 낚시하는 방식을 들여다보자. 일일이 집으로 찾아다니면서 표를 달라고 말하기보다는 유권자들이 많이 다니는 길목을 노린다. 좋은 길목을 지키는 것이 가정방문보다 표를 얻는데 훨씬 더 효과적이다. 평소 그들이 결혼식장이나 장례식장이나 졸업식장을 자주 찾는 것도 그곳이 표가 다니는 길목이기 때문이다. 길목을 경쟁자에게 빼앗기면 표를 얻는데 품이 훨씬 더 많이 들게 마련이다. 표를 한 표 두 표 차곡차곡 모으지 않고 한꺼번에 얻기를 원한다. 그래서 '바람몰이'고, '세(勢)몰이'고, '표몰이'가 아니던가. 정치판에서 생각하는 득표활동이란, 바람처럼 빠르고 세처럼 강력하게 표를 한꺼번에 한데 몰아서 쓸어 담는 게 아닌가? 득표는 곧 대물을 낚는 것이나 마찬가지다.

그들의 대물선호 태도는 마치 대물낚시를 연상케 한다. 낚시꾼들도 큰 물고기를 잡으려면 으레 길목을 노리곤 한다. 대체로 큰 물고기들은 회유하는 경로가 정해져 있다. 잔챙이들이야 자발없이 이곳저곳 아무 곳으로나 다니지만, 큰 녀석들은 정해진 시간에 일정한 자신만의 영역에서 활동하는 습성을 갖고 있다. 노련한 낚시꾼들이야 오랜 경험으로 그런 길목을 훤히 꿰뚫어 볼 줄 안다.

정치꾼들이 강태공을 마음에 품는 것은 어쩌면 자연스러운 일인지 모른다. 강태공은 낚시꾼으로 알려져 있지만, 실제로는 지혜와 덕을 겸비한 훌륭한 정치인이었기 때문이다. 그래서 강태공 방식의 통 큰 정치를 닮으려 하는 것도 이해하지 못할 바는 아니다. 그들은 정말로 강태공의 통 큰 정치를 닮으려 하고 있을까?

사실, 강태공이 제아무리 훌륭한 낚시꾼이라지만 큰 물고기만 낚으려 했다는 근거는 아무데도 없다. 따라서 정치인들이 강태공의 통 큰 낚시를 염두에 둔 채 대물만 좇으려하는 태도도 명확한 근거가 없다.

사마천의 사기에도, 강태공의 어록인 육도나 삼략에도, 강태공이 큰 물고기만(혹은 작은 물고기만) 낚으려했다는 말은 한마디도 들어 있지 않다. 게다가 강태공이 낚시를 즐겨 했다는 섬서성 위수의 반계천은 대물 물고기들이 살 만한 여건이 못 된다. 물이 좁고 얕은데다 빠르게 흘러, 잉어나 월척붕어 같은 몸집 큰 물고기들이 깃들기에 적합한 환경이 될 수 없다. 산란시기에는 대물 잉어나 붕어들이 황하나 위수의 하류로부터 반계천으로 거슬러오를 수 있겠지만, 만약 그렇다고 해도 그것은 일시적이다. 반계천에서 낚시를 하려면 몸집이 작은 계류 어종을 상대하는 견지낚시 기법을 구사하는 것이 제격이다.

만약 정치판이 '대물정치'를 말하면서 강태공을 염두에 두고 있다면, 그것은 이미지 조작이다. 정치가 자신의 필요나 의도에 따라 새롭게 강태공의 상(像)을 만들어내고 있는 셈이다.

강태공이 낚시를 하면서 문왕이라는 큰 인물을 만났고, 이어 천하를 통일하는데 큰 공을 세웠다는 내용은 옛 문헌에 분명히 들어 있다. 그것은 통 큰 정치라 할 수 있다. 하지만 그의 통 큰 정치는, 정치자금이나 여론이나 인기나 표를 한꺼번에 손쉽게 많이 낚아내려는 정치판의 심리와는 별개다. 자금이나 여론이나 인기나 표를 한꺼번에 많이 얻으려 하는 대물지향성은 통 큰 정치와는 논리적으로도 이미지상으로도 부합하지 않는다.

게다가, 강태공이 문왕이라는 지존을 만난 것은 오랜 기다림과 준비를 거쳐 거둔 수확이다. 오랜 세월에 걸쳐 참을성 있는 기다림의 태도가 있었다. 그 긴 기다림의 세월동안 철저한 준비도 있었다. 상나라를 무너뜨림으로써 이룬 천하통일도 문왕과 무왕의 스승으로서 끊임없이 대화하고, 주변 정세를 냉철하게 분석함으로써 거둔 결실이었다. 육도와 삼략에는 그가 두 군주와 얼마나 진지하게 대화하고, 주변 정세를 얼마나 치밀하게 분석했는지 잘 드러나 있다. 그의 '대물'은 어느 한 순간에 요행수로 얻어낸 결과가 결코 아니었다.

정치판은 강태공을 얘기하면서 낚시꾼으로서의 강태공만 말하기를 좋아한다. 정치꾼 강태공을 별로 언급하지 않는다. 그가 어떤 정치꾼이며, 어떤 어려움을 겪었고, 어떤 인내와 미덕과 지혜를 발휘했는지에 관해서는, 정치판은 말하지 않는다. 옛 문헌상으로 봐도, 그는 낚시꾼으로보다는 정치꾼으로 이룬 업적이 훨씬 더 많다. 문헌상 낚시꾼으로서의 행적은 별로 눈에 띄지 않는다. 그런데도 그는 낚시꾼으로서만 관심의 대상이 되곤 한다. 정치인이라면 역사적으로 훌륭한 업적을 이룬 정치인을 입에 담는 것이 너무나 당연하지 않은가. 그런데 왜 문헌상 흔적이 거의 없는 낚시꾼으로만 그를 보려 할까?

그것은 정치판이 뭔가 낚아내는 데에만 관심을 갖고 있기 때문인 것 같다. 그것도 뭔가 손쉽게 '큰 것 한방'을 노리는 데에만 관심을 갖기 때문인 것 같다. 그런 태도는, 숭고한 뜻을 말하는 우국지사로서 취할 바는 아닐 것 같다.

사실, 바닥의 끝을 알 수 없는 아득하고 깊은 물속으로부터 월척 한 마리를 건져낸다는 것은 마음속의 헛헛함을 달래주는 역할을 한다. 월척은 상상만으로도 가슴 벅찬 행운이다.

낚시꾼이 제아무리 월척을 간절히 바라지만 마음대로 쉽게 이뤄지지 않는다. 그런 점에서 볼 때, 낚시꾼의 월척은 자신의 뜻보다는 물고기의 마음에 달려 있다. 물고기가 무슨 까닭에서인지 낚시미끼를 먹지 않겠다는 데야 어찌해볼 도리가 없는 노릇이다. 바꾸어 말해, 낚시꾼이 그런 간절한 바람 속에서 오랜 기다림을 견뎌내어 월척을 했다면, 큰 보람이요 기쁨이다. 물고기의 '너그러운 마음'이 고맙게 느껴질 수도 있다. 그런 까닭에 월척의 기쁨에는, 낚시꾼 자신의 의지와는 상관없는 요행의 속성이 없지 않다.

낚시에서 큼지막한 물고기를 밖으로 끌어낼 때 느껴지는 이른바 '손맛'이라는 것도 요행의 속성이 다분히 들어 있을 것 같다. 현실의 삶에서 육체·정신적 노동, 자금 투자, 오랜 시간 등을 들여 이룬 성과라면 보람과 기쁨이 크지 않을 수 없다. 강한 성취감을 맛볼 수 있다. 하지만 현실적으로 그 같은 성취를 늘 일궈낼 수 있는 것은 아니다. 실패의 위험도 커

쓴맛을 보곤 한다. 물가에서 월척을 바라는 마음은, 현실에서는 충족하기 어려운 성취감을 낚시를 통해 맛보겠다는 심리일지 모른다. 낚시의 손맛에서 강렬한 쾌감을 느끼는 것은, 현실의 삶에서 겪곤 하는 심리적 공허함을 채우는 대리만족일 수도 있다.

대선이든 총선이든 지방선거든, 선거에서 승리하려면 여간 힘이 들지 않는다. 육체·정신적 노동, 정치자금 투입, 오랜 시간 등을 들여도 승리를 장담할 수 없는 것이 선거다. 그래서 정치판의 낚시심리는 성취감을 느껴보겠다는 잠재의식일지 모른다. 월척 대물을 기대하는 마음에는, 당선의 기쁨과 권력욕을 충족해보려는 심리가 투영되어 있을 수도 있다.

월척을 바랄 때의 마음은 심리적으로 대물 콤플렉스에 빠져 있는 상태에 다름 아니다. 어쩌면, 대물 콤플렉스는 실제로는 왜소증으로 인해 생기는 불안심리나 마찬가지일지 모른다.

강태공을 멀리한 이승만

이승만 초대대통령은 평소 낚시를 무척 좋아했던 것으로 알려져 있다. 대통령이라는 최고의 정치권력을 누린 그는 낚시에서 어떤 태도를 지니고 있었을까. 낚시에서도 권력지향적인 냄새를 풍겼을까.

그는 6.25 전쟁이 터졌다는 보고를 처음으로 받을 당시 경무대 안의 연못에서 낚시를 하던 중이었다는 일화가 전해지고 있다. 그것은 그가 평소 낚시를 즐겼다는 사실을 말해준다. 또 일제 강점기 이후에는 강원도 고성군 화진포 호수로 가끔 휴가를 가 낚시를 했던 것으로도 알려져 있다. 그래서인지 화진포 호숫가에는 실제로 이승만 별장이 있었다. 지금은 옛 모습을 본떠 새로 지은 별장이 관광객들을 불러들이고 있다. 2007년에는 별장 옆에 이승만 기념관도 들어섰다. 기념관에는 그의 낚시에 관한 자잘한 소품과 흔적이 남아 있다. 하지만 그가 어떤 방식이나 태도로 낚시를 즐겼는지, 얼마나 자주 낚시를 했는지 등에 관한 구체적인 내용은 별로 알려진 게 없다.

다만, 낚시를 소재로 삼아 그가 지은 네 편의 한시가 오늘날까지 전해진다. 한 편은 대통령이 되기 이전에 지은 작품이라 하고, 세 편은 대통령이 된 이후의 것이라 한다. 이들 작품을 통해 그의 낚시태도를, 나아가 삶의 태도까지를 엿볼 수 있다. 그는 어렸을 적 한학을 공부했으며, 그래서인지 한시와 중국문학에 조예가 깊었다고 한다.

〈釣魚〉
春滿武陵咫尺園, 桃花流水別乾坤.
楚雲澤畔三閭遠, 漢月磯頭七里昏.
只與魚鰕遊舊渚, 不敎鷗鷺夢中原.
滄浪一曲收絲去, 芳草靑煙柳外村.

〈낚시 하면서〉
봄기운으로 가득한 무릉도원이 바로 지척에 있고,
복사꽃 잎이 물 따라 흘러가니 별천지로다.
초나라 구름이 호수 위로 떠있고 저 멀리 굴원이 보이니,
한나라 달이 바위 위로 솟은 엄자릉 낚시터도 저 멀리 보인다.
오로지 물고기와 새우만을 벗 삼아 옛 물가에서 놀고 있으니,

갈매기와 백로는 중원의 너른 들판을 꿈꾸지 말거라.
푸른 바다 물결소리를 노래삼아 낚싯줄을 걷고 있을 때,
꽃 같은 풀 향기와 푸른 연기가 버들숲 건넛마을에 피어오른다.

　이십대 젊은 나이에, 반정부 활동을 한 혐의로 한성감옥에 수감되어 있을 때 지은 것으로 전해진다. 그렇다면 물가의 낚시터에서 지은 게 아니다. 그래서인지 상상력이 물씬 풍긴다. 하긴, 옥살이의 답답함을 견디려면 상상력이라도 동원하지 않을 수 없었을 테다.
　굴원과 엄자릉을 불러낸 점이 흥미롭다. 오늘날 알려져 있기로, 굴원과 엄자릉은 강태공의 삶의 태도와는 확연히 다르게 살았던 인물이다.
　굴원은 초나라의 시인이자 정치가다. 군주에게 옳고 그름을 딱 부러지게 간하는 대쪽같은 선비였다고 전해진다. 강물에 몸을 던져 스스로 목숨을 끊음으로써, 자신의 뜻을 알아주지 않는 정치세력에 진정성을 내보이려 한 비운의 정치인이다. 여기서 '삼려(三閭)'는 굴원의 벼슬이었던 삼려대부(三閭大夫)의 줄인 말로, 굴원을 지칭한다. 택반(澤畔)은 곧 호숫가다. 굴원은 정치적 모함을 받아 양자강 남쪽의 호숫가에서 유배생활을 했다고 한다. 엄자릉은, 벼슬을 주겠다는 후한 광무제의 제의를 뿌리친 채 부춘산에 들어가 은거했다는 인물이다. '칠리(七里)'는 엄자릉이 낚시했다는, 부춘산 근처 청계강에 있는 칠리탄(七里灘)을 뜻한다.
　그런데, 이승만이 무릉도원과 별천지라는 아름다운 선계(仙界)를 상상하면서 굴원을 등장시킨 것은 선뜻 이해하기 어렵다. 대쪽같은 성품의 굴원이 자신의 뜻에 반해 호숫가에서 유배생활을 했다면 마음이 억눌려 있었을 테다. 유배는 결코 소풍이 아니다. 더욱이 굴원은 혼탁한 세상을 한탄하며, 강물에 뛰어들어 스스로 목숨을 끊은 비운의 정치가이지 않은가.

다만, 세속 명리에 초연해 스스로 은거생활을 선택한 엄자릉의 등장은 선계와 어울린다.

어쨌든, 작품속의 화자는 봄을 맞아 무릉도원과 별천지를 연상케 하는 아름다운 물가에서 낚시를 하고 있다. 갈매기(鷗)와 창랑(滄浪)과 백로(鷺)라는 단어로 보건대, 바다와 가까운 호수나 강인 듯하다. 마음을 비웠다. 벗이라고 해봐야 물고기와 새우뿐이다. 하늘을 자유롭게 날아야 할 갈매기와 백로에게도 너른 들판으로 나가 훨훨 날아보겠다는 욕심일랑 버리라고 따끔하게 일러주고 있다.

아마, 이승만은 젊은 시절에는 권력을 향한 욕망이 없었나보다. 정치적인 포부가 컸던 강태공보다는 정치권력에 뜻이 없었던 엄자릉을 더 좋아했나보다. 또 어지러운 세상과 타협하지 않으려 했던 굴원의 강직한 성품을 무척 흠모했던 것으로 보인다.

이승만의 굴원과 엄자릉에 대한 관심은 거기서 그치지 않는다. '어부(漁父)'라는 낚시한시에서도 그 둘을 불러내고 있다. 이 시는, 세속의 삶에서 은퇴해 물가에서 한가로이 낚시하는 늙은 어부의 삶을 읊고 있다. 어부는 곧 낚시꾼이다. 낚시로 삶의 여유로움을 즐기고 있다. 그래서인지 바탕 정서가 '조어'의 그것과 크게 다를 바 없는 무욕의 세계다.

'어부'의 한 대목만 보면 '가사엄칠리 여자굴삼려(可師嚴七里 與子屈三閭)'라는 구절이 나온다. '칠리탄에서 낚시한 엄자릉은 스승으로 모실만 하고, 삼려대부 굴원은 벗으로 더불어 어울릴만하구나.'로 새겨진다. 물론 엄(嚴)은 엄자릉(嚴子陵)을, 굴(屈)은 굴원(屈原)을 각각 지칭한다.

이 시는 그가 언제 지은 것인지 연도가 알려져 있지 않다. 다만 일제강점기에서 독립운동을 할 때 지은 것으로만 알려져 있을 뿐이다. 그렇다면

1910년에서 1945년 사이에 씌어진 셈이다. 나이로는 삼십 대 초반에서 육십 대 후반 사이에 해당한다. 이 시로 봐서는 이승만은 여전히 권력에 욕심이 없다. 또 엄자릉과 굴원에 대한 애착도 한결같다.

이승만은 '어부'에서도 굴원을 끌어들이고 있지만, 그의 의도는 납득하기가 쉽지 않다. 굴원은 대쪽같은 성품을 지닌 비운의 정치가로서 그의 시는 대개 비탄하고 애절한 정조를 띤다. 그래서 속세를 떠나 한가롭게 낚시하며 지내는 어부의 정서와는 다소 거리가 멀다. 속세를 떠나 낚시질로 한가롭게 살아가는 어부의 삶이, 명리나 부귀에 연연하지 않는 굴원의 강직한 삶과 반드시 상반되지는 않겠지만 비탄이나 애절함과는 거리가 꽤 멀다. 시인에게는 시적인 상상력의 자유가 중요하다지만, 공감을 얻지 못하는 시상(詩想)은 좀 곤란하지 싶다. 굴원의 시 몇 수를 예로 들어보자.

우리나라에 널리 알려진 '어부사(漁父辭)'는 굴원이 유배지로 쫓겨나 쓴 작품으로 자신의 애타는 심경을 어부와의 대화체 형식으로 드러내고 있다. 그는 이 시에서, 유배지에 오게 된 연유를 묻는 한 어부의 물음에 '세상이 온통 흐린데 나 홀로 맑고, 모든 사람들이 다 취했는데 나 홀로 깨었다. 그런 까닭으로 쫓겨 왔다.'고 대답했다. 그의 대답에는 혼탁한 세상에 대한 원망이 들어 있다.

또 굴원은 '원유(遠遊)'라는 시에서 '흐리고 더러운 세상을 만나/ 내게 맺힌 울적한 마음 누구에게 말할까/ 밤에도 불안감에 시달려 잠을 못 이루고/ 영혼이 뜬눈으로 밤을 지새웠구나.'라고 읊었다. 역시 혼탁한 세태에 대한 원망과 통분, 애절한 심경이 담겨 있다.

이승만은 평소 굴원의 강직한 태도를 좋아한 것 같다. 다만 그는 소재 선택에 세심한 주의를 기울이지 않은 것 같다. 평소 그의 성격이 치밀하지 않은 탓이라고 말한다면 속단일까? 자연 속에서 지내는 소박하고 한

가한 삶을 노래하면서 엄자릉을 인용한 것은 적절한 듯한데, 굴원은 왠지 좀 어색하다.

〈釣歸〉
折得柳條數尺餘, 穿魚如葉葉如魚.
魚兒巨細何須問, 志不在魚只在漁.
-甲午早春於鎭海

〈낚시터에서 돌아오며〉
몇 자 조금 넘는 버들가지를 구해 꺾어,
물고기를 꿰니 버들잎들이 물고기를 닮았구나.
물고기가 크든 작든 물을 필요가 있겠는가,
마음은 물고기에 있지 않고 낚시에 있을 뿐인 것을.
-갑오년(1954년) 초봄 진해에서

지은 시기와 장소를 명확하게 알 수 있다. 이승만이 초대대통령이 된지 여섯 해가 되던 때다. 그리고 6.25전쟁 휴전협정이 조인된 이듬해로, 나이 일흔아홉일 때다. 장소는 대통령별장이 있는 경남 진해시다. 아마 진해 부근의 강이나 호수에서 낚시를 했던 것 같다. 낚시할 때의 욕심 없는 담담한 심경이 드러나 있다. 아마, 전쟁을 치르느라 애달팠던 마음을 진해별장을 찾아 달래려 했나보다. 하지만 휴전협정이 맺어진지 일년도 되지 않은 때라, 전국에는 전쟁 상처가 그대로 생생하게 남아 있었을 테다.

물고기를 몇 마리 낚아 살림그물에 담지 않고, 손쉬운 대로 버드나무 가지에다 입과 아가미를 꿴 채 들고 오고 있다. 그 당시에는 낚시에서 방생(放生)이 일반화되어 있지 않았나보다. 하지만 버들가지에다 물고기를 꿴 채 달랑달랑 들고 오는 모습을 상상하면, 대통령이라는 최고 정치권력과는 어울리지 않는 소박함이 물씬 풍긴다. 인정 많은 시골 할아버지의 모습을 연상케 한다.

이 시에서도 의문점이 생긴다. 그는 낚은 물고기를 방생하지 않았다. 그런데도 왜 자신의 마음이 물고기에는 있지 않고, 물고기를 낚는 행위, 곧 낚시질에만 있다고 했을까? 이번에도 역시 치밀하지 않은 성격 탓으로 인한 실수일까? 그게 아니라면 노회한 정객의 의도적인 정치 제스처일까?

버드나무 가지로 입과 아가미를 꿴 채 물고기를 손에 들고 있으면서도, '나는 물고기에는 관심 없어.'라고 말하는 것과 다를 바 없다. 마치 희극의 한 장면을 보는 것 같다. 무욕을 말하려 하다가 되레 자신도 모르게 욕심을 드러내고 말았다. 그가 물고기를 방생하지 않았다고 해서 욕심 많은 사람으로 볼 수는 없다. 오히려 버들가지에다 물고기를 꿴 채 들고 오는 모습에서 낙천적이고 소박한 성품이 느껴진다. 다만 그가 물고기에는 마음이 없다고 말을 해버리는 바람에, 정직하지 않은 사람인 양 또는 욕심 많은 사람인 양 오해를 살 수 있을 것 같다. 어쨌든, 그는 이 시에서도 욕심 없는 소박한 마음을 나타내려 했던 것만은 분명하다.

세 편의 낚시 한시가 모두 욕심 없이 지내는 삶의 한가로움을 노래하고 있다. 젊은 시절에 쓴 시와, 정치권력을 움켜쥔 일흔아홉의 나이에 쓴 시가 일관되게 하나의 정서를 갖고 있다. 긴 세월에 걸쳐 변함없이 무욕의 세계를 노래하고 있는 것이다.

국내와 해외를 오가며 광복을 위해 애쓰던 시절에야 사심 없는 마음으로 무욕의 세계를 추구했다는 것은 쉽게 납득할 수 있다. 조국의 광복에 어찌 개인적 욕심이 개입될 수 있겠는가. 다만 무욕과 한가로움의 태도가, 대통령이라는 최고 권력자가 된 이후에도 지속됐다는 점에서 퍽 이채롭다. 정치권력을 집요하게 좇아 마침내 그 뜻을 이루었고, 또 그 권력을 유지하려고 부단히 노심초사했을 삶으로서는 뜻밖의 정서다.

시는 시고, 권력은 권력인가보다. 시인은 시인이고 정치꾼은 정치꾼인가보다. 시는 순진한 감성에서 놀고, 권력은 현란한 정치에서 놀게 마련인가보다.

대통령이 된 이후인지 그 이전인지, 지은 시기를 알 수 없는 낚시한시가 한수 더 전해진다. '어옹(漁翁)'이나 '노(老)'라는 표현으로 보건대, 대통령이 된 이후의 노년기 작품일 것으로 추정된다.

〈白鷺〉
春江白雪滿衣裳, 閑伴漁翁坐夕陽.
蓑雨帆煙蹤迹淡, 渚雲沙月夢魂長.
飛來蘆岸花同色, 佇立蓮汀玉有香.
莫把興亡煩問我, 寄身水國送年老.

〈백로〉
봄날 강에서 온통 눈같이 하얀 옷을 입은 채,
늙은 어부와 한가롭게 짝하여 석양에 앉았구나.
굵은 빗방울과 짙은 안개 속에서 종적이 담담하고,
물가에 구름이 끼고 모래위에 달이 뜨니 꿈도 깊구나.

갈대 언덕에 날아들 때는 꽃 색과 어울리더니,
연꽃 핀 물가에 우두커니 서 있으니 향기로운 구슬이구나.
세상일의 흥망을 번잡스럽게 내게 묻지 말라,
나는 물가에 몸을 맡긴 채 노년을 보내고 있을 뿐이니.

기본 정서가 무욕이다. 역시 이 시에서도 권력에 대한 집착은 털끝만큼도 보이지 않는다. 엄자릉이나 굴원을 끌어들이지 않은 채, 백로와 늙은 어부를 내세워 무욕의 정서를 얘기하고 있다.

독립운동가로든 최고 정치지도자로든, 그 어느 쪽으로도 자신의 뜻이나 포부가 드러나 있지 않다. 세상일에서 은퇴한 뒤 노년을 물가에서 낚시로 보내는 모습을 그리고 있다. 낚시꾼으로서 마음을 주고받을 상대는 오직 한 마리의 백로뿐이다. 풍광도 마음도 한가롭다. 그러니 욕심이 생겨날 리 없다. 세상 돌아가는 일에 관심을 갖는다는 것도 낚시꾼으로서는 덧없고 하찮을 뿐이다. 이승만은 대통령에서 물러나게 되면, 물가에서 낚시꾼으로 살아야겠다는 뜻을 품고 있었던 게 아닐까. 그럴 기회는 오지 않았다.

불행하게도, 이승만은 대통령으로서의 삶이 오늘날 그다지 영광스럽지 못한 이미지로 남아 있다. 사실 여부를 떠나, 권력에 욕심 많았던 독재자의 평판과 이미지로 남아 있지 않은가. 독재라는 욕심 탓에 임기를 채우지 못한 채 외국으로 망명해야 했고, 외국에서 생을 마쳐야 했던 막바지의 삶. 대통령으로서는 비운의 삶을 살았다. 이승만의 삶은 전체적으로 영욕이 교차하면서도 치열하고 파란만장했다. 하지만 낚시에서만큼은 욕심 없이 한가로운 세상을 꿈꾸었다는 것이 아이러니로 남는다. 어쩌면,

치열한 현실의 삶에서는 이룰 수 없는 세상이었기에 낚시로나마 구하려 했을지도 모른다.

현실과 이상은 늘 모순으로 점철되고 깊은 괴리가 있게 마련인가보다. 만약 무욕의 한가로움이 평소 동경해온 진짜 정신세계였다면, 그는 최고의 정치권력자로 지내면서 적지 않은 심리적 콤플렉스에 젖어 있었을 것 같다.

이승만은 크게 보면 일생에서 두 가지 삶을 살았다고 할 수 있을 것 같다. 전반부의 독립운동가와 후반부의 대통령이 그것이다. 전반부 삶의 목적이 조국의 해방이었다면 후반부 삶의 목적은 정치권력이었다. 두 가지로 삶을 살았다는 점에서 강태공의 삶을 닮아 있다. 강태공도 전반부에서는 야인으로 지내면서 낚시와 은거 생활을 했고, 후반부에서는 정치권력자로 변신해 살았던 것으로 전해진다.

하지만 두 사람의 삶에는 분명 서로 다른 점이 있다. 강태공이 오랜 세월이 흐르는 동안 성공한 낚시꾼으로, 비록 신화적이긴 해도, 전해져 내려오고 있다면, 이승만은 실패한 낚시꾼에 가깝다는 점이다. 정치적으로도 강태공은 국왕이 되어 여러 가지 선정을 베풀며 인생을 화려하게 살았다지만, 이승만은 영욕이 교차하는 삶을 살았다.

이승만의 낚시는 끊임없이 무욕의 세계를 추구했다. 그래서 굴원과 엄자릉까지 그의 낚시에 끌어들였다. 강태공이 세상에서 가장 훌륭한 낚시꾼으로 군림하고 있지만, 이승만은 자신의 낚시한시에 그를 끌어들이지 않았다. 이승만이 강태공의 존재를 몰랐을 리 없다. 다만 의도적으로 강태공을 멀리하려 했던 것 같다. 그런 점에서 볼 때 뭔가 큰 것을 낚아내려 한, 야심가적인 강태공의 낚시태도를 달갑게 여기지 않았던 것 같다. 강태공을 대하는 태도로서는 조선시대 성삼문 같은 사육신이나, 김시습 같은 생육신에 닿아 있는 듯하다. 그런 그가 정작 현실정치에서는 권력에 너무 많은 욕심을 부렸다는, 독재를 했다는 평을 듣는 까닭은 무엇인가. 역설적일지라도, 이승만은 적어도 낚시에서만큼은 엄자릉의 은거지향적인 태도를 가까이 하려 했다.

하지만 그의 낚시는 자연 속에 깊숙이 녹아들지는 못했다. 엄자릉의 삶처럼 은둔지사를 추구했지만 현실의 삶에서는 은둔하지 못했다. 또 그가 낚시로 낚아낸 것은 달리 특별한 게 없다. 조국의 해방을 주도적으로 낚은 것도 아니요, 해방된 조국의 번영을 낚은 것도 아니다. 그는 치열한 삶을 살았지만, 적어도 정치꾼과 낚시꾼으로는 실패한 쪽에 가깝다.

정치지도자들의 폐쇄적인 권위

오늘날 중국 북경의 조어대는 정치지도자들의 폐쇄적인 권위가 짙게 드리워진 곳이다. 세계 각국의 내로라하는 정치지도자들이 북경을 방문할 때는 으레 이 조어대에서 정치 현안을 얘기하면서 며칠씩 묵곤 한다. 그래서 조어대의 정식 이름은 '조어대국빈관(釣魚臺國賓館)'이다. 북경의 조어대는 낚시터라기보다는 세계 정치지도자들의 회합장소로서, 개인과 국가의 권위주의적 태도를 드러내어 보이는 상징인 셈이다.

강태공은 섬서성 위수의 반계천에 자신의 낚시터를 갖고 있다. 그 낚시터는 이른바 '강태공 조어대'로서 유적지로 관리되고 있다. 물론 강태공이 일부러 남긴 것이 아니라 후대의 사람들이 그를 기리기 위해 유적지로 삼고 있는 것이다. 또 엄자릉도 절강성 부춘산 인근의 청계강에 '엄자릉 조대'라는 낚시터를 갖고 있다. 만약 오늘날의 정치지도자들이 스케줄에 차질이 생겨 강태공이나 엄자릉의 낚시터로 초청을 받아 회합하거나 묵게 된다면, 무척 기분 나빠 할 것 같다. 물론 자신의 권위가 깎였다고 여기기 때문일 게다.

북경의 조어대가 어떤 연유로 오늘날 세계 정치지도자들의 회합 장소로 쓰이게 됐을까?

그 조어대는 원래 13세기 초, 그러니까 지금으로부터 8백여 년 전 금나라 장종(章宗)이란 황제가 홀로 낚시를 즐겼던 곳이라 한다. 그 이후로 북경을 수도로 삼은 왕조의 역대 황제들이 이곳에서 자주 은밀히 낚시를 즐겼다고 한다. 그래서 북경의 조어대는 황제의 낚시터로도 불리어진다. 황제의 낚시터이니 예로부터 아무나 함부로 낚시를 할 수 있는 곳이 아니었다. 세상에 몇 안 되는, 지체가 아주 높은 자만 들어갈 수 있었다. 그곳이 폐쇄적이기는 예나 지금이나 다름없다. 그럼 북경 조어대의 폐쇄성은 장종에서 처음으로 연유했을까? 좀 더 멀리 거슬러 올라갈 수도 있을 것 같다.

만약 3천여 년 전 낚시가 생계형에서 정신세계형으로 분화되지 않았다면, 오늘날의 낚시는 어떤 모습일까. 정신세계형의 원조는 강태공이다. 그가 낚시에 등장하지 않았다면 낚시는 생계형으로 변함없이 흘러왔을 수도 있다. 아니면 제 2의 강태공에 의해 지금처럼 정신세계형으로 바뀌었을 수 있다. 또는 제 2의 강태공이 나타나긴 했어도 그 힘이 제 1의 강태공보다 약해, 생계형과 정신세계형이 비슷하게 혼재되어 있을 수도 있다. 어쨌거나, 정신세계가 강조됨으로써 오늘날 낚시가 홀로 골똘히 사색하는 모습을 띠게 되었을 것이라는 추론이 가능하다. 사색이나 정신세계를 추구하는 태도는 여럿이 어울려 있을 때는 좀처럼 생기지 않는다. 그래서 '홀로 낚시'의 원조도 강태공인 셈이다.

낚시가 강태공시대 이전과 같이 그대로 생계형이었다면 물고기를 많이 낚는 게 최상의 미덕이었을 테다. 생계형에서는 낚시가 굳이 홀로 사색하는 모습을 띨 필요가 없다. 생계형이라면 낚시터 주변의 여러 사람들과 어울려 시끌벅적하게 담소를 나누는 '개방형 낚시'도 권장되지 않았을까. 그렇다면 '폐쇄형 낚시'도 연원이 강태공으로까지 거슬러 닿는다. 정치지도자들의 폐쇄적인 조어대 회합도 연원을 멀리 거슬러 올라가자면 강태공의 낚시태도와 무관하지 않을 듯하다.

낚시가 뭔가 큰 것을 낚아내야 한다는 강박관념에 사로잡히게 된 것도 강태공의 낚시태도에서 연유했지 싶다. 물론 문왕과 천하를 낚은 그의 조과(釣果)에서 비롯됐을 테다. 그것도, 미끼가 달려 있지 않은 빈 낚싯바늘을 써서 낚아낸 것으로 널리 알려져 있지 않은가. 미끼가 달린 바늘로도 물고기를 낚기가 쉽지 않은데, 하물며 빈 바늘로 그 같은 엄청난 조과를 거뒀으니 대단한 횡재쯤으로 여겨지기에 충분하다.

정치꾼들이야 너나 할 것 없이 늘 뭔가 큰 것을 낚아내기를 바랄 것이다. 굳이 낚시에서가 아니라도 명성이나 인기를 많이 낚을 수 있기를 간절히 바랄 테다. 권위나 권력이라는 것도 그 속성상 명성이나 인기에서 나올 테니까. 정치지도자들의 회합장소를, 낚시터란 이름의 조어대로 잡게 된 까닭은 정치꾼들의 그런 낚시심리에 편승한 것이 아닐까. 그렇다면, 여기서도 '강태공표' 낚시의 진가가 발휘되고 있는 셈이다.

북경 조어대는 명색으로만 낚시터지, 그 실체는 끊임없이 권위를 좇아야 하는 정치꾼들의 쇼 무대일지 모른다. 정치꾼들의 그런 심리를 적절히 이용하는 중국 외교정치의 지혜가 놀랍다. 반면에, 그런 지혜에 이용당하기를 주저하지 않는 세계 정치지도자들의 심리는 속이 훤히 들여다보일 만큼 너무 뻔하다.

우리나라의 최고 정치지도자들은 대체로 낚시를 즐기지 않은 편이었다. 대통령을 지낸 인사들 가운데 낚시를 즐긴 이는 초대 대통령을 지낸 고 이승만 뿐이었다. 다른 대통령들은 무슨 까닭에서인지 낚시꾼이 되기를 주저했다. 그래서 이승만을 제외하고는 우리나라 역대 대통령들을 상대로 낚시태도를 말한다는 것이 사실상 불가능할 정도다. 그들에게는 강태공 방식으로든 엄자릉 방식으로든 아예 일정한 낚시태도가 없었다고 보는 편이 나을 듯하다.

김동길 씨가 '삼김(三金)'을 향해 정계를 떠나 낚시나 하면서 살라고 했을 당시에는, 김영삼·김대중 씨가 대통령이 되기 전이었다. 그때 김영삼 씨는 "그런 말을 할 수 있다니, 우리나라도 언론 자유가 많이 보장되어 있군." 하며 다소 냉소적으로 받아넘겼다고 한다. 김대중 씨는 "좋은 낚시터가 있으면 소개해 달라. 그럼 낚시하러 가지." 하며 웃어넘겼다고 한다. 김동길 씨의 낚시론 공세에 두 전직 대통령이 낚시논리로 정면 대응한 적은 없다. 물론 그들이 낚시에 조예가 깊지 않았기 때문이었을 테다. 만약 두 전직 대통령이 평소 낚시를 즐겼다면 우리나라 정치판이 좀 더 멋스럽고 재미있지 않았을까. 뭔가 권위적이고 음모적인 냄새를 풍겼던 정치판이 좀 더 부드럽고 활달해지지 않았을까.

우리나라에는 북경의 조어대처럼 낚시터 이름을 딴 세계 정치지도자들의 회합장소는 없다. 다만, 국내 최고 정치지도자의 전용 낚시터가 청남대에 있었다. 장소는 충북 청원 문의면의 대청호반이다. 그곳은 오랫동안 비밀스러운 곳이었다.

청남대는 지금은 일반인에 개방되어 있지만 오랫동안 대통령 전용휴양지로 사용되어 오면서 지극히 폐쇄적인 곳이었다. 우선, 이름부터 '남쪽에 있는 청와대'라는 뜻이어서 왠지 권위주의적인 냄새를 풍긴다. 물론 평소에는 경비가 삼엄했다. 1983년 전두환 대통령 재직시절 만들어졌다. 그곳에 대통령 전용 낚시터가 있었다. 그 낚시터는 대청호 수면에 맞닿아 있지 않고, 양어장을 겸한 별도의 연못에 개인 좌대가 설치되어 운용되었다. 언론에는 '국가와 민족을 위한 국정구상'을 하는 곳으로 보도되곤 했다. 대통령이 청남대에서 국정구상을 하고 있을 때 그곳을 다녀간 정치꾼들 중에는 은근히 그 사실을 자랑하고 다닌 이가 더러 있었다고 한다. 물론 그곳이 평소 개방적으로 운용되었더라면 그게 자랑거리일 수 없었을 테다. 전두환, 노태우, 김영삼, 김대중 씨는 취미 혹은 '꾼'으로서 낚시를 즐기지는 않았지만 대통령 시절 청남대로 휴가를 가서는 그곳 낚시터에서 가끔 낚시를 한 것으로 알려져 있다. 하지만 그들이 낚시를 어떤 방식으로 즐겼는지는 소상히 알려져 있지 않다.

5.16 군사쿠데타로 집권한 박정희, 대통령이 되자마자 청남대를 일반인에 개방한 노무현, 그리고 2008년에 대통령에 취임한 이명박 씨도 평소 낚시를 즐기지 않은 것으로 알려져 있다.

북한에서는 고 김일성 국가주석이 낚시를 즐긴 것으로 알려져 있다. 지금도 두만강 상류인 양강도 대홍단군에는 김일성 조어대가 남아 있다. 항일 빨치산 활동을 할 때 낚시를 즐기던 곳이라 한다. 그는 최고지도자 시절에도 개인 별장에 마련된 낚시터에서 낚시를 자주 한 것으로 알려져 있다.

또 그의 아들인 김정일 국방위원장도 열일곱 곳의 별장에 개인 낚시터를 두고 있을 정도로 평소 낚시를 좋아한다고 한다. 특히 평안남도 안주시의 연풍호 별장에 있는 전용 낚시터에서 낚시를 자주 즐기는 것으로 알려져 있다.

두 사람의 낚시태도에 관해서는 구체적으로 알려진 바가 없다. 다만 세간에 널리 알려진 정치 스타일로 보건대, 무척 폐쇄적인 태도를 지녔을 것으로 추정된다.

먼 나라의 이야기지만, 미국 대통령을 대를 이어 잇달아 지낸 부시 부자(父子)도 낚시를 무척 좋아한 것으로 알려져 있다. 물론 그들의 낚시태도가 원천적으로 동양의 그것과 같을 리 없다. 하지만 권위적인 태도를 갖고 있었다는 점에서는 별반 다를 바 없을 것 같다.

외신보도에 따르면 두 사람 모두 낚시를 갈 때는 몇몇 측근과 경호원 이외에, 으레 언론 종사자들을 대동했다고 한다. 낚시를 가장 자주 가는 곳은 메인 주 케네벙크포트 해안이다. 그곳에는 부시 일가의 개인별장이 있기도 하다. 바다낚시를 하기 위한 모터보트와 접안시설이 갖추어져 있다. 부시 부자는 낚시 그 자체를 즐겼다기보다는 낚시행위가 언론을 통해 미국 시민들 사이에 널리 알려지기를 즐겼다고 한다. 험준한 바위절벽에서, 혹은 광활한 바다에서 거친 자연과 맞서는 모습을 세상에 보여줌으로써 이른바 '프런티어 이미지'를 만들어내려 했다는 것이다. 또 끊임없이 테러와 암살의 공포에 시달리면서도 여봐라는 듯 버젓이 낚시하는 모습을 보여줌으로써, 강건한 정치인의 이미지를 만들어내려 했다.

그들의 낚시는 개인적 휴식과는 거리가 먼 셈이었다. 바쁜 일상에서 잠시 벗어나 풍치를 즐기거나 물고기를 감상함으로써 얻는 감동은 부차적이었다. 낚시가 정치적 권위를 만들어내기 위한 수단으로 활용됐다는 점에서, 그들의 낚시태도는 자연스럽지 못해 폐쇄적이었다. 그들에게는 낚시가 곧 정치행위였던 셈이다.

중국 북경의 조어대에 비견되는 곳이 미국 메릴랜드 주에 있는 캠프데이비드 별장이다. 프랭클린 루스벨트 이래로 오늘날까지 대통령의 별장으로 쓰이고 있다. 단순히 별장이라기보다는 북경의 조어대처럼 국가 최고지도자들의 회합장소로 널리 알려져 있다. 워싱턴DC에서 북서쪽으로 자동차로 한 시간쯤 걸리는 카톡틴 산에 깊숙이 자리 잡고 있다.

미국 대통령은 다른 나라 최고지도자들을 이곳으로 초청해 정치현안을 논의하곤 한다. 이곳에 유명한 송어낚시터가 있다. 그들은 송어낚시를 하면서 국가간의 현안을 의논하곤 한다. 루스벨트와 영국의 윈스턴 처칠은 이곳에서 송어낚시를 하며 제 2차대전의 전략을 논의한 것으로 알려져 있다. 국가 최고지도자라 해도 아무나 이곳으로 초청되는 것은 아니다. 이곳에서 회합을 가질 수 있는 지도자는 미국 대통령에 의해 특별히 '선별'된다. 평소 보안이 철통같아, 정상회담이 열리지는 않을 때도 해병대가 삼엄하게 경비를 선다. 물론 민간인의 접근은 허용되지 않는다. 별장에서 가장 가까운 마을이라 해도 10킬로미터쯤 떨어져 있다고 한다.

이곳에서 이뤄지는 최고지도자들의 낚시회합도 정치적 권위를 만들어내는 역할을 한다는 점에서 북경의 조어대 회합과 별로 다를 바 없다. 이곳의 낚시도 폐쇄적인 권위를 만들어내는데 이용되는 셈이다. 결국 이곳의 낚시회합도 정치행위와 다를 게 없다.

오늘날 최고 정치지도자들의 낚시에서 권위를 빼내고 나면 무엇이 남을까. 아마도 남을 게 없지 싶다. 권위가 무겁게 서지 않는다면, 권위가 넉넉히 보장되지 않는다면, 그들은 더 이상 낚시를 하고 싶어 하지 않을지 모른다. 정치에서 권위는 매우 소중하다. 권위는 곧 정당성이요 정통성이다. 다만, 낚시 이외의 방법으로도 얼마든지 권위를 행사하거나 권위를 보장받을 수 있을 텐데.

동·서양을 가릴 것 없이 정치지도자들의 낚시가 권위주의에 빠져 있는 형국이 반드시, 그리고 전적으로 강태공으로부터 비롯되었다고 말할 수는 없다. 다만 낚시의 부담스러운 모습만큼은 왠지 모르게 강태공 모델을 닮아 있다. 그래서 그들의 낚시태도를 보면 강태공 모델의 낚시를 머릿속에 떠오르게 한다.

만약 애당초부터 그들의 낚시에 권위가 없었더라면 남을 게 꽤 있지 싶다. 휴식과 감동과 여유와 추억이 남지 않을까. 하긴, 우리나라에서는 역대 최고 정치지도자들 중에 이승만을 제외하고는 아예 낚시꾼이 없었으니 그 같은 가정(假定)조차 무의미해 보인다.

기나긴 소외

5장

강태공 · 주공 · 공자, 미묘한 코드

공자 어록이자 유가 기본 경전인 논어의 술이(述而) 편에, 다음과 같은 기록이 나온다. 공자의 말이다.

'甚矣 吾衰也, 久矣 吾不復夢見周公.'
'내가 기력이 심하게 쇠퇴했구나, 오랫동안 꿈에서 주공(周公)을 다시 보지 못하고 있으니.'

공자가 자신의 몸이 늙어 기력이 매우 약해진 것을 스스로 탄식하고 있다. 기력 약화의 근거로, 꿈속에서 주공이란 사람을 만난지가 너무 오래 되었다는 점을 내세우고 있다. 사람은 누구든지 몸이 늙으면 기력이 쇠하는 것은 당연지사다. 기력이 쇠할 때 나타나는 조짐은 여러 가지가 있을 텐데, 왜 하필이면 주공이라는 사람을 꿈속에서 보지 못하게 되는 일이 일어났을까? 또 왜 주공이라는 사람을 꿈속에서 보지 못하게 된 것을 한탄하고 있을까?

이 문장의 행간을 읽자면, 공자는 자신의 기력이 쇠하기 전에는, 곧 젊었을 때는, 주공을 자주 만났다는 사실을 드러내고 있다.

 주공이 대체 누구일까. 그가 누구이기에, 공자가 젊을 때 꿈에서 만나고, 늙어서는 꿈에서 만날 수 없게 된 것을 한탄하고 있을까. 그가 누구이기에 공자에게 공자의 노쇠해진 사실을 가장 먼저 알리고 있을까. 공자가 꿈에서도 잊지 못하는 사람이라면, 훌륭한 인물임에 틀림없어 보인다.
 사기의 노주공세가(魯周公世家) 편에 따르면, 주공은 주나라 문왕의 아들로서, 무왕의 동생이다. 성은 문왕이나 무왕과 동일한 희(姬)고, 이름은 단(旦)이다. 무왕이 상나라를 무너뜨리고 천하를 평정한 뒤 그를 노나라의 제후로 임명했다. 다만 주공은 당시 섭정으로 바빠, 제후국을 직접 다스릴 수 없어 자신의 아들을 노나라에 보냈다. 그가 주나라를 섭정하게 된 것은 왕이 너무 어렸기 때문이다. 무왕이 천하를 평정한지 두 해만에 죽자 아들 성왕(成王)이 제위를 이어받았다. 하지만 성왕은 너무 어려 군주 노릇을 할 수 없었다. 이에 주공이 조카를 대신해 섭정을 맡아보게 된 것이다.
 주공은 주나라의 제후국 노나라의 임금이면서, 성왕을 보필하는 섭정의 자리에 있었으니 정치권력의 일인자라 해도 과언이 아니다. 즉 무왕이 죽은 뒤 주나라가 천하를 다스렸고, 주공은 그 통치의 핵심인물이었다.
 다시 사기에 따르면, 주공은 섭정 기간에 자신의 두 동생 관숙(管叔)과 채숙(蔡叔)이 상나라의 마지막 군주, 주왕의 아들 무경(武庚)과 결탁해 반란을 일으키자 진압했다. 두 동생은 그의 섭정을 왕위찬탈로 오해해 반란을 일으켰다고 한다. 또 주공은 동방원정에 나서 회수와 산동 지역의 여러 부족들을 물리쳐 변경수비를 공고히 다졌다.
 그는 일곱 해동안의 섭정 기간에 법제나 관제, 그리고 예악(禮樂)을 새롭게 정비했다. 무왕이 미처 이루지 못한 통치의 기틀을 세운 것이다. 이른바 '제도문물'을 창시했다는 평을 유가로부터 듣고 있다. 또 봉건제도를 뿌리내리게 했으며, 나라의 경계를 확고히 그었다. 무왕이 천하를 평정했다면, 주공은 주나라 700년 통치의 제도적 기초를 닦은 셈이다.

특히 주공은 섭정을 맡으면서 군주의 자리를 넘볼 수도 있으련만 어린 조카를 잘 보필하는 '예(禮)'를 실천하면서, 주나라의 정치적 안정을 꾀했다. 주공은 얼마나 예를 중시했을까. 서경(書經)에 다음과 같은 말이 나온다.

'周公曰, 君子, 所其無逸. 先知稼穡之艱難, 乃逸, 則知小人之依.'
'군자는 편히 쉬려고 하지 않는다고, 주공께서 말씀하셨습니다. 농사일의 어려움을 먼저 알고 난 뒤에 쉬어야 백성의 어려움을 알 수 있다고 말씀하셨습니다.'

주공이 조카 성왕을 대신해 섭정을 하면서, 조카가 무사안일에 빠져 예를 잃지 않도록 경계하기 위해 한 말이라고 한다.
또 '一飯三吐, 一沐三捉'이란 말도 있다. '밥 한 끼 먹을 때 (입에 든 것을) 세 차례 내뱉고, 머리 한 번 감을 때 머리채를 세 차례 움켜잡았다'는 말이다. 주공이 예를 중시하려고 했다는 말로, 사기에 근거를 둔 고사다. 즉, 한 끼 식사를 할 때 입에 든 음식물을 세 차례나 뱉어내야 할 정도로 손님을 자주 맞았지만 매번 싫다않고 손님을 맞으러 달려 나갔다. 머리를 한번 감을 때도 물에 젖은 머리채를 세 차례나 움켜쥐어야 할 정도로 손님을 자주 맞았지만 싫다않고 달려 나갔다고 한다. 주공은 그만큼 예를 다해 손님을 맞았다는 얘기다. 이 일화는 주공이 큰아들 백금(伯禽)을 자신이 제후로 있는 노나라에 임시제후로 파견하면서, 그에게 예로써 다스리라고 강조하면서 생겨났다는 말이다.

이만 하면, 공자가 그를 꿈에서도 그리워했을 법하다. 실제로 공자는 500여년의 오랜 시차를 넘어 그를 스승으로 삼았다. 주공은 유가에 의해 오랫동안 '주나라의 예를 제도적으로 완성했다'는 칭송을 받아왔다. 실제로 주공이 편찬했다는 '주례(周禮)'는 유가의 경전이기도 하다. 주례는, 예를 중시하는 공자의 이상향이기도 했다. 결국 공자가 예를 중시하게 된 데는 그의 정신적 지주인 주공의 영향이 컸을 것이다.

공자는 주공이 완성했다는 주나라의 문화를 찬양하고 따르는데 인색하지 않았다. 논어 팔일(八佾)편에서 공자는 '周監於二代, 郁郁乎文哉. 吾從周.'라고 말했다. 즉 공자는 '주나라는 두 세대를 본받았으므로 문물제도가 찬란하다. 나는 주나라를 본받겠다.'고 했다. 여기서 '두 세대'는 하나라와 상나라의 왕조를 일컫는다. 물론 공자는 두 왕조에 걸쳐 전해진 문물을 온전히 통합하고 정비하고 꽃피우는데 주공의 덕이 매우 크다고 여겼다. 공자의 생각으로, 주공은 본받아야 할 위인이었으며, 주공이 일으킨 주나라의 문물은 마음속의 이상향이었다.

역사에 가정(假定)이란 있을 수 없다지만, 만약 공자가 자신의 어록에서 주공 대신 강태공의 치적을 인정했더라면 어떻게 됐을까? 또는 공자가 주공을 높이 추켜세우지 않았더라면 강태공은 오늘날 어떻게 달라져 있을까?

그렇다면, 강태공이 실체가 모호하다거나 그의 정치철학이 과소평가

되는 일이 일어나지 않았을지도 모른다. 물론 논어라는 어록이 공자 자신의 손으로 쓰어지지는 않았다. 하지만 공자가 평소 주공을 높이 평가했기 때문에, 후학이나 제자들도 주공을 논어에 그렇게 기록했을 테다. 또 공자가 평소 강태공을 높이 평가했더라면, 그의 어록에 강태공의 공적도 기록되었을 것이다. 즉, 공자가 강태공을 높이 평가하지 않았거나, 별로 좋아하지 않았거나, 무관심했기 때문에, 강태공이 공자의 어록에 실리지 않았을 가능성이 없지 않다.

사기를 비롯한 여러 옛 기록으로 보건대, 주나라의 천하통일에 가장 큰 공을 세운 인물은 누가 뭐래도 강태공이다. 지략이나 지혜로서 주공이 강태공보다 앞섰다는 역사적 기록은 눈에 띄지 않는다.

그 둘은 천하통일 과정에서만 서로 비교되는 게 아니다. 무왕은 천하통일에 대한 논공행상을 하면서 주공을 노나라 제후로 임명했다. 강태공은 제나라 제후로 발탁됐다. 노나라는 제나라보다 영토가 넓었다. 또 노나라는 무왕의 동생을 초대 임금으로 삼았다는 점에서, 제후국들 가운데 정통성이 가장 강한 적통인 셈이다. 이에 비해 제나라는 무왕의 장인(강태공)을 초대 임금으로 삼았다는 점에서 적통이라 할 수는 없었다.

하지만 그 이후 노나라와 제나라는 국력에서 큰 차이를 드러낸다. 노는 통치력 부재로 날로 쇠약해져 갔는데 비해, 제는 강대국으로 자라났다. 훗날 노는 제에 의해 끊임없이 정치·군사적으로 시달림을 받게 된다.

노는 주공을 임금으로 삼아 출발함으로써 예나 명분을 중시하는 통치를 했다. 주공이 주나라를 섭정하면서 예를 중시했듯이. 이에 비해 제는 현실적이고 실용적인 통치를 했다. 지혜나 지략을 중시하는 강태공의 영향일 테다. 제에서는 손자나 관자의 병법도 통치에 활용됐다. 그 결과는 두 나라 사이에 서로 다르게 나타났다. 노는 국력이 날로 약해지는데 비해, 제는 상대적으로 강해졌다.

사실이 그렇다면, 강태공이 공자의 어록에 실리지 못할 이유가 없지 싶다. 물론 인물 평가는 주관적이고 상대적이라 선택 과정에서 제외될 수도 있다. 다만 주공은 포함되고 강태공은 빠져 있다는 점에서, 평가가 형평성에 맞지 않을 뿐 아니라 합리적이라 할 수도 없다. 주공이 간택되고 강태공은 탈락한 것은, 인물평에 관한 공자의 형평성에 대한 의구심을 자아내기에 충분하다.

한 시대와 한 나라에서 한 군주를 보필한 두 사람에 대한 엇갈린 평가는 어떻게 설명될 수 있을까? 또 어떤 의미를 갖는 것일까?

주지하다시피, 공자는 노나라 사람이다. 그는 제나라 시조인 강태공보다는, 노나라 시조인 주공에 마음이 더 기울어 있었던 게 아닐까. 자기 나라의 시조를 멀리하고 다른 나라의 시조를 가까이하는 태도는 상식적으로 있을 수 없다. 더욱이 그 당시 이미 노나라와 제나라는 관계가 원만하지 못했던 것으로 옛 기록으로 전해진다. 그래서 공자는 강태공보다 주공에 더욱 강한 호감을 갖게 되었을지 모른다.

설령 강태공이 공자에 의해 무시당하지 않았다고 해도, 후학들에 의해 평가에서 빠졌을 가능성을 배제할 수 없다. 그래서 주공은 어록에 실리고, 강태공은 제외된 게 아닐까 하는 추측을 낳는다. 엄밀히 말해, 논어는 공자만의 어록이 아니라 그의 제자들의 어록이기도 하기 때문이다.

강태공이 공자의 관심을 끌지 못한 것은 무엇보다도 '예(禮)' 때문일 가능성이 가장 높아 보인다.

공자가 보기로, 강태공은 주공에 비해 상대적으로 예를 숭상하지 않은 인물로 비쳐졌을 테다. 강태공은 예를 존중하지 않은 것이 아니지만 직책상 병법이나 지략을 자주 썼고, 자신이 다스리는 제나라에서도 실용적인 정책을 추구했다. 그에 비해 주공은, 주나라의 적통이자 공자의 고향인 노나라를 다스리면서 예나 대의명분을 중시했다. 그런 연유로 공자는 주공의 예를 높이 받들었고, 그를 스승으로 삼았으며, 기력이 쇠하기 전의 젊었을 적에는 그를 꿈에서도 자주 만나게 됐으리라.

사실, 공자와 그 제자들의 어록인 논어에 제 3자의 인물평이 들어간다는 것은 좀 어색할 수도 있다. 그래서 강태공이 그들에 의해 배척당했다고 해도, 그것은 있을 수 있는 일이다.

실제로 유가는 다른 학문에 대해 배타적 태도를 취했음을 엿보게 하는 기록이 있다. 사기 노자한비열전(老子韓非列傳)은 '노자의 학문을 배우는 사람들은 유가 학설을 배척하고, 유가 사람들은 노자 학설을 배척한다. 도가 같지 않으면 서로 상의하지 않는다는 말이 있는데 이런 것을 두고 하는 말인가.'라고 했다. 유가가 노자의 무위자연 사상을 달갑게 여기지 않았다는 얘기다. 그렇다면, 예와 형식 못지않게 지혜와 실리를 중시한 강태공 학파에 대해서도 유가는 곱게 보지 않았을 법하다.

하지만 주공이 공자와 그 제자들에 의해 하도 중시되고 있어, 그 영향이 강태공에게 미칠 수밖에 없다는데 논란의 여지가 있다. 설령 강태공이 공자와 그 제자들에 의해 미움을 사지 않았다고 해도, 주공이 높이 받들어짐으로써 강태공은 상대적으로 소외될 수밖에 없었을 테다. 즉, 강태공은 공자나 유가에 의한 무관심 하나만으로도 따돌림의 '피해'를 볼 수 있었다. 그것은 유가가 아주 오랫동안 강력한 지배 사상이었기 때문이다.

주공과 강태공은 평소 서로 돈독한 친분을 쌓을 만한 관계는 아니었던 것으로 전해진다. 주공은 왕실의 핏줄인데도 천하통일 과정에서 강태공에 비해 직책이 낮았다.

사기의 노주공세가에 따르면, 주공은 "아, 장차 노나라가 제나라를 섬기게 되겠구나!"하고 탄식을 한 적 있다. 주공 자신이 임금으로 있는 노나라가, 강태공이 임금으로 있는 제나라를 섬기게 될 것이라니! 결코 예삿일이 아니다.

사연인즉, 주공이 섭정을 하고 있을 때 제나라와 노나라로부터 국정보고를 받게 됐다. 강태공은 제나라에 부임한지 불과 다섯 달 만에 현지상황을 보고해왔다. 어떻게 그리 일찍 보고를 할 수 있는지 묻는 주공에게, 강태공은 이렇게 대답했다.

"군신간의 예절을 간소화했습니다. 제나라의 실정에 맞게 정사를 돌보았습니다. 현지 풍속에 따라 정사를 처리했습니다."

번거로운 예절을 줄이고, 현지 실정을 존중하는 쪽으로 국정을 돌보았더니 정치가 쉽게 안정됐고, 그 덕분에 일찍감치 보고를 할 수 있게 됐다는 얘기다.

그런데 노나라로부터는 보고가 오지 않았다. 그곳에는 자신의 큰아들 백금이 임시로 파견돼 있었다. 백금은 부임 삼 년만에야 보고를 해왔다. 왜 늦었는지 묻는 주공에게 그는 이렇게 대답했다.

"현지의 풍속과 예제(禮制)를 고치고, 삼년 상(喪)을 치르느라 늦었습니다."

노나라의 예법을 주나라의 예법, 곧 주공의 예법에 맞춰 새롭게 고치다 보니 정치가 쉽게 안정되지 않았고, 그래서 보고가 늦었다는 얘기다. 또 주공의 아버지이자 백금의 할아버지인 무왕에 대해 삼년상의 예를 다하느라 바쁘기도 했다는 얘기다. 주공은 백금에게 함부로 화를 낼 수만은 없었을 것이다. 예로써 나라를 다스리라고, 그 자신이 백금에게 누누이 강조하지 않았던가.

예를 대하는 방식에서 주공과 강태공은 서로 큰 차이를 갖고 있었던 것이다. 공자나 제자들은 예를 중시하는 주공을 높이 받들었으며, 그 과정에서 강태공은 배척될 수밖에 없었다. 주공에 대한 공자의 존경은 곧 강태공에 대한 배척을 의미했다. 그 이후로도 강태공은 유가 사상가들에 의해 지속적으로 외면을 받았다. 중국 역사에서 오랫동안 공자의 유가사상과 유교가 숭상된 점을 감안할 때, 강태공에 대한 배척도 그만큼 길었고 모질었던 셈이다.

그럼 사마천은 그의 역사서 사기에서 강태공과 주공을 어떤 체계로 서술했을까.

그는 사기의 세가(世家) 편에서 강태공을 주공보다 앞세워 기술하고 있다. 세가 편에서 가장 먼저 기술한 인물은 오(吳)나라 태백(太伯)이란 인물로, '오태백세가(吳太伯世家)'에서 다루고 있다. 이어 두 번째가 강태공으로, '제태공세가(齊太公世家)'에서 다루고 있다. 세 번째로 다루어지는 인물이 주공으로, '노주공세가(魯周公世家)'에 기술되어 있다.

한 문헌에서 상대적으로 먼저 기술된다고 해서 그 인물의 역사적 평가가 반드시 더 중요하고 말할 수만은 없다. 다만 사마천의 눈으로 볼 때 강태공이 주공보다 과소 평가받아야 할 이유는 없다. 사기의 기록 방식으로 볼 때, 그 두 인물은 적어도 동등하거나 공평한 평가를 받아야 마땅하지 않을까. 특히 사기는 역사나 역사속의 인물들을 천편일률적인 연대 순서로 기록한 게 아니지 않은가.

공자, 젊은 날의 상처

　사기의 공자세가(孔子世家) 편은 공자와 안자(晏子)의 관계에 관한 일화를 몇 가지 다루고 있다. 안자는 본명이 제나라의 재상으로서 본명이 영(嬰)이다. 옛 기록에 '안영(晏嬰)'으로 나오기도 한다. 안자는 제나라가 강대국이 되는데 큰 역할을 한 정치가이다. 안자에 관한 역사적 일화는 사기의 관영열전(管嬰烈傳) 편에 소개되어 있다.

　공자세가에 따르면, 공자는 나이 35세 무렵에 제나라에 간 적이 있다. 그 당시 노나라는 정치적으로 매우 불안했다. 정치가 삼환씨〈三桓氏, 맹(孟)·숙(叔)·계(季)씨의 연합 토착세력〉의 전횡에 휘둘리고 있어, 임금인 소공(昭公)은 군사를 동원해 이들을 제거하려 했다. 하지만 소공은 되레 그들의 역습을 받아 제나라로 도주했다. 공자도 소공을 따라 제나라로 갔다. 공자는 거기서 제나라 임금인 경공(景公)을 만나게 된다.
　정치에서 가장 중요한 것이 무엇인지 묻는 경공에게 공자는 "君君, 臣臣, 父父, 子子."라고 대답했다. 임금은 임금답게, 신하는 신하답게, 아비는 아비답게, 아들은 아들답게 처신해야 한다는 말이다.
　공자의 그 유명한 '정명론(正名論)'은 바로 여기서 유래했다. 사람은 모름지기 겉으로 드러난 직분(名)에 맞게, 안으로도 자신의 역할에 충실해야 한다는 의미다. 제나라의 신하들이 과연 직분에 맞게 역할을 충실히 하고 있는지, 곧 예를 다하고 있는지 반문하는 뜻이 담겨 있다. 이에 경공은 감탄해 공자에게 이계(尼谿)라는 곳의 땅을 봉지(封地)로 주면서 중용하려고 했다. 하지만 공자는 경공으로부터 아무런 벼슬도, 땅도 받지 못했다. 즉 제나라의 관직을 받는데 실패한 것이다. 그 이유는 경공의 재상인 안자의 강한 반대였다.

안자는 반대의 이유로 다섯 가지를 제시했다.

공자를 비롯한 유학자의 무리는 말재간이 있고 융통성을 잘 부려 법으로 규제하기가 어렵다는 것이 첫째 이유였다. 또 이들은 태도가 거만하고 행동을 제멋대로 해 아랫사람으로 두기 어렵다고 했다. 특히 유학자들은 상례를 중시하여 슬픔을 다한다는 이유로 파산하기도 하니, 그런 예법을 풍속으로 삼을 수 없다고 했다. 도처에 유세를 다니며 관직이나 후한 녹을 바라므로 나라의 정치를 맡길 수 없다고도 했다.

마지막으로, 현자가 사라진 이후 주나라 왕실이 쇠퇴해지고 예악이 무너졌는데도, 공자는 용모를 성대하게 꾸미고 의례절차를 번거롭게 하여 세세한 행동규범을 강조한다고 했다. 공자의 이런 예는 몇 세대를 배워도 다 배울 수 없고, 평생을 다해도 터득할 수 없으므로 백성을 다스리는 좋은 방법이 될 수 없다고 했다.

안자의 이 같은 말은 공자의 자존심을 상하게 하는 말이었음에 분명하다. 인격 모독이다. 공자는 제나라로부터 관직을 받지 못한 것보다도 자신과 유가의 명예가 훼손당했다고 여겨, 무척 분개했을 테다. 자신과 유가가 중시하는 예의 사상이 안자에 의해 무참히 짓밟힌 것이다. 안자의 그 말에 대해 공자가 어떤 태도를 보였는지에 대해서는 사기는 전하고 있지 않다. 심지어 그 당시 제나라의 대부(大夫)들까지 나서 공자를 해치려고 했다.

이에 경공은 몹시 난처해졌다. 그는 "나는 이미 늙었소. 그대를 중용할 수 없습니다."라며 공자를 위로하려고 했다. 경공의 그 말에 공자가 마음의 위로를 받았는지는 알 길이 없다. 어쨌든 공자는 그 길로 제나라를 떠나 노나라로 돌아왔다.

　사실, 안자의 공자에 대한 비난은 좀 심한 데가 없지 않다. 하지만 입장을 바꿔놓고 생각하면, 제나라의 안자나 대부들이 공자를 폄하한 것은 이해할 만도 하다. 공자가 제아무리 훌륭하기로 소문난 현자라지만 남의 나라로 건너가서, 임금과 신하의 도리나 태도를 들먹인 것은 안자에게는 불쾌한 일이었을 테다. 오늘날로 치면 내정 간섭에 해당하는 결례를 범한 셈이다. 안자의 입장에서 볼 때, 공자의 정명론은 명예 훼손으로 받아들여졌을 수도 있다.
　중요한 것은, 공자가 과연 안자를 어떻게 생각했을까 하는 점이다. 그에 대해 사기는 아무런 말이 없다. 다만, 공자가 제아무리 인(仁)을 중시하는 현자라지만 안자의 그 말을 매우 불쾌하게 여겼을 것이다. 더욱이 지혜나 지략, 실용의 가치를 중시하는 제나라의 통치철학에 의해 공자의 예가 모욕을 당한 것이라면, 공자로서는 심한 모멸감을 느꼈을 수도 있다.
　상상의 범위를 좀 더 넓혀보자면, 공자는 안자로부터 모욕을 당함으로써 강태공에 대해서도 그다지 좋은 감정을 갖기 어려웠을 테다. 제나라의 시조는 강태공이 아니던가. 공자가 자신보다 5백여 년이나 앞서 세상을 살았던 강태공에게까지 서운한 감정을 가졌겠는가, 하는 의구심이 들만도 하다. 하지만 자신보다 5백여 년이나 앞서 세상을 살았던 주공을 스승으로 삼아 존경심을 가졌다는 사실로 미루어 짐작컨대, 주공과 한 시대를 살았던 강태공에게 서운한 감정을 갖지 않았으리라는 법은 없다.

돌이켜 생각해보면, 만약 안자가 공자를 비난하지 않았다면 어떻게 됐을까. 그렇다면 공자는 제나라의 임금인 경공에 의해 관직과 봉지를 받았을 것이다. 공자는 노나라로 돌아오지 않고 그대로 제나라에 머물러 살았을지도 모른다. 결과론이긴 하지만, 그가 관직과 봉지의 달콤함에 젖어 살았더라면 오늘날의 공자는 없었을지도 모를 일이다. 공자는 생애에서 관직에 몸담았던 기간이 매우 짧았다. 어쩌면, 그의 학문과 철학이 높은 경지에 오를 수 있었던 것은 그가 관직의 달콤함에 젖어 있지 않았기 때문일지 모른다.

만약 그가 제나라에서 호의호식했더라면, 자신의 철학이 숱한 사람들에게 감화를 줄 수 있었을까? 역설적이지만, 공자가 자신의 사상을 오늘날까지 오랫동안 화려하게 꽃피울 수 있었던 것은 안자로부터 받은 수모 덕분이었을지도 모른다. 그 수모가 공자를 학문에 더욱 매진케 하고, 제자를 가르치는데 더욱 힘을 쏟게 했다면 지나친 비약일까? 대체로 역사는 필연이라고 하지만, 때로는 한 순간의 우연한 계기에 의해서도 적잖은 영향을 받게 되나보다.

하지만 그 당시 공자의 나이는 삼십대 중반으로, 젊은 시절이었다. 그의 학문이 소문나 있긴 했지만 한창 무르익었다고 볼 수는 없는 나이였다. 그 한창 때의 팔팔한 나이로서는 벼슬을 받지 못한 것에 대해 고마움보다는 분노, 아니면 서운함이 앞섰을 것이다. 제나라로부터 당한 젊은 시절의 아픈 기억이 오래토록 강태공에 대해 곱지 않은 감정을 갖게 했을 가능성이 없지 않다.

정치인 공자의 수모

공자가 제나라로부터 받은 모욕은 안자의 시대에서 그치지 않는다. 공자는 고국 노나라에서 50대 중반에 잠깐 벼슬에 오른 적 있다. 사기의 공자세가 편은 그 당시 공자가 제나라로부터 겪은 수모에 관한 일화를 전하고 있다.

공자는 정공(定公) 14년인 56세 때 대사구(大司寇)라는 벼슬(오늘날의 법무장관쯤에 해당한다)을 잠시 맡은 적 있다. 당시 정공은 임금이면서도 정치 실권을 장악하지 못하고 있었다. 토착 족벌세력인 삼환씨 등이 발호하고 있었기 때문이다. 공자는 삼환씨의 세력을 뿌리 뽑아 천자의 나라인 주의 예와 법도를 올바로 세우기 위해 애를 썼지만 뜻을 이루지 못하고 있었다. 그러다가 정사를 문란케 했다는 이유로 난신 대부인 소정묘(少正卯)라는 인물을 잡다가 사형에 처했다. 그 일을 계기로 노나라는 통치의 기강이 점차 잡혀갔다. 또 공자가 중시한 예(禮)의 규범이 차츰 자리를 잡아갔다. 사기의 공자세가 편은 당시의 상황을 다음과 같이 기록해놓고 있다.

'양과 돼지를 파는 사람들이 값을 속이지 않았다. 남녀가 길을 갈 때 따로 걸었다. 길에 물건이 떨어져 있어도 주워가는 이가 없었다. 다른 나라에서 온 여행자들도 관리에게 허가를 받을 필요 없어 만족해하면서 돌아갔다.'

노나라가 차츰 안정을 되찾자 제나라가 두려움을 느끼기 시작했다. 공자세가는 그 두려움을 '공자위정필패(公子爲政必覇)'라는 말로 표현하고 있다. 곧 공자가 정치를 하게 되면 노나라가 천하의 패권을 장악하게 될 것이라는 뜻이다. 제나라는 노나라가 강해지면 이웃에 있는 제나라가 가장 먼저 병합될 것으로 우려했다. 이에 제나라는 노나라를 혼란에 빠뜨리기 위해 계략을 꾸미게 된다. 제는 미녀 80명을 뽑아 아름다운 옷을 입히고 춤을 가르쳐, 좋은 말 120필과 함께 노의 임금인 정공에게 보냈다. 미인계와 뇌물로써 노나라의 정치를 흔들겠다는 뜻이다.

노나라의 실력자인 간신 계환자(季桓子)는 미녀와 뇌물에 마음이 흔들려 자주 이들을 구경하러 다녔다. 정공마저 마음이 홀려, 사흘 동안 조정 회의조차 열지 않은 채 정사를 돌보지 않았다. 공자로서는 기가 찰 노릇이었다. 곧 그는 미련 없이 관직을 버리고, 고국 노나라를 떠나 이른바 '주유천하(周遊天下)'의 길에 오르게 된다.

공자는 노나라를 떠나면서 "임금이 여인의 말을 너무 믿으면, 군자는 떠나간다. 임금이 여인을 너무 가까이 하면, 나라가 망한다. 나는 한가하게 살면서 세월이나 보내리." 하면서 쓸쓸한 노래를 불렀다. 얼마나 서러웠을까! 또 제나라가 무척 싫기도 했을 것이다. 공자로서는 일찍이 30대 중반의 나이에 제나라에서 안자로부터 겪었던 수모가 머릿속에 음울하게 떠올랐을 법하다.

공자가 제나라의 계책으로 당한 수모는, 30대 중반에 당한 그것과는 의미가 사뭇 다르다. 사사로운 굴욕이 아니라 한 나라의 재상으로서 당한 수모이다. 공자는 재상으로서 자신의 책임을 다하지 못했다는 자책감이나 자괴감을 느꼈을 수 있다. 더욱이 학문이 무르익은 시기에, 인생의 경륜이 높이 쌓인 시기에 겪은 서러움이라는 점에서 충격이 더욱 컸을 테다. 학문과 경륜의 한계를 절감케 하는 사건이었을 법도 하다.

그 이후 공자는 13년간의 긴 주유천하에서 자신의 인의 사상과 덕치주의를 알아줄 임금을 찾으려 애썼지만 허사였다. 그 당시는 춘추시대 말기였다. 혼란의 시대였다. 주나라 초기의 예와 법도는 이미 무너진 지 오래였다. 5백여 년 전 문왕과 무왕과 주공을 통해 지켜졌던, 예에 의한 통치의 도리는 그 어디에서도 찾아볼 수 없었다. 물론 천자의 나라인 주 왕실의 권위는 땅에 떨어진 상태였다. 노나라든 제나라든, 제후국들은 모두 주 왕실의 권위를 업신여겼다. 오로지 부국강병과 무력을 통해 천하의 패자가 되는 것이 그들의 꿈이었다. 권모술수가 판치는 세상이라, 인이나 덕치는 어느 나라에서든 받아들여지지 않았다. 13년간의 긴 주유천하로 그가 가시적으로 얻은 성과는 거의 없었다.

공자는 주유천하를 끝내고 다시 노나라로 돌아왔지만, '강태공의 나라'인 제에 대한 마음의 앙금을 쉽게 지울 수는 없었을 것이다. 제후국들의 권모술수는 강태공의 지혜나 지략과 한데 어울려 연상되었을 법하다. 공자가 가진 제나라와 강태공에 대한 마음의 앙금은 그의 후학들에게도 전해졌을 가능성이 높다. 그 이후로 강태공의 지혜나 지략은 공자의 후학들에 의해 무시되거나 잊혀졌을 가능성을 배제할 수 없다.

맹자에 나타난 강태공과 주공

맹자(孟子)는 공자보다 얼추 두 세기쯤 뒤에 세상에 나타난 인물이다. 공자가 춘추시대 말기를 살았다면 맹자는 전국시대 초기를 살았다. 그래서 맹자의 시대에는 공자의 시대에 비해 주나라 왕실의 권위가 더욱 심하게 추락해 있었다. 주나라는 사실상 이름만으로 간신히 유지되고 있을 뿐이었다. 물론 공자가 추구한 주나라의 법도도, 주공의 예악(禮樂)도 거의 실종된 상태였다.

그런 점에서 맹자는 유가에서 더욱 중시되는 사상가이다. 공자의 철학이 주나라의 법도와 함께 잊혀질 뻔했지만 맹자에 의해 계승되거나 더욱 선양됐다는 평가를 받고 있다. 범위를 더욱 넓혀 잡자면, 요-순-우-탕-문-무-주공-공자로 이어지는 유가 사상의 연원과 정통성이 끊어지지 않은 채 맹자에 의해 면면히 이어져왔다는 것이다. 물론 맹자가 공자의 사상을 이어받았다는 점에서 그의 철학 역시 유가에서는 높이 받들어진다. 그의 이름과 똑같은 이름인 저서 '맹자'는 후대에 씌어진 게 아니라 자신이 직접 지은 것으로 알려져 있다. 논어, 중용, 대학과 함께 유가의 기본 경전인 사서(四書)로 일컬어진다.

그의 저서 맹자에는 강태공이 어떻게 그려지고 있을까? 논어에는 그의 인물됨에 관한 상세한 언급이 등장하지 않는다. 다만 맹자에는 진심(盡心) 편에 다음과 같이 강태공이 언급되고 있다.

'太公辟紂, 居東海之濱, 聞文王作興, 曰, 盍歸乎來! 吾聞西伯善養老者. 天下有善養老, 則仁人以爲己歸矣.'

'강태공이 주왕을 피해, 동쪽 바다에서 가난하게 살고 있다가, 문왕이 떨쳐 일어났다는 소식을 듣고는, "내 어찌 (문왕에게) 돌아가지 않겠는가! 내가 듣기로 서백(문왕)은 노인을 잘 봉양하는 사람으로 알고 있다." 하고 말했다. 천하에 노인을 잘 봉양하는 곳이 있으면, 어진 사람은 그곳을 자

기가 돌아갈 곳으로 여기게 된다.'

　문왕이 널리 인재를 구하고 있다는 소식을 듣고, 강태공이 그에게 귀의하게 된 계기를 소개하고 있다. 이 말은 강태공과 문왕의 만남이 위수의 낚시터가 아니라는 사기의 설을 뒷받침한다. 즉, 두 사람의 만남은 강태공의 낚시로 인한 인연이 아니라, 문왕이 노인을 잘 봉양하는 어진 인품 때문이었다는 점을 강조하고 있다. 나이가 많은 강태공도 어진 사람이지만, 그가 문왕의 넓은 우산 밑으로 들어가겠다는 뜻을 나타내고 있으므로 문왕이 더 어진 인물이라는 점을 은근히 강조하고 있는 것으로 풀이된다. 어진 사람을 찾아가는 이(강태공)도 어진 사람이지만, 그를 품어주는 이의 인품이 더 넉넉하고 훌륭해 보이게 마련이다. 강태공에 관한 일화라기보다는 문왕을 기리는 말이다.
　논어에는 강태공의 인품이 나타나지 않는다. 맹자에도 그의 인품을 나타내는 대목이 거의 보이지 않지만, 어쩌다 보이는 것이 문왕의 덕을 칭송하는 수단으로 이용되고 있을 뿐이다.

　물론 문왕과 무왕, 그리고 주공의 인품과 관련된 말은 자주 등장한다. 맹자 역시 공자의 뜻을 이어받아 주나라 초기의 예와 법도를 중시하고 있기 때문이다. 그래서 맹자는 문왕과 무왕, 그리고 주공을 칭송하고 있다.
　맹자 공손추(公孫丑) 편에 다음과 같은 말이 나온다.

'周公, 弟也, 管叔, 兄也. 周公之過, 不亦宜乎? 且古之君子, 過則改之. 今之君子, 過則順之.'

'주공은 동생이고 관숙은 형이므로 주공의 잘못은 당연한 것 아닙니까? 옛날의 군자는 잘못을 고쳤는데 오늘날의 군자는 잘못을 (고치지 않고) 그냥 따르기만 합니다.'

맹자가 진가(陳賈)라는 인물로부터 '주공이 관숙(管叔)이 반란을 일으킬 줄 알고서 감독을 맡겼다면 잘못이 아닌가?'라는 질문을 받고 그렇게 대답한 것이다. 주나라는 상나라를 무너뜨린 뒤, 상의 마지막 왕인 주(紂)의 아들 무경(武庚)에게 통치를 맡겼다. 그리고 무경이 제대로 통치를 하는지 감독하는 임무를 관숙에게 맡겼다. 그 임무는 주공이 성왕을 대신해 섭정을 하던 시절, 자신의 형인 관숙에게 내린 것이었다. 그런데 관숙이 무경을 부추겨 반란을 일으켰다. 지금 진가는 관숙의 반란에 대한 책임이 주공에게 있지 않느냐고 묻고 있는 것이다. 관숙이 반란을 일으킬 줄 알고 그에게 감독 임무를 맡겼다면 불인(不仁)의 잘못이요, 반란을 일으킬 줄 모르고 맡겼다면 부지(不智)의 잘못이 아니냐는 물음이다.

이 물음에 대해 맹자는 '주공은 관숙의 반란을 미리 알지 못했으며, 주공의 그 잘못은 형제간의 인정상 당연히 있을 수 있는 일 아니냐?'는 태도로 답하고 있는 것이다. 주공과 강태공은 한 나라에서 한 시대를 함께 살면서, 주나라의 천하평정과 통치기반 다지기에 함께 공을 세웠다. 그런데 주공은 자신의 잘못이 형제간의 인정상 있을 수 있는 일로, 당연한 듯 맹자에 의해 받아들여지고 있다. 너그럽게 용서되고 있는 셈이다. 이에 비해 강태공은 공적이나 인품이 아예 거론조차 되지 않고 있다.

또 맹자는 이루(離婁) 편에서 '諸侯有, 行文王之政者, 七年之內, 必爲政於天下矣.'라며 문왕의 덕을 칭송하고 있다. 이 말은 '제후들 가운데 문왕의 정치를 행하는 자가 있다면, 7년 안에 반드시 천하를 아우르는 정치를 할 수 있다.'는 뜻이다.

맹자의 시대는 공자의 시대보다 주나라의 권위가 더욱 심하게 무너진 시기라, 그로서는 문왕의 정치를 제후들에게 널리 강조하고 싶었을 것이다. 어쨌든, 이 대목은 맹자도 공자에 이어 주나라 초기의 예로 돌아갈 것을 제후들에게 설파하고 있었음을 말해주고 있다. 물론 예가 강조될수록 강태공의 존재는 잊혀질 수밖에 없었을 것이다.

맹자에서의 강태공 부재(不在)는 무엇을 시사할까?
맹자에 강태공이 거의 나타나지 않는다는 사실은, 공자의 후학 또는 후대의 사람들이 강태공을 무시하거나 중시하지 않았다는 것과 무관하지 않을 테다. 또 맹자 이후의 유가나 후세 사람들의 머릿속에 강태공이 잊혀지거나 일그러진 모습으로 남게 되는 전조(前兆)였을 수도 있다. 물론 맹자의 그 같은 태도는 우리나라의 유학에도 영향을 미쳤을 것이다. 그리하여 강태공의 지혜나 철학이, 학문과 역사에서 사라지거나 변형된 모습으로 남게 된 원인과 무관하지 않은 것으로 오늘날 추정해볼 수 있다.

조선 지배층과 강태공

조선은 유가사상과 유교의 나라였다. 유가와 유교는 조선의 공식적인 통치 이념이자 종교였다. 그래서 조선의 지배층에서는 공자뿐 아니라 주공도 마땅히 본받아야 할 성인 가운데 한 명으로 꼽았다.

이를테면 '요순우탕문무주공(堯舜禹湯文武周公)'이라 해서 이들 일곱 명의 성인은 모범의 중심에 있었다. 조선의 군주들은 '요순우탕문무주공지도(堯舜禹湯文武周公之道)'라는 표현을 즐겨 썼다. 세상을 바로잡기 위한 방도로 통치자는 요·순·우·탕·문·무·주공의 도리를 배워야 한다는 의미다. 그런데 여섯 명은 모두 군주였지만 맨 마지막 주공은 군주가 아니었음에도 성인의 반열에 올라 있다. 물론 그것은 공자 이후의 유가로부터 영향을 받았기 때문이다. 공자와 유가가 예를 중시하면서 주공을 숭상하다보니 조선도 그 흐름을 따랐던 것이다. 또 주나라의 성인이 문왕, 무왕, 주공 이렇게 세 명이나 끼어 있다. 그것은 공자가 태어나 활동하던 시절이 춘추전국시대로, 당시 주나라는 동주(東周)라는 이름으로 여전히 유지되고 있었으며 그 영향을 무시할 수 없었기 때문일 테다.

실제로 공자는 춘추전국시대의 혼란 상황을 한탄하면서 평소 주나라의 문·무왕 시대를 통치의 모범으로 삼았다. 물론 문·무왕은 재임기간 동안 줄곧 강태공을 재상으로 두고 있었다. 두 군주의 통치 방식은 강태공의 지혜에 의지한 바가 크다. 하지만 강태공의 지혜는 중국 유가에서나 조선의 지배층에서 도드라져 보이지 않거나 무시되어 왔다.

조선에서도 정치권력과 주류학문에 의해 주공이 숭상을 받다보니, 강태공은 관심의 대상이 될 수 없었을 것이다. 강태공에 대한 관심은 주공에 대한 외면이나 마찬가지고, 공자의 뜻에도 부합하지 않는 태도니까. 그래서 강태공이 쫓겨 간 곳은 낚시나 민간신앙이나 무속이나 설화나 신화였을 테다. 그가 머물 수 있는 곳은 정사의 역사가 아니라, 실체가 모호한 야사였을 테다.

강태공이 자신의 진짜모습을 잃은 채 오늘날까지 일그러진 모습으로 이리저리 떠돌게 된 것도 그런 연유에서 비롯되었을 가능성이 높다. 그의 지혜가 실종된 것도 그런 연유와 무관하지 않으리라. 또 낚시에서는, 그가 물가에서 문왕을 만났다는 사실 하나만으로 지존과 천하를 낚은 낚시꾼으로 오늘날까지 전해지고 있다. 하지만 낚시라는 그의 영역은 지배 권력이 향유하는 주류 문화가 아니라 속되고 거친 변방일 뿐이었다.

 실제로 강태공이 정착한 낚시는 조선의 통치자들로부터 별로 호감을 받지 못했다. 아마 낚시에 대한 호감은 강태공에 대한 관심이며, 강태공에 대한 관심은 주공에 대한 외면이며, 주공에 대한 외면은 공자에 대한 불경(不敬)이었을 것이다. 조선왕조실록은 통치자들의 낚시에 얽힌 일화 몇 가지를 전하고 있다. 대체로 우울한 얘기들이다.
 이를테면, 세종은 명예를 탐하는 신하를 보면 "명예를 낚으려 한다." 하면서 자주 빈정대곤 했다고 한다. 세종은 평소 낚시에 대해, 무언가 큰 것을 낚아내려 하는 욕심쟁이의 못된 취미쯤으로 생각한 듯하다. 세종에게 낚시는 휴식이나 취미나 여가생활이 아니라, 욕심을 채우기 위한 못된 수단이었던 것 같다.
 특히 연산군은 낚시를 극도로 혐오했다. 그는 태종의 서자로서 왕실의 종친인 이총(李摠)의 목을 잘랐다고 한다. 사연인즉, 한강에서 배를 띄운 채 거문고와 술을 마시며 낚시를 즐긴 게 화근이었다. 더욱이 인수왕대비가 죽은 지 얼마 되지 않은 국상 중이었다. 또 생육신의 한 사람인 남효온과 어울려 평소 낚시를 자주 즐긴 것도 연산군의 심기를 불편케 했던 모양이다. 이총이 아무리 철없는 행동을 했다할지라도 그런 무서운 형벌을 받은 것은 너무 가혹했지 싶다. 더욱이 그는 재산을 몰수당하고, 아내가 관비로 전락했으며, 아버지와 동생은 귀양을 갔다고 한다. 또 낚시를 함께 즐긴 악사들도 모두 처형당했다고 한다. 연산군이 평소 조금이라도 낚시에 호감을 갖고 있었더라면 이런 참극이 빚어지지 않았을 테다.

조선시대의 낚시는 왕실과 사대부에게도 사뭇 부담스러운 풍류였던 셈이다. 그렇다면 아마 강태공이란 인물의 존재도 그들에게는 부담스럽기는 마찬가지였을 것이다.

강태공은 임진왜란을 계기로 병법에서마저 권위가 더욱 미약해졌을 것으로 추정된다.

조선시대에는 그의 어록으로 알려진 육도와 삼략이 무인들 사이에서나마 종종 읽혀져 왔다. 또 육도와 삼략은 무과시험에 대비하는 학습참고서 등으로도 읽혀져, 당시 병법에서만큼은 강태공의 권위가 그럭저럭 다소나마 남아 있었다.

그런데 임진왜란으로 조선에 원군으로 출병한 명나라 군대의 영향으로 그의 권위는 초라해졌다. 당시 명나라 군대는 중국 삼국시대 촉한(蜀漢)의 무인인 관우(關羽)를 숭상하며 추모제를 지내곤 했다. 그들이 관우를 얼마나 숭상했으면 먼 이국땅에서 추모제까지 지냈을까?

그 시기에는 명나라에서도 관우를 떠받드는 풍조가 유행했다. 명대에 이르러 관우는 '관제(關帝)'라는 칭호로 황제에 버금가는 반열에까지 올랐다. 또 삼국지연의라는 소설이 나오면서 민간에서 신격화된 것도 명나라 때부터다. 임진왜란이 끝나면서 명나라는 왜를 물리칠 수 있었던 것은 관우의 음덕으로 여겼다. 그래서 명은 관우에 대한 예를 갖출 것을 조선에 요구했다.

왜란 직후 서울 장충동에 '동묘(東廟)'라는 관우의 사당이 세워졌으며, 이 사당을 짓기 위해 명나라 황제 신종(神宗)이 친필액자와 비용까지 전해왔다. 선조는 명의 요청에 따라 동묘에서 관우의 제사를 지냈다. 이 시기에 관우의 사당은 서울뿐 아니라 안동·남원·강진·성주에도 세워졌다. 이어 서울 남산기슭에는 촉한의 재상 제갈량(諸葛亮)의 사당도 세워졌는데, 와룡묘(臥龍廟)가 바로 그것이다. 명대의 소설 삼국지연의가 우리나라에 처음 전해진 시기도 임진왜란 당시로 알려져 있다. 삼국지연의가 전하는 여러 등장인물들과 지략은 강태공에 대한 관심을 위축시켰다. 강태공을 주인공으로 하는 봉신연의라는 명대의 소설도 이 시기에 조선으로 전해졌지만, 인기가 삼국지연의에 미치지 못했다. 그 이후 오늘날에 이르기까지 육도와 삼략은 예전에 비해 널리 읽히지 않게 되었고, 강태공의 권위도 점차 왜소해졌을 것으로 추정된다.

더욱이 관우는 도교나 불교에서도 추앙을 받지만, 유가로부터도 숭상되는 인물이다. 그가 유가로부터 숭상을 받는 이유는 의리와 충절의 상징인데다, 특히 공자가 쓴 역사서인 춘추(春秋)를 애독한 인물로 널리 알려져 있기 때문이다. 그에 비하면, 강태공은 조선 중기의 지배층이나 유가로부터 숭상 받을 만한 뚜렷한 계기나 이유를 갖지 못했다. 도리어, 미움이 깊어졌음직한 단서 하나가 기록으로 남아 있다.

허균(許筠)이 임진왜란 직후 한글로 쓴 사회풍자소설 홍길동전에는, 홍판서가 자신의 아들 길동이 육도삼략을 읽는다는 이유로 노심초사 걱정하는 대목이 나온다. 왜 논어나 맹자 같은 정통 유교경전을 읽지 않고, 하필이면 육도삼략을 읽음으로써 군사적 반란을 꾀한다는 오해를 사려 하느냐는 걱정이다. 육도와 삼략이 조선의 사대부들로부터 외면 받았을 뿐 아니라, 왜란 이후에는 금서(禁書)로 여겨졌을 가능성이 높음을 시사한다. 전쟁으로 통치체제를 잃을 뻔한 지배층으로서는 병서가 민간에서 사사로이 널리 읽히는 것을 좋아하지 않았던 것 같다. 그렇다면 강태공 역시 조선의 지배층으로부터 반감을 샀을 가능성이 높다.

허상에서 벗어나기

　강태공이 공자나 맹자나 그 이후의 유가 사상가들로부터 소외되었거나 가치를 인정받지 않았다고 해도, 그런 일은 얼마든지 일어날 수 있다. 선대(先代)의 철학이나 지혜가 자신들이 추구하는 의도나 방향과 맞지 않다고 판단되면, 굳이 그것을 취해야 할 필요는 없다. 다만, 그 취하지 않음은 상식에 맞아야 논란의 여지가 생기지 않을 것이다.

　정치적으로 볼 때 강태공은 주나라 문왕에 이어 무왕까지 두 군주의 재상을 지냈다. 두 군주가 사망할 때까지 잇달아 오랫동안 재상 역할을 하면서 천하평정의 위업을 이끌어냈다. 천하평정 이후에는 주나라의 제후로서 제나라를 처음으로 열어 다스리면서, 부국강병의 토대를 닦았다. 그의 어록으로 알려진 육도는 처음부터 끝까지 문왕과 무왕의 질문에 답하는 형식으로 기술되어 있다. 나라를 어떻게 다스릴지, 그리고 천하를 어떻게 평정할지 등에 관한 두 군주의 수많은 물음에 강태공이 방대한 지혜를 제공했음을 이 책은 말해주고 있다.

　특히 이 책에서 강태공은 군주의 통치 방식에 대해 백성과 현인을 소중히 대하라고 문왕과 무왕에게 누차 강조하고 있다. 또 인·의·예·지(仁義禮智)와 덕치의 중요성을 여러 차례 일관되게 지적하고 있다. 공자 이후의 유가철학과 똑같지는 않지만, 5백여 년 전에 이미 강태공에 의해 유가철학이 존재했음을 나타내고 있다. 그런 점에서 볼 때, 강태공의 철학이 공자나 유가의 철학과 완전히 배치되는 것으로만 볼 수는 없다(물론 육도에 기록된 내용이 온전한 강태공의 철학인지는 여전히 논란의 대상이 되고 있긴 하다).

　더욱이 강태공은 문왕의 간곡한 뜻에 따라 간택되고 초빙된 정치인이었다. 사기나 육도의 기록대로라면, 문왕이 멀리 위수의 낚시터까지 친히 찾아와 자신의 수레에 태워 모셔간 인물이 강태공이다. 또 그는 사사롭게는 문왕의 스승이기도 했다. 그리고 무왕의 스승이면서 무왕의 장인이기도 했다. 문왕과 무왕이라는 두 부자(父子)군주와 정치인생을 온전히, 끝까지 함께 한 셈이다. 주나라 왕실에 대를 이어 충성을 다한 것이다. 공자와 맹자가 그토록 소중하게 여긴 주나라 초기시대의 정치적 안정이나 법도를 실현하는데, 강태공이 많은 역할을 했음이 분명하다.

  그래서 오늘날의 상식으로는, 그가 공자나 맹자 혹은 유가로부터 따돌림을 받거나 무시되어야 할 이유를 찾기가 어렵다. 주공이 성인으로 받들어진 것과 비교해 형평성에 차이가 있다면, 강태공은 주공에 비해 상대적으로 예를 덜 숭상한 인물이었기 때문으로 볼 수는 있다. 그렇다고 해서 그가 예를 무시한 것은 아니었다. 육도의 기록은 그가 예를 매우 중시했음을 전하고 있다. 그가 예를 중시하지 않은 인물로 공자에 의해 평가받았다면, 그것은 그가 예뿐만 아니라 병법도 중시했다는 사실 때문일 가능성이 높다. 하지만 육도에 나타난 병법으로 보자면, 그는 무조건 권모술수나 무력 만능의 통치만을 앞세운 것은 아니었다.

  강태공이 공자와 맹자, 그리고 유가로부터 소외받으면서, 그는 설화나 신화나 구전 등 주로 야사로 살아남았다. 그가 낚시와 은거의 상징으로 여겨지곤 하는 이유도 거기에 있다. 그로서는 '불행'일 것이다. 마찬가지로 낚시나 은거의 입장에서도 불행이다. 정치인 혹은 정치사상가로 역사 속에 자리 잡아야 마땅할 인물이 엉뚱한 영역에 와서 주인노릇을 하고 있으니, 사달이 생기게 마련이다.

  그가 정치 영역의 역사로부터 오랫동안 소외됨으로써, 사람들은 그에 관한 허상에 사로잡혀 있었다고 해도 과언이 아니다. 오늘날까지 뭇사람들은 진짜 강태공을 접한 게 아니라 그의 허상을 보아왔던 것이다. 또 그로 인해 뭇사람들은 진짜낚시나 진짜은거를 즐기는데 적잖은 지장을 받았다. 낚시나 은거를 대할 때 허상을 볼 수밖에 없었다. 이를테면, 정치판이 대물지향적인 심리를 나타내곤 하는 것도 강태공의 피상적인 이미지, 그리고 낚시의 허상과 결코 무관하지 않다.

오랜 세월 동안 잊혀져 있던 강태공을 오늘날 다시 불러낸다고 해서 그를 영웅시하는 것은 아닐 테다. 마찬가지로 공자나 유가가 강태공에 무관심했거나 그를 소외했다고 해서 비난받아야 할 이유는 없다. 하지만 강태공을 오늘날 다시 불러내는 것이 세인들의 머릿속에 잠재되어 있는, 자동화된 허상을 똑바로 바라볼 수 있는 계기가 될 수는 있을 듯하다. 물론 수천 년의 긴 세월동안 깊숙이 고착된 의식을 지금 와서 일깨운다는 게 결코 쉽지만은 않을 것이다.

이제 낚시와 은거와 강태공에게 부담을 걷어내어 줄 때가 됐지 싶다. 이 세 영역이 부담에서 벗어나면, 오늘날의 우리 자신도 마음이 홀가분해질 듯하다.

강태공의 본국인 중국에서는 강태공이 심오한 낚시꾼으로 남아 있지 않다. 그래서 중국의 낚시에는 강태공의 무거운 이미지로 인한 부담이 없다. 왜 우리나라에서만 강태공과 낚시가 서로 억지로 부대껴야 할까. 낚시에 제자리를 찾게 해준다는 말은 적절하지 않을 것 같다. 낚시가 제자리에 놓여본 적이 있는지 없는지조차 확실하지 않기 때문이다.

그냥 휴식과 감동을 즐기는 게 낚시의 참모습이 아닐까 싶다. 번잡한 일상으로부터 잠시 벗어나 심신의 피곤함을 달래주는 낚시가 부담 없는 낚시가 아닐까 싶다. 또 찌의 움직임을 감상하거나 손맛을 느끼면서, 물고기가 전해주는 생명력을 경험해보는 것도 부담 없는 낚시가 아닐까 싶다. 그런 모습이 기본에 충실한 낚시 태도일 것이다. 나아가, 날로 심하게 어지러워지고 있는 자연생태계의 소중함을 새삼 깨닫게 된다면 더없이 값진 낚시가 되지 않겠는가. 낚시에다 더 이상 무리한 가치를 얹거나 요구해서는 안 된다. 낚시가 지나치게 엄숙해지면 낚시꾼을 주눅들게 한다.

또 낚시와 은거가 반드시 함께 붙어 다닐 필요가 없다. 은거에도 부담을 덜어줘야 마땅하다. 은거는 세상과의 영원한 결별이 아니라, 번잡한 도회지생활로부터 안식을 찾을 수 있다면 그만이다. 현실의 삶터와 자주 소통하는 나들이야말로 값진 은거이지 싶다.

낚시와 은거가 부담을 덜어 홀가분해진다면, 마지막에 남는 것은 강태공 혼자다. 강태공도 자신의 참모습을 찾아야 한다. 그도 제자리를 찾아가야 마땅하다. 낚시는 제자리가 없을지 몰라도, 강태공은 분명히 자신의 자리가 있다. 그곳은 낚시나 은거가 아니다. 정치인 혹은 정치사상가로서 발휘한 지혜의 영역이 그가 찾아가야 할 곳이다. 그가 제자리를 찾는다면, 오늘날의 우리 자신도 허상에서 벗어나게 되는 셈이다.

강태공의 지혜는 육도와 삼략에 담겨 있다. 그 두 권의 책 속에 오랜 세월 잊혀졌던 그의 지혜가 고스란히 살아 있다. 육도와 삼략을 대하면, 세인들은 그의 지혜가 잊혀져야 마땅한지 아니면 새롭게 되살려져야 하는지 판단할 수 있을 것이다.

육도·삼략으로 보는 지혜

6장

모호함과 박탈감

강태공은 오늘날까지 역사 속의 인물이라기보다는 설화나 신화 속의 인물로 여겨지곤 한다. 그가 실체가 분명하지 않다는 말을 자주 듣는 이유 가운데 하나는, 그가 살았던 시기가 너무나 오래전이라는 사실이다. 긴 세월 앞에서는 기억은 물론이고, 기록조차 바래지게 마련이다. 기억이나 기록이 긴 세월에 바래지면, 후세사람들의 편의에 의해 조작되거나 왜곡될 수 있다.

중국에서 한자가 처음 쓰인 것은 상나라 말기라고 한다. 20세기 말엽에 상나라 말기의 것으로 추정되는 유물과 유적이 발견되었고, 그 속에서 한자의 기원이라는 갑골문자가 나왔다고 한다. 갑골문자라면, 한자가 오늘날의 것과 같은 완전한 형태를 갖추기 이전의 것이다. 그 당시만 해도 문자의 사용, 곧 기록이 보편화 되지 않았다는 얘기다. 갑골문자는 사람들 사이의 일반적인 의사소통 목적으로보다는 지배층 사이에서 점을 치는 목적으로 주로 쓰였다고 한다. 폭넓게 쓰이지 않은 채 일부 계층의 특수한 목적으로 쓰였을 것이란 얘기다.

강태공은 상나라 말기와 주나라 초기에 걸쳐 살았다고 한다. 그렇다면,

그의 시대는 기록이 일반화되지 않은 시대다. 곧, 한자가 널리 사용되지 않았을 것이라는 추론이 가능하다. 그래서 육도와 삼략은 어쩔 수 없이 먼 훗날에서야 다른 사람에 의해 문자로써 체계적으로 안착되었을 테다. 기억이나 구전으로 떠돌 때에는 첨삭이나 왜곡이 가해졌을 수 있다. 그래서인지, 육도와 삼략에는 그의 말이나 사고체계가 폭넓게 담겨져 있으나 행적은 상대적으로 그다지 많이 언급되어 있는 편이 아니다.

　육도와 삼략은 먼 훗날에서야, 그것도 타인에 의해 쓰여졌기 때문에 과연 강태공의 세계관을 온전히 반영하고 있는지 의심을 받곤 한다. 사실, 의심을 받을 만하다. 하지만 단지 그런 이유만으로 정체성을 의심받아야 한다면 조금은 불합리한 데가 있다.
　유가의 기본 경전으로서 공자의 사상을 담고 있는 논어도 공자 자신에 의해 직접 쓰여지지 않고, 훗날 그의 제자들이나 후학들에 의해 기록됐다. 물론 공자의 사상도, 문자에 의해 논어라는 책으로 정착되기까지 수정과 첨삭이 가해졌을 가능성이 높다. 그렇지만 오늘날의 사람들은 논어가 공자의 사고체계를 온전히 담고 있다고 말하는데 주저함이 없다. 논어는 곧 공자의 사상이요, 유가나 유교의 경전이다. 그래서 육도와 삼략이 강태공에 의해 직접 기록된 책이 아니라는 이유로 평가절하를 받는다면 억울한 데가 없지 않다.
　노자도덕경도 노자 자신에 의해 직접 쓰여지지 않았고 먼 훗날 다른 사람에 의해 기록되었다지 않은가. 이론이 없지는 않지만, 그 책도 노자의 저서로, 노자의 사상으로 받아들여지고 있다. 오늘날 불교의 여러 경전 가운데서도 석가모니 자신의 손에 의해 쓰여진 게 있는가? 사람들의 기억력과 구술을 바탕으로 기록되고 간행된 것들이 대부분이다.

강태공은, 춘추시대의 공자(기원전 552~479)에 비해 대략 5백여 년을 먼저 살았던 인물이다. 그래서 오늘날 남아 있는 그의 흔적은 공자에 비해 희미하고 아득할 수밖에 없다. 공자가 활동할 시기에 이미 강태공의 흔적은, 열악한 기록여건 등을 감안할 때 상당히 많이 퇴색되어 있었을지 모른다.

오늘날 기록으로 남은 그의 존재에 관한 흔적은 공자에 비하면 매우 초라하다. 논어 한 가지만 보더라도, 거기에는 공자가 스스로 한 말, 제자들과 나눈 대화, 뭇 사람들과 나눈 대화 등 공자의 흔적들이 매우 구체적으로 적혀 있다. 공자는 사후에 누군가에 의해 자신의 말과 행적이 사실적으로, 체계적으로 기록되었다는 점에서 행운아임에 분명하다. 반면에 강태공은 그렇지 못했다는 점에서 상대적으로 운이 나쁜 편이다. 육도와 삼략이 비록 그의 어록이라 하지만, 세인들로부터 가치를 폄하당하기 일쑤다. 물론 그로 인해 강태공 자신의 권위도 폄하되기 일쑤다.

그가 오늘날 실체가 분명하지 않은 모습으로 남게 된 것은, 자신의 말이나 철학을 공자에게 빼앗겼기 때문이라고 주장하는 이도 더러 있다. 특히 중국에서 그를 흠모하는 사람들 가운데, 그런 가능성을 제기하는 이가 꽤 많이 있다.

실제로 육도에는 공자와 유가 사상의 핵심의 하나인 '인(仁)'이 이미 언급되어 있다. 이를테면, 군주가 인재를 등용할 때는 인(仁) 의(義) 충(忠) 신(信) 용(勇) 모(謀), 여섯 가지 자질을 고려해야 한다고 되어 있다. 그 여섯 가지의 자질 가운데 첫 번째로 인이 꼽히고 있다. 또 '인의(仁義)'라는 개념도 등장하는데 '백성을 공경하고, 친함이 있는 사람들을 화합케 하는 것(敬其衆, 合其親)'으로 설명되어 있다. '예(禮)'도 등장하는데, 장수가 병사들과 생사고락을 함께하는 태도를 예라고 했다.

물론 그 같은 덕목의 개념이 훗날의 공자나 유가의 사상과 정확히 일치할 리는 없다. 게다가 오늘날의 사람들이 갑자기 그 같은 덕목과 마주칠 때는 적잖게 낯선 느낌을 받거나 당황스러워지기도 한다. 아마 공자와 유가의 가르침에 오랫동안 길들여지고 익숙해져 있기 때문일 것이다.

삼략에도 유가의 사상과 부합하는 내용이 자주 등장한다. 이를테면, '도(道) 덕(德) 인(仁) 의(義) 예(禮), 이 다섯 가지는 한 가지 체계다.'라고 했다. 이 다섯 가지 덕목은 서로 떨어질 수 없는 긴밀한 관계라는 의미다. 인에 관해서는 '사람 사이의 친밀한 관계(人之所親)'라고 정의했다. 친밀한 관계는 사람을 어질게 대하지 않고서는 지속될 수 없다는 사실을 감안할 때, 유가의 인 사상과 그다지 크게 어긋나 보이지 않는다. 또 예에 관해서는 '사람 사이에 차려야 하는 격식(人之所體)'이라 정의했다.

이밖에도 강태공은 육도와 삼략을 통해 군주가 지녀야 할 덕목, 군주와 신하의 바람직한 관계, 현인을 모시고 받들어야 하는 당위성 등에 관한 자신의 생각을 소상히 밝히고 있다. 군주의 덕목이나 군신의 바람직한 관계나 현인을 중시하는 태도는 공자나 유가의 주요 관심사이기도 하다. 공자와 유가의 관심사 가운데 상당 부분은 이미 육도와 삼략에 언급되어 있는 게 사실이다.

요컨대, 오늘날 강태공의 팬들은 강태공이 지적재산권을 공자에 의해 침해당했다고 주장하고 있다. 그들의 말은 공자의 사상이 강태공에 적잖게 빚을 지고 있다는 얘기에 다름 아니다.

하긴 공자의 사상은 국가의 공식적인 통치철학으로 오랫동안 정치권력의 보호를 받았다는 점에서, 그들의 주장에는 타당성이 꽤 있어 보인다. 강태공이 실체를 의심받으며 신화나 전설이나 야사로 치부되는 것은,

오랜 세월 공자의 힘과 영향력에 밀렸기 때문일 수 있다. 곧, 공자의 세력에 밀려나 이단이나 소수파로 오랜 세월 지하에 숨어 지냈기 때문일 수도 있다는 얘기다. 공자나 맹자나 노자처럼 자신의 학문에서 일가를 이룬 이들은 모두 '자(子)'라는 존칭어를 달고 다니는데, 강태공에게는 그마저도 없다. 오늘날 우리나라에서 그를 상대로 가장 친숙하게 불려지는 호칭은 아마 '최고의 낚시꾼'일 것이다.

생각을 좀 달리한다면, 강태공의 팬들은 지나치게 심한 박탈감을 느낄 필요가 없을지도 모른다.

공자가 태어나기까지 5백여 년의 긴 세월이 흐르면서 강태공의 사상체계는 꽤 많이 퇴색되었을 것이다. 문자가 널리 사용되지 않은데다 종이도 귀하던 시대여서, 퇴색을 피하기란 불가능했을지 모른다. 일부는 독창성을 잃었거나 변질되었을 테고, 또 다른 일부는 사람들의 기억에서 아예 지워져버려 복구 불능의 상태였을 수 있다. 그때 마침 공자가 나타났다. 강태공의 사상은 공자에 의해 일부나마 받아들여져 세상질서를 바로잡는데 요긴하게 활용되었을 수 있다. 또 공자의 어록을 빌려 오랫동안 후세에 전승되었을 수 있다. 그렇다면 강태공은, 공자와 그 후학들에게 고마워해야 할지도 모를 일이잖은가. 어차피, 너무 오래 묵으면 흔적이 지워지면서 한 인물은 참신한 후학에 자신의 자리를 내줘야하고 그의 말씀은 빛이 바래질 수밖에 없는 것 아닌가.

세상이 질서를 잡아가도록 돕는 일에 반드시 자신의 이름 석 자를 뚜렷이 남겨야만 할까? 역사의 기록에 자신의 이름을 남긴다는 것이 영광된 일이긴 하다. 다만 강태공이 진정으로 빈 바늘 낚시를 구사했다면, 그 당시의 초심으로 돌아가 마음을 다스린다면, 박탈감이나 상실감이나 모멸감 따위는 얼마든지 이겨낼 수 있지 않겠는가.

 강태공의 실체를 둘러싼 의구심은 우리나라의 현실에도 그대로 적용될 수 있다. 국가의 공식적인 통치이념으로나 백성들의 윤리적인 생활지침으로, 유교가 오랫동안 득세해온 이 땅에서 강태공은 온전하게 살아남기 어려웠을지 모른다. 그가 낚시터로, 민간신앙으로, 보학으로, 무속으로 이리저리 떠돌아다니게 된 것도 그런 연유 때문이었을지 모른다. 유가 사상 혹은 유교는 강태공을 정사로부터 내쫓는 데는 성공했을지라도, 신화나 전설로 민중들의 삶 속에 깊숙이 뿌리내리게 하는 결과를 낳기도 했을 테다.
 만약 그가 역사 속에 번듯하고 명확하게 남아 있었다면 정체성에 관한 논란이 생겨날 여지가 없었을 것이다. 어쩌면 사람들이 자신의 의도대로, 자신의 입맛에 맞춰 강태공을 여러 가지 모습으로 만들어내곤 하는 것도 그의 모호한 속성 덕분이 아닐까.
 공자는 역사 속의 정형화된 틀을 벗지 않는 한 변신이 불가능할지 모른다. 하지만 강태공은 앞으로 여러 다채로운 이미지로, 새로운 인물로 거듭날 수 있는 여지가 얼마든지 있다. 그렇다면, 역사적 기록에서 자신의 실체가 명확하지 않다는 사실이 반드시 억울한 일인 것만은 아닌 것 같기도 하다.
 강태공의 팬들이 억울하다고 항변해야 할 것은 정작 다른 곳에 있다. 그의 철학이 오늘날 받아들여지기 어려운 일정한 한계를 지니고 있다는 사실이다. 또 그의 이름으로 포장된 유사상품 혹은 모조품이 나돌고 있다는 현실이다.
 그 한계는 어찌해볼 도리가 없는 태생적인 모자람일 수도 있다. 또 너무

긴 세월이 흐른 탓에 그의 철학이 오늘날에는 통용될 수 없다는 시간차이 때문에 생겨난 것들도 없지 않다. 하지만 세월만 탓할 수는 없다. 한계 속에는 오늘날의 사람들에 의해 만들어진 인위적 가공품들도 적지 않다.

이를테면, 그의 정치철학이 생명에 대한 관심이 부족하다는 말을 듣곤 하는 것은, 사람들이 오늘날의 가치기준으로 그를 보고 있기 때문이다. 옛것은 오늘날의 기준으로 그 가치가 판단되게 마련이라는 말이 있다. 그렇다 해도, 백성을 중시하는 덕치(德治)나 만물의 순리를 중시하는 무위자연(無爲自然)을 부르짖은 그의 철학이 생명에 무관심하다는 말을 듣는 것은 적잖게 역설적이다.

다른 한편으로 그의 낚시가 정치적이라거나 호전적이라는 말을 듣곤 하는 것은, 그의 정치 및 통치 철학에다가 낚시를 억지로 가져다맞추려 하는 풍조 때문이다. 그의 철학으로서도 슬픈 일이지만, 낚시문화로서도 우울한 일이다. 원래대로 그냥 정치철학에 머물러 있었다면 아무런 문제가 없었을 개념들이, 오랜 세월에 걸쳐 낚시와 뒤섞임으로써 혼란을 주고 있는 셈이다.

강태공의 가치

오늘날 이 땅에서 강태공은 세인들의 의식 속에 허상이나 우상으로 자리 잡고 있다. 그 허상이나 우상은 옛 기록이나 사료(史料)로 명확한 근거를 갖지 않은 채 부풀려지거나 왜곡된 것들로 채워져 있다.

그럼, 그의 지혜로운 모습은 오늘날 어디에도 존재하지 않는 것일까?

아니다. 분명히 존재한다. 다만 허상이나 우상에 가려져 있어 눈으로 잘 보이지 않을 따름이다. 혹은 사람들이 허상이나 우상에 집착해, 그의 지혜를 자세히 볼 만한 여유를 갖지 못했기 때문일 수도 있다. 사람들이 그의 지혜를 들여다볼 만한 여유를 갖지 못했던 것은, 지배적인 주류 사상과 통치 권력에 의해 오랜 세월 소외 받은 것과 무관하지 않다. 그의 지혜가 널리 부각되지 않았거나 왜곡되어 있었던 것은, 그가 인이나 예나 덕치의 사상과 무관하거나 상반되는 인물로 여겨졌던 오랜 세월과 무관하지 않다.

그의 지혜가 또렷이 가장 잘 나타나 있는 곳은, 그의 어록으로 알려져 있는 육도와 삼략이다. 육도와 삼략보다 자세하지는 않지만, 사기에도 그의 지혜가 부분적으로 드러나 있다. 육도와 삼략, 그리고 사기에 나타난 그의 지혜는 대부분 정치인 또는 정치사상가로서 발휘된 것들이다. 정치에 입문하기 이전의 모습은 믿을만한 기록으로 나타나 있는 게 거의 없다.

기록으로 볼 때, 그의 지혜가 가장 활발하게 발휘된 시기는 문왕과 무왕의 책사 시절과 제나라의 국왕 시절이다. 하긴 그 이전의 야인 시절에는 지혜를 발휘할 만한 기회가 없었을 것이다. 그가 야인 시절에 발휘했을 만한 지혜라면 그저 일상생활에 관한 것이었을 테다. 하지만 역사의 기록이 그런 사사롭고 소소한 지혜에 관심을 가졌을 리 없다. 오늘날 그의 야인시절에 관한 믿을만한 기록이 별로 남아 있지 않은 것도 그런 까닭에서다. 그의 야인시절은 설화나 신화나 구전으로만 남아, 정처 없이 이리저리 떠돌고 있을 뿐이다.

사기의 제태공세가(齊太公世家)에는 강태공이 주나라 무왕의 책사로서 상나라를 무너뜨리고 천하를 평정하는 내용이 언급되어 있다. 주나라는 무왕 제위 십일 년이 되던 해에 천자의 나라인 상을 멸한다. 당시 상나라의 주왕은 학정을 일삼아 민심을 잃은 상태였고, 주변의 제후들로부터도 정치·군사적인 지지를 받지 못하고 있었다. 그는 안팎으로 고립되어 있었다.

주는 상을 멸할 준비를 갖춰놓고 있을 당시 상의 변방 제후국들과 긴밀한 동맹관계를 맺고 있었다. 제후국들과 친밀하게 지내려는 외교정책은, 왕의 책사이자 재상인 강태공의 지혜에서 나왔을 테다. 당시 상의 주왕은 제후들을 멀리하고 이민족을 정벌하는 정책을 펴고 있었다. 그 때문에 상은 국력이 매우 쇠약해진 상태였다. 강태공은 상의 무리한 대외정책을 반면교사로 삼아, 주변 국가들을 상대로 화친정책을 폈던 것이다.

상의 주왕이 자신의 숙부이자 충신인 비간(比干)을 죽이고, 또 다른 충신 기자(箕子)를 감옥에 가두는 일이 일어났다. 이 시기는 무왕이 제위에 오른 지 십일 년이 되던 해였다. 이에 주의 무왕은 상을 멸할 좋은 기회라 여기고 출전 준비를 끝내놓은 상태였다. 사실, 무왕은 그 이전부터 상을 멸할 기회를 엿보고 있었다. 주왕이 애첩 달기의 치마폭에 싸여 정사를 소홀히 하고 학정을 일삼자, 무왕은 신하들과 변방 제후들로부터 출전 건의를 수차례 받은 바 있다. 또 한때는 상을 멸하려고 군사를 일으켰다가, 불길한 변고가 일어나는 바람에 군사를 돌린 적도 있었다. 무왕이 상을 무너뜨릴 준비를 갖춰놓고도 섣불리 결행하지 않은 것은, 상이 아직 천명(天命)이 다하지 않았다고 여겼기 때문이다. 물론 그것은 강태공의 뜻이기도 했을 테다.

출전 준비를 마친 무왕은 점을 치게 했다. 그런데 점괘가 불길하게 나왔다. 갑자기 비를 동반한 돌풍이 불었다. 군신들이 두려움에 몸을 떨었다. 군신들은 모두 군사를 돌려야 한다고 주청했다. 이에 무왕은 강태공에게 출전 여부를 물었다. 강태공은 반대여론을 무릅쓰고 진군하자고 밀어붙였다. 마침내 목야(牧野)라는 들판에서 벌어진 전투에서 불과 수만의 병력으로 상의 칠십만 대군을 물리치고 승리를 거둔다. 천하평정의 대업을 이룬 것이다.

사기는 강태공의 지혜를 소개하면서 그의 지략뿐 아니라 덕행에 관해서도 언급하고 있다.

주의 무왕이 목야전투를 치르기 위해 군사를 이끌고 나아가던 중 백이와 숙제라는 형제로부터 강력한 제지를 받게 됐다. 제후국이 천자의 나라를 무너뜨리는 것은 인(仁)의 도리에 어긋난다는 것이 형제가 내세운 제지의 명분이었다. 백이와 숙제는 원래 고죽국(孤竹國) 왕의 아들이었지만 무왕의 아버지 문왕 때 주나라로 건너왔다. 이들은 문왕에 이어 무왕에게도 충언을 간한 충신이었다. 무왕이 백이와 숙제로부터 제지를 받자 군신들이 이 둘을 죽여야 한다고 주청했다. 그러자 강태공은 의로운 신하의 목숨을 빼앗아서는 안 된다는 이유를 내세워 이들을 살려냈다. 물론 그길로 백이와 숙제는 수양산으로 은거해버렸지만, 강태공은 인과 의의 덕을 내보였다.

주나라는 상나라를 무너뜨리자마자 주왕에 의해 살해된 비간의 무덤 봉분을 더 높이 쌓아올려 그의 영혼을 위로했다. 또 옥살이를 하고 있던 기자를 석방했다. 비록 적국의 충신일지라도 우대하는 아량을 베푼 것이다. 그 덕분에 무왕은 상나라로부터 충직한 신하를 더 많이 얻게 되었다. 또 상나라의 백성으로부터 민심도 얻을 수 있었다. 적국의 신하나 백성을 소중히 여긴 주나라의 정책은 강태공의 덕이나 지혜와 무관하지 않다.

또 사기 제태공세가에 따르면, 그는 무왕에 의해 제후국 제나라의 초대 임금으로 봉해져 많은 선정을 베풀었다. 바다에서 나는 여러 해산물과 소금으로 국내 산업과 대외 무역을 크게 일으켰다. 제나라 백성의 삶이 풍족해지자 주변 국가들로부터 수많은 백성들이 제나라로 이주해왔다. 그로써 제나라는 동방의 강국이 되었다. 그는 정치를 새롭게 했고, 현지 백성의 풍속을 존중했으며, 예절을 간편하게 함으로써 덕과 지혜로 제나라를 다스렸다고 사기는 전한다. 국가 통치에서 발휘된 그의 덕과 지혜에 힘 입어, 훗날 제나라의 환공(桓公)은 최초의 춘추오패가 된다.

사기에 기록된 그의 이 같은 행적들은 육도와 삼략에 고스란히 녹아들어 있다. 그런 지혜의 행적들이 자신의 어록을 통해 정치철학이나 병법으로 응축된 것으로 볼 수 있다.

이를테면, 제후국들이나 이민족 국가들에게 불필요한 무력을 써서는 안 된다는 뜻은 육도와 삼략에 자주 등장하는 내용이다. 천하를 도모하는 데 제후국과 이민족의 도움이 필요하다는 점을 그가 인식하지 못했을 리 없다. 실제로 상나라를 정벌할 때 주나라는 제후국들로부터 정치·군사적인 지원을 많이 받았다. 반면에 상나라는 천자의 나라로서 중심부 국가였음에도 불구하고 변방의 제후국들로부터 버림을 받았다.

무왕은 출전 준비를 다 갖춰놓고도 상을 무너뜨리는데 오랫동안 뜸을 들였다. 군사력을 동원하기에 앞서 상에 망국의 재앙이 나타나기를 끈질기게 기다렸다. 물론 그것은 책사 강태공의 구상이었을 테다. 그런 태도는 무력보다 문사를 우선시하는 육도와 삼략의 기조와 거의 일치한다. 육도에는 '병(兵)은 흉기(凶器)다. 병은 부득이할 때만 써야 한다.'는 말까지 나온다.

또 출병에 앞서 점괘가 불길하게 나온 것을 강태공이 무시해버린 이유는 뭘까? 그 점괘를 무시하고 출전을 감행함으로써 목야전투에서 승리하고, 상을 무너뜨리고, 천하를 평정할 수 있었다. 그는 육도에서 '나라의 운명은 하늘에 달려 있지 않고 오직 군주에게 매어 있다.'고 말했다. 나라의 운명은 군주가 하기 나름이라는 얘기다. 또 무속으로 길흉화복을 점치는 세태를 탐탁지 않게 여겼다. 무속에 의한 혹세무민의 위험성을 어록을 통해 여러 차례 경계하고 있다. 그런 점에서 강태공은 합리적이고 냉철한 사고체계를 지녔다고 볼 수 있다.

 백이숙제 형제의 목숨을 구했다거나, 상나라의 충신들을 우대했다거나, 제나라 임금으로써 선정을 베풀었다거나 하는 것은, 그의 덕치사상과 맥을 같이한다. 육도와 삼략에서 강태공은 한결같이 백성을 덕으로써 대하고, 현인의 덕을 존중하라고 이르고 있다.

 결국, 육도와 삼략은 정치인 강태공의 경험의 산물인 셈이다. 풍부한 정치경험이 만들어낸 사상체계라 할 수 있다. 그의 진짜 지혜는 낚시나 은거나 선계에 있지 않고, 이 두 권의 어록 속에 있다.

 강태공의 지혜는 오랜 세월을 이겨내어 여전히 남아 있다. 다만 녹이 슨 채 창고 한 구석에 내팽개쳐져 있을 뿐이다. 낚시에서, 정치판에서, 일상의 삶에서 그의 지혜가 제대로 활용되지 못하고 있을 뿐이다. 오히려 인위적으로 가공된 가짜가 판을 치고 있다. 유령의 허상이 강태공의 이름을 빌려 어슬렁거리고 있을 따름이다. 이만 하면 지혜의 실종이라 할 만하다.

 지혜가 묻혀 있다는 것은 지혜에 대한 수요가 없기 때문일 테다. 그럼 지혜가 없어도 세상을 살아가는데 아무런 불편이 없다는 뜻일까. 삶을 힘들게 하는 크고 작은 문제들이 자꾸 생겨나는 현실로 보건대, 지혜의 필요성이 아주 사라진 것은 아닌 듯하다. 다만, 사람들이 지혜를 잊은 채 자꾸 허상에만 매달리려고 하는 듯하다.

육도와 삼략의 현재가치

육도와 삼략이 강태공의 저서로 세상에 널리 알려져 있지만 그의 저서가 아니라는 반대의견도 만만치 않다. 중국에서는 그 두 권의 책을 둘러싼 진위논쟁이 종종 벌어지곤 한다.

반대의견에 따르자면, 육도와 삼략의 내용이 결코 강태공의 철학일 수 없다. 그렇다면 육도와 삼략 마저도 강태공의 이름을 빌린 가짜요 허상이란 말인가? 현존하는 그 자신의 유이한 어록인 이 두 권의 책마저도 위서(僞書)란 말인가?

만약 이 두 권의 책마저 완전히 가짜라면, 세상에 강태공의 진짜 모습은 존재하지 않는 셈이다. 사기의 제태공세가에 기록된 내용 이외에는 신뢰의 권위를 인정받을 만한 사료가 없어지는 셈이다.

물론 오늘날 전해지는 이 두 권의 책은 그 자신이 직접 쓴 것은 아닐 테다. 후대에 누군가에 의해 의탁되어 대신 쓰여졌음에 분명해 보인다. 강태공의 철학을 온전히 그대로 담고 있지 않을 가능성이 꽤 높은 편이다. 훗날 누군가에 의해 의탁되어 가필되기까지 그의 생각이 수정되거나 새로 보태졌을 가능성이 농후하다. 그렇다고 해도 강태공의 철학이 아니라고 말할 수만은 없다. 다만 책의 내용 가운데 그의 사상이 차지하는 비중이나 순도(純度)가 얼마나 되는지 알 수 없을 뿐이다.

　더욱이, 육도에는 강태공이 '태공(太公)'이라는 이름으로 또렷이 명문으로 등장한다. 그가 주군으로 모신 문왕과 무왕도 등장한다. 처음부터 끝까지 태공이 문왕, 그리고 그의 아들 무왕과 대화하는 형식으로 기술되어 있다. 태공이 문왕과 무왕의 질문에 낱낱이 자상하게 답변을 함으로써 그 답변 속에 그의 철학이 녹아들어 있다. 또 거기에는 강태공이 이들 두 군주의 책사로 초빙되는 계기도 담겨 있다. 노자도덕경은 그 속에 노자라는 인간이 보이지 않음에도 노자의 저서로 널리 인정받고 있다. 그에 비하면, 육도는 태공이라는 한 인간이 주인공으로 뻔히 드러나 있어 강태공의 저서로 인정받는데 그다지 큰 손색이 없다.

　삼략에는 강태공이란 이름이 나오지는 않는다. 하지만 군주의 도리를 말하고 있다는 점에서는 육도와 기본정서가 비슷하다. 삼략을 육도와 비교해보면, 거기에는 내용의 유사점 혹은 중복도 간간이 발견된다. 또 군주는 어질고 현명해야 하고, 덕치로써 나라를 다스려야 한다는 메시지는 육도와 크게 다를 바 없다. 두 책의 내용은 메시지의 일관성이 유지되고 있다는 점에서 한 사람, 곧 동일한 인물의 철학일 가능성이 짙다. 게다가 사기에 따르면, 삼략은 원래 강태공의 저서였는데 진시황(秦始皇) 때 황석공(黃石公)이라는 사람이 한고조(漢高祖)의 신하였던 장량(張良)에게 전한 것이라 한다. 삼략이 강태공의 저서라는 근거가 문헌의 기록으로 분명히 나와 있다는 점에서, 강태공의 저서가 아니라고 함부로 단정할 수만은 없다. 물론 삼략도 강태공의 사상을 순도 100%로 고스란히 담고 있으리라 단언할 수만은 없을 테다.

육도와 삼략을 위서나 위작으로 보는 구체적인 정황은 대체로 다음과 같은 것들이다.

　이들 책에는 장군 혹은 장수를 뜻하는 '장(將)'이란 단어가 자주 등장하는데, 강태공 시대에는 군 지휘자로서 장군이나 장수의 호칭이 쓰이지 않았다고 많은 전쟁역사 전문가들은 지적한다. 장군 혹은 장수라는 호칭은 춘추시대 말기부터 사용됐다고 한다. 또 육도에는 기마전(騎馬戰)에 관한 병법이 소개되어 있지만 기마전은 전국시대에 처음 등장한 전술이다. 강태공 시대에는 전차전(戰車戰)이 자주 쓰였다. 육도는 철제병기를 언급하고 있는데, 강태공 시대는 미처 철이 사용되지 않았다. 그 대신 청동병기가 쓰였다. 철제무기가 전쟁에 쓰이기 시작한 것은 춘추시대 이후로 알려져 있다. 일반 활보다 사거리가 훨씬 긴 쇠뇌라는 기계식 활이 육도에 소개되어 있지만, 이 무기가 전쟁에 처음 등장한 것도 전국시대라 한다. 그리고 삼략을 강태공의 저서로 볼 수 있는 근거가 약하다는 주장도 있다. 즉, 사기의 기록대로 황석공이라는 사람이 장량에게 그 책을 주면서 '삼략은 원래 태공의 병서였다.'고 말한 것 외에 뚜렷한 증거가 없다는 얘기다.

　이상의 주장들을 종합해보면 육도는 아무리 일러도 전국시대에나 씌어졌다고 볼 수 있다. 그럼 강태공의 시대와 적어도 600년의 시차가 나는 셈이다. 그렇다면 육도가 강태공 자신에 의해 씌어지지 않았을 것이란 점에 이론의 여지가 별로 없어 보인다. 또 그 책의 내용이 완벽하게 강태공 자신의 사상일 가능성도 낮아 보인다. 하지만 긴 시간 간격 때문만으로 강태공의 사상이 전혀 담겨 있지 않다고 단정적으로 말할 수는 없을 듯하다.

역사 기록으로 보면, 주나라가 멸망한 시기는 기원전 226년이다. 그렇다면 주나라는 강태공이 사망한 이후에도 얼추 800년간이나 유지된 셈이다. 전국시대의 지속 시기는 기원전 5~3세기다. 즉, 주의 멸망 시기와 전국시대가 끝나는 시기는 거의 일치한다.

강태공은 '주 연방(周 聯邦)' 건국의 일등공신이다. 일개 제후국에 지나지 않았던 주가, 천자의 나라로 천지개벽과 같은 지위상승을 하게 된 데는 그의 역할이 매우 컸다. 그가 빠진 주나라의 천하평정은 상상조차 할 수 없었을 테다. 그렇다면 그의 지혜나 지략은 주나라가 멸망할 때까지 적어도 8백여 년 동안은 주나라 조정에 의해 기록으로 또렷이 전해졌을 가능성이 높다. 건국의 역사와 통치의 정통성을 소홀히 하는 나라는 없을 테니까. 또 그렇다면 그의 지혜와 지략은 적어도 8백여 년 동안은 훼손되지 않은 채 백성들의 구전으로도 널리 전해졌을 가능성이 높다. 기원전 1세기에 편찬된 사기가 900년의 긴 시차를 갖고 있음에도 그를 빠뜨리지 않은 것으로만 봐도, 그의 행적은 주나라가 유지되는 동안에는 또렷한 사실로 남아 있었을 가능성이 높다. 즉, 누군가가 육도와 삼략을 집필할 때 주나라 말기까지 또렷이 남아 있었던 강태공의 언행을 기본 자료로 삼았을 수 있다는 얘기다.

만약 누군가가 육도와 삼략을 집필할 때 강태공의 언행이 기록 자료로 남아 있지 않았다면, 어쩔 수 없이 유물이나 유적이나 구전에 의존했을 테다. 그렇다고 해서 겨우 한두 점의 유물, 한두 곳의 유적, 한두 사람의 구전을 토대로 그렇게 많은 분량을 집필할 수는 없었을 것이다. 강태공이 활동했던 여러 유적지를 돌아보거나, 여러 유물을 찾아보거나, 여러 사람의 말을 들어봤을 가능성이 높다. 또 단편적인 기록이나마 구해보려고 애를 썼을 수도 있다. 특히 구전의 경우 여러 사람의 말 가운데 공통되는,

신빙성 있는 것을 모아 기본 자료로 삼지 않았을까? 무엇보다도, 집필자 자신이 강태공에 관한 전문가였을 가능성이 높다.

그런 여러 정황이나 가능성으로 보건대, 육도를 강태공의 사상이라 불러도 큰 무리는 없을 듯하다. 물론 세세한 부분에서는 강태공의 철학과 어긋나는 대목이 없지 않겠지만, 대의의 기조로는 그의 철학이라 불러도 무방하지 싶다. 전국시대의 누군가가 강태공의 철학을 토대로 재구성한 것이 육도가 아닐까, 하고 추정해볼 수 있다. 아마 그 '누군가'는 강태공을 존경해온 후학으로서, 정치철학이나 병법에 무척 밝은 사람이었을 테다.

한편, 삼략도 강태공의 사상서라 불러도 큰 무리가 없을 듯하다. 사기에 기록된 대로, 지은이를 강태공으로, 전승자를 황석공으로 보는 것이 가장 타당할 것 같다. 현재로서는 강태공 이외에 지은이로 뚜렷이 거론되는 인물이 없다. 사서에 기록되어 있는 인물을 제쳐두고 굳이 다른 사람을 지은이로 내세운다는 것도 온당치 않다. 게다가 삼략은 육도와 정치철학의 기조가 거의 일치한다. 물론 삼략도 후대에 누군가에 의해 의탁되어 기록됐을 가능성이 높다. 또 내용상으로도 강태공의 철학과 정확히, 완벽하게 일치한다고 보기는 어려울 테다.

육도와 삼략을 위서로 보는 쪽의 논리가 강태공 자신의 손으로 직접 씌어지지 않았다는 것이라면, 이 두 권의 책은 위서임에 분명하다. 그런데 만약 후대의 누군가가 강태공의 권위를 빌리기 위해 그의 이름을 차용했으며, 그 내용마저도 강태공의 사상이 아니라고 주장한다면 논쟁거리가 될 수밖에 없다. 하지만 여러 정황 증거로 볼 때, 그 내용이 완전히 조작되어 강태공의 생각이 전혀 반영되지 않았을 가능성은 별로 높아 보이지 않는다.

　설령 백 번 천 번 양보해, 육도와 삼략이 강태공의 생각이 전혀 반영되지 않았다고 해도 가치가 없다고 말할 수는 없다. 역사적으로 이 두 책이 어떤 대접을 받았고 어떻게 활용되어 왔는지 살펴보게 되면, 가치가 없다기보다는 오히려 고전(古典)에 가깝다는 사실을 알게 된다.
　주지하다시피, 육도와 삼략은 전쟁에서 승리하기 위한 방략과 방책을 담은 병서임에는 틀림이 없다. 중국에서도 육도와 삼략은 '손자(孫子)', '오자(吳子)', '사마법(司馬法)', 위료자(尉繚子), 이위공문대(李衛公問對) 등과 함께 대표적인 병법서로 분류된다. 흔히 이들 일곱 종류의 책들은 오늘날까지 무경칠서(武經七書)로 일컬어진다. 무도(武道)를 다루는 대표적인 일곱 종류의 경전(經典)이라는 뜻이다.
　육도와 삼략은 수나라와 당나라 때는 병경(兵經)으로 대접받았고, 이어 송나라 때는 무경(武經)으로 격상되었다. 즉, 병가 또는 무가의 경전이란 의미다. '경(經)'의 칭호를 받았다는 것은, 유가의 사서오경(四書五經)과 같은 지위나 가치를 부여받았음을 의미한다. 그에 따라 강태공도 사후 수나라에서 무성(武聖, 병법의 성인)으로 봉해졌고, 특히 당나라와 송나라에서는 무성왕(武成王)으로까지 격상되었다. 특히 삼략은 장량의 병법 교과서였다. 사기에 따르면, 장량은 황석공으로부터 삼략을 건네받은 이후 이 책으로 십년간 공부해 한고조 유방의 훌륭한 책사이자 지략가로서의 역할을 할 수 있었다. 육도와 삼략은 다른 병서에도 영향을 미쳤고, 오랫동안 군사 전략가들의 교과서 구실을 했다.
　육도와 삼략이 쓸모없는 책이었다면 오랜 세월에 걸쳐 그런 융숭한 대접을 받았을 리 있겠는가. 또 강태공이 사후에도 수 · 당 · 송나라 때까지

정권에 의해 극진한 대접을 받았다는 사실은 그가 육도와 삼략의 저자가 분명하다는 점을 간접적으로 증명하고 있다. 설령 육도와 삼략이 강태공의 생각을 눈곱만큼도 반영하고 있지 않은 완전한 위서라 해도, 정치철학이나 병법의 고전으로 손색이 없어 보인다. 내용이 시공을 초월한 보편성을 두루 지니고 있는데 지은이를 알 수 없다는 이유 하나만으로, 그 책이 버려질 수는 없지 않은가.

육도와 삼략은 통치에 관한 철학을 담은 정치사상서라 해도, 별다른 무리는 없을 듯하다. 여타의 병서들이 대부분 천지, 음양, 지형지물, 전법(戰略戰術), 병장기 등 주로 군사 부문에 초점을 맞춰 병법을 논하고 있다. 그에 비해 육도와 삼략은 인간학이나 윤리학, 조직학, 치세론(治世論) 등 인간의 본성에 관한 문제도 함께 다루고 있다. 아니, 인간 본성에 관한 논의가 군사 부문에 관한 논의보다 더 많은 비중을 차지한다고 해도 과언이 아니다.

육도(六韜)는 문도(文韜), 무도(武韜), 용도(龍韜), 호도(虎韜), 표도(豹韜), 견도(犬韜) 여섯 개 편(篇)으로 나뉜다. 또 예순 개의 장(章)으로 이루어져 있다. 여기서 '도(韜)'는 '감추다'는 뜻을 지니고 있다. 원래는 '활이나 칼 따위를 감추는 주머니'라는 뜻을 갖고 있었다고 한다. 그래서 육도는 전쟁에서 이기기 위한, 혹은 천하를 통일하기 위한 여섯 가지 비결이라는 의미다.

물론 그 여섯 가지는 문·무·용·호·표·견의 도를 지칭한다. 문·무·용도는 정치 혹은 통치에 관한 군주의 도리를 주로 논하고 있다. 여기에 강태공의 정치철학이나 통치론이 담겨 있다. 호·표·견도는 실제 전투에서 군사를 운용하는 세부 전술을 논하고 있어 전투교본에 가깝다.

적국을 상대로 하는 권모술수도 담겨 있다. 군을 통솔하는 장수의 도리와 지혜도 듬뿍 들어 있다. 호·표·견도에서도 그의 정치나 통치에 관한 지혜가 은연중 풍겨 나온다.

한편 삼략(三略)은 전투교본이나 권모술수의 성격이 철저히 배제된 채 군주와 현인의 정치적 도리를 주로 강론하고 있다. 병서라기보다는 치세나 통치에 관한 사상서에 더 가깝다. 어진 정치, 곧 덕치의 중요성이 가득 들어 있다. 육도의 문·무·용도와 논의의 기조가 비슷하다. 상략(上略)·중략(中略)·하략(下略) 세 편으로 이루어져 있고, 육도와 달리 세부적인 장으로 구분되지는 않았다. 육도가 강태공이 문왕 및 무왕과 대화하는 형식으로 기술되어 있는 데 비해, 삼략은 그가 저 혼자 자신의 생각을 말하는 형식으로 쓰어 있다.

육도와 삼략은 비록 형식적으로는 병서로 분류되어 있다고 해도, 내용상으로는 강태공이라는 인물의 사상이 고농도로 집약되어 있다. 백성을 중시하는 논어의 덕치도 이미 이 책에 풍부하게 언급되어 있다. 노자도덕경이 강조하는 무위자연의 사고체계도 들어 있다. 천지의 자연적인 질서와 조화로운 삶의 태도를 인간의 인위적인 수고로움보다 더 우선시한다.

그럼에도 불구하고, 오늘날 육도와 삼략이 논어나 노자도덕경 같은 격조 높은 사상서 혹은 철학서의 반열에 들지 못하는 이유는 무엇일까. 전쟁의 전략과 용병술이 담겨 있다는 이유로 병서로만 인식하기에는 왠지 석연치 않다. 강태공이 낚시꾼, 혹은 권모술수를 잘 쓰는 책사 정도로 널리 인식되어 있다는 현실도 왠지 쉽게 납득되지 않는다.

엄격히 말해, 병서라면 그 내용이나 용도가 전쟁에 국한될 수밖에 없을 테다. 즉, 평상시에는 쓰임새가 별로 없고 전쟁의 전략전술이라는 특수한 용도로만 가치를 지니는 것으로 여겨지기 십상이다. 그렇지만 육도와 삼략이 전시의 특수한 목적으로만 효용을 갖는다고 보기에는 무리가 없지 않다. 사실, 실용서 혹은 기술서로만 보기에는 그 내용이 다소 관념적이고 사변적인 데가 없지 않다. 게다가 그 두 개의 책에서는, 강태공이라는 인물의 사고체계가 처음부터 끝까지 두루 일관성을 유지하고 있다.

어쩌면 이 세상 최고의 병서는 논어일지도 모른다. 군주의 정치가 올바르지 않다면, 그래서 군주가 백성의 마음을 얻지 못한다면, 제아무리 뛰어난 전술을 갖고 있다고 해도 전쟁에서 승리하지 못할 테니까. 육도와 삼략이 정치철학서나 사상서로서의 요건을 인정받지 못한다면, 거기에 담긴 군주의 정치론이나 백성의 마음을 얻는 통치철학도 마땅히 부정되어야 할 것이다.

또, 두 책의 메시지는 3천여 년의 긴 세월을 지나 오늘날에도 널리 적용되어 통용될 수 있을 만큼 보편성을 지니고 있기도 하다. 곧 '온고이지신(溫故而知新)'할 수 있는 현재가치를 갖고 있다는 얘기다. 그리고 우리나라의 현실에서도 공감을 불러일으킬 만하다. 그렇다면 아득히 오랜 시간과 먼 공간을 뛰어넘는 보편성을 갖추고 있는 셈이다. 아마도 그것은 육도와 삼략이 인간의 세계관에 대한 깊은 성찰의 산물이기 때문일 것이다.

이 두 권의 책에 대한 평가가 새로워진다면, 강태공에 대한 세인의 인물평도 응당 달라져야 할 테다. 즉 두 권의 책은 '병법서로서 무력 사용과 권모술수에 관한 얘기'라는 판에 박힌 고정관념에서 벗어날 여지가 있다. 군주의 통치철학을 다룬 정치사상서라는 가치가 충분히 인정돼야 엄정한 평가일 것이다. 그래서 저자인 강태공이라는 인물도 병법가이면서 동시에 정치사상가로 평가돼야 마땅하다는 논리가 성립된다.

두 책의 가치를 얘기하거나 논할 때 위작 논란에만 너무 집착할 이유는 없지 싶다. 즉, 강태공의 것인가 아닌가, 하는 데만 집착하다보면 정작 내용을 놓치기 쉽다. 위작 논란이라는 게 고작 지은이 하나를 놓고 벌어지는 논쟁 아닌가. 만약 기대하지 않은, 예상하지 않은 인물이 지은이로 새롭게 밝혀진다면 책을 모조리 폐기처분할 것인가? 수사기관이 범죄수사에서 증거자료를 놓고 필적감정을 벌일 때에야 필자가 누구인가, 하는 문제는 매우 중요하다.

설령 강태공의 저작이 아니라 해도, 그의 철학이 온전히 담겨져 있지 않다고 해도, 무려 2천년 이상의 긴 세월을 이겨 살아남은 책이다. 아무런 쓸모없는 책이 그렇게 오랫동안 귀중한 대접을 받으며 살아남았을 리 없다. 참된 지혜라면 장구한 세월을 이겨낸다.

사실, 과거의 모든 것은 오늘날의 시각에 의해 교정 받게 마련이다. 만약 위작이라 할지라도 그 내용이 오늘날의 시각에 비추어 값어치를 가진 것으로 매겨진다면 존중되지 않을 이유가 없다. 마찬가지로 진본이라 해도 오늘날의 시각으로 값어치가 없다고 판단된다면 무시되거나 사장되기 일쑤다.

군주의 도리 I
| **육도의 문도에서** |

① 국가의 운명은 하늘에 있지 않다.
문왕이 강태공에게 다음과 같이 물었다.

'天下熙熙. 一盈一虛, 一治一亂. 所以然者何也? 其君賢不肖不等乎? 其天時變化自然乎?'

'천하는 넓습니다. 한 번 차면 한 번 비게 되고, 한 번 다스려지면 한 번 어지러워집니다. 그 까닭이 무엇입니까? 군주의 현명함과 어리석음이 반복되기 때문인가요, 아니면 천시의 변화로 자연스럽게 그렇게 되는 것인가요?'

이에 강태공은 다음과 같이 대답하고 있다.

'君不肖, 則國危而民亂. 君賢聖, 則國安而民治. 禍福在君, 不在天時.'

'군주가 어리석으면, 나라가 위기에 빠지고 백성이 어지러워집니다. 군주가 현명하면 나라가 평안하고 백성이 다스려집니다. 화와 복은 군주에게 달려 있지, 천시에 매어 있지 않습니다.'

국가의 흥망성쇠와 백성의 길흉화복은 신의 뜻이 아니라 군주가 하기 나름이라는 얘기다. 군주가 현명하고 어질고 지혜로우면 나라와 백성이 태평성대를 구가할 것이요, 그렇지 않으면 나라와 백성이 도탄에 빠질 것이다.

그의 이런 태도는 신권정치의 폐해에 대한 각성에서 나온 것으로 보인다. 갑골문 유적으로 보건대, 당시에는 거북 등껍질을 이용한 점이 유행했다. 조정에서도 중대사를 결정할 때는 반드시 점을 쳐 하늘의 뜻을 살폈다. 천자의 나라인 상이 도탄에 빠져 멸망에 이르게 된 이유 중의 하나가 지나친 신권정치였다. 은허(殷墟)라는 상나라 유적지에는 점괘에 따라 백성을 다스리거나 전쟁을 벌인 유물이 대량 발굴된 바 있다. 상나라 주왕도 충신의 간언이 있을 때마다 요사스런 점괘로 물리침으로써 폭정을 일삼은 것으로 전해진다. 하긴 문왕도 강태공을 만나러 위수로 출발하기 직전 점을 쳐, 큰 인물을 얻게 될 것이란 점괘를 얻었다고 육도의 맨 첫머리에 적혀 있다.

오늘날 국가나 국민이 큰 어려움에 처했을 때, 지도자나 위정자는 어떤 태도를 보였던가. 툭하면 하늘의 뜻을 들먹이곤 한다. 정책 실패나 지도력 부재를 좀처럼 인정하려들지 않는다. 그 대신 서로 책임을 떠넘기려는 태도를 보이곤 한다. 그들은 내 잘못이요, 하며 국민으로부터 용서를 구하거나 책임을 절감하려는 태도를 좀처럼 내보이지 않는다.

하늘의 뜻을 우선적으로 내세우려는 지도자나 위정자의 태도에는 국난을 '인간으로서는 막을 수 없는 어쩔 수 없는 운명'으로 몰아가려는 교묘함이 숨어 있다. 그 말속에는 국민의 고통을 운명으로 받아들여달라는 식의 책임회피 심리가 깔려 있다. 그러다가 혹, 국민의 고통이 수그러들거나 큰 경사라도 나면 마치 자신의 공덕인양 떠들썩하게 생색을 내곤 한다. 경사든 흉사든 가릴 것 없이, 지도자가 자신의 지위로 당당하게 받아들이는 것이 도리가 아닐까.

② 백성을 사랑하는 여섯 가지 방도

문왕이 군주가 존엄을 잃지 않으면서도 백성을 편안케 하려면 어떻게 해야 할지 물었다.

강태공은 먼저 한마디로 '愛民而已.'라고 답했다. '오직 백성을 사랑하는 것뿐입니다.'라는 애기다.

이어, 문왕은 백성을 사랑하려면 어떻게 해야 하는지 물었다.

이에 '利而勿害, 成而勿敗, 生而勿殺, 與而勿奪, 樂而勿苦, 喜而勿怒.'라고 대답했다. 곧 '이롭게 하되 해를 주지 말고, 이루게 하되 패하게 하지 말고, 살리되 죽이지 말고, 주되 빼앗지 말고, 즐겁게 하되 괴롭히지 말고, 기쁘게 하되 노하게 하지 마십시오.'라는 말이다.

이롭게 하는 것(利而勿害)은 백성들이 생업을 갖도록 보장해주는 것이다. 생업에 종사하지 않으면 이익을 볼 수 없음은 너무나 당연하다. 그 당시에도 실직이나 실업은 조정이 해결해야 할 주요 과제였고, 백성들 사이에서 골칫거리로 대두되곤 했던 것 같다. 먹고사는 문제는 예나 지금이나 세상살이에서 매우 중요한 사안임에 틀림없다.

이루게 하는 것(成而勿敗)은 백성들에게 성취감을 갖도록 하라는 애기다. 농사나 장사를 하는 사람들이 자기 직분을 다함으로써 풍년수확의 기쁨을 맛보게 하거나 가족부양의 뜻을 이루게 하라는 의미다. 그래서 군주는 가혹한 부역이나 전쟁에 백성을 함부로 동원함으로써 농사가 때를 놓치는 일이 있어서는 안 된다는 의미다. 무리한 동원령은 농사나 장사와 같은 생업에 지장을 불러 백성의 삶을 고단케 하게 마련이다.

살리는 것(生而勿殺)은 뭘까. 죄질에 비해 형벌을 터무니없이 무겁게 하지 말라는 얘기다. 사소한 죄로 목숨을 빼앗아서는 안 된다는 뜻이다. 하물며 법 없이도 살 사람을 법으로 죽이는 일이 있어서야 되겠는가. 우리 현대사를 돌아보자면, 군사독재정권 당시 요사스런 죄목에 의해 형장의 이슬로 사라진 이가 한둘이 아니다. 국가가 무고한 국민의 목숨을 빼앗은 것이다. 또 법이 가진 자만을 위한 보호막이 되어서는 안 된다는 점을 말하고 있기도 하다.

준다는 것(與而勿奪)은 국가가 세금이라는 명목으로 백성의 재물을 함부로 빼앗지 말라는 얘기다. 나아가 헐벗고 굶주리는 사람들을 국고로써 적극 구제하라는 뜻이다. 아마 그 당시에도 국가는, 합법과 공권력의 탈을 쓴 채, 세금을 너무 무겁게 매긴다는 이유로 백성들로부터 원성을 자주 듣곤 했나보다. 백성들 사이에 조세저항이 심했던 것으로 보인다. 또 조세제도가 소수의 권력자에 의해 축재의 수단으로 악용되곤 했나보다. 백성들로부터 걷힌 세금은 축재 수단으로 쓰여서는 안 되고, 가난한 사람들을 구제하는데 활용돼야 한다. 오늘날로 치자면, 조세제도가 소득 재분배를 통한 복지실현에 기여해야 한다는 뜻이 담겨 있다. 조세제도의 지혜로운 운용은 예나 지금이나 매우 중요하다. 세금을 무리하고 부당하게 매기거나, 분배 정의가 올바로 서 있지 않으면 백성의 삶은 늘 고단하게 마련이다. 성장과 분배의 우선순위를 놓고 논란이 벌어지곤 하는 오늘날의 국가경제 운용에 시사하는 바가 적지 않다.

즐겁게 하는 것(樂而勿苦)은 국가 권력집단이 백성들을 노역에 동원해 삶을 고통스럽게 하지 말라는 뜻이다. 고관대작의 호사를 위해 백성이 시달림을 받아서는 안 된다는 얘기다. 이를테면, 궁전이나 누각을 크고 화려하게 지으려고 노동력을 착취한다면 백성들이 즐거워할 리 없다.

기쁘게 하는 것(喜而勿怒)은 벼슬아치들이 백성을 가혹하게 대하지 말라는 얘기다. 그들이 청빈하게 살려하지 않은 채 권력을 이용해 사사로이 백성의 고혈을 짜낸다면, 백성들의 얼굴빛이 기쁘게 보일 리 없다. 그 당시 백성의 고혈을 짜내는 방식은 국가 권력이 미치지 않는 곳에서 세도가들이 노동력을 착취하거나 재물을 빼앗는 행위였을 것이다. 만약 농민이 노동력을 빼앗기는 바람에 농작물의 씨앗을 뿌리는 시기나 수확하는 시기를 놓친다면 일상의 삶이 기쁠 턱이 없다. 농민이 상습적으로 양식이나 재물을 빼앗기곤 한다면, 농사에서 파종이나 수확의 기쁨을 맛볼 수 없을 것이다. 어차피 빼앗길 곡식이라면 농사를 지어봐야 헛일이기 때문이다.

그가 제시한 백성을 사랑하는 방도 여섯 가지 가운데 그 의미가 오늘날의 현실에 전혀 부합하지 않는 것이 하나라도 있는가. 그 당시의 문제의식이 3천여 년의 세월이 지난 오늘날에도 여전히 유효한 까닭은 무엇일까. 먼 훗날을 내다본 강태공의 선견지명 때문일까, 아니면 시대를 막론하고 어찌해볼 도리가 없는 인간본성의 한계 때문일까.

③ 군신의 관계: 군주는 굽어보고 신하는 숙여라

문왕이 군주와 신하 사이의 예의를 물었다.

강태공은 먼저 '爲上唯臨, 爲下唯沈.'으로 짤막하게 답했다. '군주는 오직 굽어보아야 하고, 신하는 오직 잠겨 있어야 합니다.'라는 말이다.

군신 사이의 예의란 기본적으로 군림과 복종이다. 물론 군주는 신하에 군림하고, 신하는 군주에 복종한다. 어떻게 보면 지극히 간단한 이치다. 또 군주제의 냄새를 진하게 풍기는 것 같기도 하다. 그런데 그의 말은 거기서 그치지 않는다.

'臨而無遠, 沈而無隱. 爲上唯周, 爲下唯定. 周則天也, 定則地也. 或天或地, 大禮乃成.'

　'굽어보되 따돌림 받아서는 안 됩니다. 복종하되 속여서는 안 됩니다. 군주는 (덕을) 골고루 베풀어야 하고, 신하는 (들뜸이 없이) 안정해야 합니다. 덕을 골고루 베푸는 것은 하늘의 섭리고, 들뜸이 없이 안정하는 것은 땅의 섭리입니다. 하늘과 땅이 서로 의지함으로써 비로소 (군신의) 큰 예가 완성되지요.'

　이 말로써 군주와 신하 사이의 예(禮)가 간결하게 정리된다. 유가의 예에 비견될 만큼, 강태공의 예에 관한 진면목이 드러나 있다.

　군주는 군림하되 권력을 함부로 휘두르면 신하들로부터 존엄성을 인정받지 못한다. 마찬가지로, 신하는 군주에게 복종하면서 자신을 낮추되 속으로 딴마음을 먹거나 숨기는 게 있어서는 안 된다. 군신의 관계란 서로 분수를 지키는 것이다. 하늘이 땅을 향해 비(덕)를 골고루 뿌리지 못하면 땅이 안정되지 못할 것이고, 땅이 안정되지 못한 채 자꾸 위로 들뜨게 되면 하늘은 존엄성을 잃을 것이다. 군주와 신하의 관계란, 하늘의 이치와 땅의 이치가 서로 지지하면서 조화롭게 소통하는 것과 같다. 군주의 관계는 상하의 수직관계로 쪼개지지 않고, 조화롭게 소통하는 사이로 어우러진다. 그 과정에서 천하를 다스릴 수 있는 큰 예가 생겨나는 것이다.

　혹시 오늘날 국가지도자는 참모의 의견을 무시한 채 독단적으로 일을 처리하고 있지는 않은가. 참모는 분수에 맞게 충언을 해야 하는 직분을 어긴 채 권세에 의지해 호가호위하고 있지는 않은가. 국가지도자의 독단과 참모의 호가호위야말로 군신 사이의 큰 예를 좀먹는 지름길이다. 그런 태도로는 군신 사이에 서로 존중하는 마음이 우러날 수 없고 소통이 원활해질 리도 없다. 더 나아가, 조정과 백성 사이에서도 소통이 이루어지지 않는다. 조정과 백성 사이의 소통 부재는 민심의 이반을 불러오게 마련이다.

④ 군주의 자리: 평안하고 여유롭고 고요하게

문왕은, 군주가 자신의 지위에 있을 때는 어떤 태도를 가져야 하는지 물었다.

이에 강태공은 '安徐而靜, 柔節先定, 善與而不爭, 虛心平志, 待物以正.'으로 답했다.

곧 '평안하고 여유롭게 하여 고요한 태도를 가집니다. 부드러우면서도 지조 있는 태도를 먼저 갖춥니다. 베풀기를 잘 하여 다투지 않습니다. 마음을 비우고 뜻을 고르게 합니다. 사물을 대할 때 바른 마음을 가집니다.'라고 말했다.

이 대목은 군주의 마음가짐과 태도, 혹은 일상적 언행에 관한 것이다. 군주의 사생활이 어떠해야 하는지를 말하고 있다.

군주가 마음이 평안하지 못한 채 불안해하면, 신하가 동요하고 백성이 어지러워지게 마련이다. 군주가 불필요한 말을 자주 하면서 자꾸만 화를 내거나 흥분하면, 신하나 백성에 부정적인 영향을 주게 마련이다. 군주가 마음이 좁고 욕심이 많아, 신하나 백성에게 무언가를 주려하기는커녕 그들의 몫을 빼앗으려들면 지위에 권위가 서지 않는다. 군주가 일처리에서 공명정대하지 못하면 신하와 백성으로부터 미움을 살 수밖에 없다.

요컨대, 군주는 경망스럽게 행동해서는 안 된다는 얘기다. 몸가짐이나 마음가짐에 신중해야 한다. 늘 사려 깊은 태도를 지녀 신하의 본보기가 돼야 하며, 그래야 백성의 삶이 두루 평안해진다. 어찌 보면 당연한 말 같지만 실천하기는 쉽지 않을 것 같기도 하다. 군주도 인간이므로 희로애락이라는 인간본연의 유혹으로부터 자유롭기가 쉽지 않을 테다. 하지만 그 유혹을 이겨내야 한다.

국가 지도자에게도 과연 사생활이 있을까? 당연히 있다. 그의 사생활도 보호받아야 마땅하다. 하지만 이미 세상에 알려진 사생활은 사생활이 아니다.

직무 수행이라는 공적인 자리를 떠나서는 인간적으로 몸가짐이나 마음가짐이 잠시 흐트러질 수도 있다. 이를테면 직무와 상관없이 불쑥 내뱉은 말이나, 이성(異性)관계나, 사사로운 금전거래 따위가 세간의 화제가 될 때가 있다. 지도자의 그런 흐트러진 태도가 언론 등을 통해 뭇사람들에게 알려짐으로써 자연스럽거나 인간적인 모습으로 비쳐진다면 지도자 노릇을 하는데 걸림돌이 되지 않는다. 오히려 '가식 없는 솔직한 지도자'라는 호평을 받음으로써 지도자 노릇을 하는데 디딤돌이 될 수도 있다.

거꾸로 '나태하다'거나 '무책임하다'거나 '도덕적으로 추하다'는 추문에 휩싸일 수도 있다. 그래서 정적(政敵)이나 반대여론으로부터 억울하다싶은 비난을 받을 수 있다. 그럴 경우 지도자는 '내게도 사생활이 있다'고 항변하면서, 세상을 향해 법적인 기본권 보장을 요구할 것인가?

지도자는 뭇사람들의 시선으로부터 자유로울 수 없다. 몸가짐과 마음가짐이 헤프거나, 뭇사람들의 따가운 시선을 감당해내지 못한다면 지도자 노릇을 할 자격이 없다. 지도자로서의 역할을 인정받은 배경에는 언행이 경망스러워서는 안 되고, 신중한 태도를 지녀 뭇사람들의 본보기가 돼야 한다는 묵시적인 합의가 깔려 있다. 지도자의 사생활은 보호받는데 가치가 있는 것이 아니라, 뭇사람들이 기대하는 수준으로 가꾸는데 가치가 있다.

⑤ 군주의 귀: 허락하지도 말고 내치지도 말라

군주가 신하의 말을 들을 때 어떻게 해야 하는지 문왕이 물었다.

강태공은 먼저 '勿妄而許, 勿逆而拒.'라 말했다. 곧 '함부로 망령되게 허락하지 마십시오. (그렇다고 해서) 함부로 내치지도 마십시오.'라는 얘기다.

신하의 간언을 경솔하게 함부로 받아들여서도 안 되지만, 충정어린 간언을 경솔하게 물리쳐서도 안 된다는 당부가 들어 있다. 물론 받아들일 것과 물리칠 것을 판단하기가 쉽지는 않을 테다. 그래서 군주의 자리는 아무나 앉을 수 있는 게 아닌가보다.

그는 이어 '許之則失守, 拒之則閉塞. 高山仰之, 不可極也. 深淵度之, 不可測也. 神明之德正靜基極.'이라고 부연했다.

'(군주가) 신하의 말을 함부로 받아들이면 절제의 미덕을 잃게 되고, (그렇다고 해서) 신하의 말을 함부로 내치면 소통을 막게 됩니다. 높은 산은 우러러봐도 끝을 알 수 없고, 깊은 못은 들여다봐도 깊이를 가늠할 수 없습니다. (군주의) 신령스러운 덕은 바르고 고요하고 지극해야 합니다.'

군주의 역할이 갈수록 어려워진다. 그래서 군주의 부담도 늘어난다. 신하의 말을 받아들일 때 절제의 미덕까지 갖추라니. 또 무조건 말도 안 되는 얘기라며 거절해버리면, 그 신하는 두 번 다시는 진심에서 우러나오는 간언을 해주지 않을지 모른다. 신하의 말을 듣는 군주의 태도는 높은 산이나 깊은 못과도 같아야 한단다. 그것도 흔히 볼 수 있는 야산이나 물웅

덩이가 아니다. 아무리 헤아려 봐도, 끝을 알 수 없이 아득한 태산이거나 심연이어야 한단다. 군주가 그런 마음을 가졌을 때 비로소 신령스럽고 밝은 덕을 지니게 되며, 그 덕은 무한대의 극한에 이를 수 있다고 한다.

현실적으로, 이런 정치지도자가 세상에 있을까. 또 앞으로도 이런 지도자가 나오기를 기대할 수 있을까. 하지만, 실현 가능성이 낮다고 해서 이상이 배척받아서는 안 된다. 이상은 실천이 나아가기 위한 궁극적인 목표다. 이상이 없으면 반성의 여지가 생겨나지 않는다. 사람은 자기의 실천 결과를 이상에 비추어봄으로써 성찰의 기회를 갖게 된다.

⑥ 군주의 세상읽기: 천하를 기준으로 삼으라

문왕이 '군주의 지혜는 어떠해야 합니까?(主明如何)'라고 물었다〈여기서 '밝음(明)'은 세상을 읽는 지혜로 해석하는 것이 타당하다〉.

이에 강태공이 말을 꺼내기를 '目貴明, 耳貴聰, 心貴智.'라 했다.

즉 '눈은 밝게 보는 태도를 귀하게 여기고, 귀는 총기를 귀하게 여기고, 마음은 지혜를 귀하게 여겨야 합니다.'라고 했다. 지극히 당연하고 자연스러운 말로 들린다.

이어 '以天下之目視, 則無不見也. 以天下之耳聰, 則無不聞也. 以天下之心慮, 則無不知也. 輻輳並進, 則明不蔽矣.'라고 더욱 상세히 설명했다.

새기자면 '천하의 눈으로 보면 보이지 않을 게 없고, 천하의 귀로 들으면 들리지 않을 게 없고, 천하의 마음으로 생각하면 알지 못할 게 없습니다. 천하의 눈과 천하의 귀와 천하의 마음을 모두 함께 활용하여 앞으로 나아가면, 세상을 읽는 지혜가 가려지는 일은 일어나지 않을 것입니다.'라는 의미다.

군주의 편협함을 경계하고 있다. 천하는 곧 온 백성이다. 군주는 자신의 속 좁은 태도로만 보거나 듣거나 생각하려하지 말고, 온 백성의 입장에서 그렇게 하라는 가르침이다. 온 백성의 입장에서 보고 듣고 생각하면, 군주는 세상을 읽는 자신의 지혜를 잃지 않고 넉넉히 발휘할 수 있다.

강태공은 군주의 지혜를 논하면서, 군주는 넓은 세상을 향해 자신의 눈과 귀와 마음을 늘 열어두고 있어야 한다고 말하고 있다. 오늘날로 치면, 국가 지도자가 넓은 세상과 소통하는 방법에 관한 것이다. 그런데, 입에 관해서는 일절 언급이 없다. 세상과 소통하는데 입은 그다지 중요하지 않다는 뜻일까?

소통에 입이 필요하지 않을 리 없겠지만, 말을 너무 많이 하면 지혜롭지 못하다는 점을 강태공은 얘기하고 있다. 눈과 귀와 마음을 걸어 잠근 채 입만 열려 있다면 올바른 소통법이 될 수 없다. 천하와 백성의 마음을 폭넓게 헤아려 받아들이는 것이, 자신의 생각을 천하와 백성에게 말로써 주입하는 것보다 더 중요하다는 의미다.

입은 자신의 생각을 말로써 드러내는 데는 효과적이지만, 천하의 뜻을 읽어내는 역할은 하지 못한다. 눈과 귀와 마음을 닫은 채 입을 너무 넓게 열어놓으려 했던 지도자가 우리 현대정치사에 없지 않았다. 그는 세상을 향해 자신의 생각을 일방적으로 말하려고만 했을 뿐 좀처럼 들으려 하지 않았다. 그런 태도 때문에 자주 설화(舌禍)를 일으켰고, 불필요한 분란과 소모적인 갈등을 낳곤 했다. 입만 열어놓으려는 지도자의 태도는 독단이요, 고집이다. 그런 태도로는 천하의 뜻을 헤아릴 수 없어 온 백성을 다스릴 수 없다.

⑦ 육수(六守)와 삼보(三寶)

군주가 자신의 나라와 백성을 잃게 되는 까닭이 무엇인지, 문왕이 강태공에게 물었다. 이에 그는 다음과 같이 대답했다.

'不愼所與也. 人君有六守三寶.'
'(군주가) 자신과 함께 할 사람을 고르는데 신중하지 않기 때문입니다. 군주에게는 (사람을 등용할 때 지켜야 할) 여섯 가지 수칙(육수, 六守)이 있습니다. 그리고 (백성을 다스릴 때 소중히 여겨야 할) 세 가지 보배(삼보, 三寶)가 있습니다.'

육수와 삼보란 대체 무엇일까?

육수가 무엇인지 묻는 문왕에게, 그는 다음과 같이 대답하고 있다.

'一曰仁, 二曰義, 三曰忠, 四曰信, 五曰勇, 六曰謀. 是謂六守.'
'첫째 인(仁)이고, 둘째 의(義)고, 셋째 충(忠)이고, 넷째 신(信)이고, 다섯째 용(勇)이고, 여섯째 모(謀)가 있다. 이를 육수라 한다.'

군주가 인재를 등용할 때는 어진 자, 의로운 자, 충성스러운 자, 믿음이 있는 자, 용기가 있는 자, 꾀가 있는 자를 골라야 한다는 얘기다.

강태공은 인에 대해 '富之而不犯者'라 했다. 즉, 재물을 맡겨 부유하게 해놓고 관찰해봤더니 도리에 어긋나지 않게 처신한다면 어진 자라는 뜻이다. 의에 대해서는 '貴之而不驕者'라 했다. 벼슬을 맡겨 귀하게 해놓고 관찰해봤더니 교만하지 않게 처신한다면 의로운 자라는 뜻이다. 충에 대해서는 '付之而不轉者'라 했다. 재물이나 벼슬을 두 가지 이상 맡겼더니 마음이 흔들림 없이 변절하지 않았다면 충성스러운 자라는 뜻이다. 신은 '使之而不隱者'로, 중요한 일을 시켜보고 잘했는지 잘못했는지 일의 결과를 숨기는 바가 없으면 믿음이 있는 자다. 용은 '危之而不恐者'로, 위기에 닥치게 해놓고 두려워하는 바가 없으면 용기가 있는 자다. 모는 '事之而不窮者'로, 일을 맡겨도 궁함이 없이 척척 잘 해내는 바가 있으면 꾀가 있는 자다.

이어 삼보가 무엇인지 묻는 문왕에게, 그는 다음과 같이 대답하고 있다.

'大農, 大工, 大商, 謂之三寶. 農一其鄕, 則穀足. 工一其鄕, 則器足. 商一其鄕, 則貨足. 三寶各安其處, 民乃不慮.'
'농업을 크게 일으키고, 공업을 크게 일으키고, 상업을 크게 일으키는 것이 삼보입니다. 농업이 향리(鄕里)와 온전히 하나가 되면 곡식이 넉넉할 것이요, 공업이 향리와 온전히 하나가 되면 기구가 넉넉할 것이요, 상업이 향리와 온전히 하나가 되면 재화가 넉넉할 것입니다. 삼보가 각처에서 일어나 안정되면 백성은 걱정할 것이 없게 되지요.'

요컨대, 백성들 사이에 농업과 공업과 상업을 널리 흥하게 하는 것이 군주의 삼보다.

오늘날에도 육수의 수칙은 지킬 만한 가치가 얼마든지 있다. 군주가 인재를 등용할 때, 어질고 의롭고 충성스럽고 믿음 있고 용기 있고 꾀(일을 하는 능력) 있는 사람을 고르는 일은 지금도 여전히 유효하다. 다만, 이 모든 덕목을 겸비한 이를 찾기는 쉽지 않을 듯하다. 그렇다고 해서, 사사로운 정에 이끌려 아무나 골라잡을 수는 없는 노릇 아닌가.

삼보는 백성을 소중히 대하는 군주의 기본 도리다. 세 가지 모두가 백성의 생업에 깊이 관련되어 있다. 또 세 가지 모두가 곧 국부이자 국력이다. 다만 오늘날의 실정에 비춰볼 때, 농민과 중소상공인들은 적잖게 서운해 할 듯하다. 재벌의 공상(工商)은 날로 비대해져 가는데 비해, 농민과 중소상공인들은 날로 위축되고 있지 않은가. 게다가 구인난과 구직난이 심각하다면 삼보가 제대로 지켜지지 않고 있음을 말해준다.

강태공의 말대로라면, 그가 살았던 시절에는 군주가 육수와 삼보를 소홀히 하면 나라와 백성을 잃게 되었나보다. 그럼, 오늘날에는 육수와 삼보를 소홀히 해도 끄떡없이 괜찮은 걸까. 오늘날에는 육수와 삼보에 소홀해도 나라와 백성을 잃을 염려가 없을까.

⑧ 영토 지키기: 도끼를 들었으면 내리쳐라

문왕이 군주로서 영토를 지킬 수 있는 방법에 관해 물었다.
이에 강태공은

'無疎其親, 無怠其衆, 撫其左右, 御其四旁. 無借人國柄. 借人國柄, 則失其權.'이라고 말했다.

'자기 친족을 멀리하지 말고, 백성을 소홀히 대하지 말고, 측근을 어루만지고, 네 방향으로 변방수비를 견고히 해야 합니다. 나라의 권력을 남에게 맡기면 안 됩니다. 나라의 권력을 남에게 맡기면, 권력을 잃게 됩니다.'

오늘날의 권력분배 방식으로 볼 때는 이 말이 꽤 어색하게 들린다. 특히, 정치권력을 다른 사람과 나눠 갖는 일이 없어야 한다는 말은 오늘날의 삼권분립 취지에 맞지 않는다. 친족과 측근과 백성에게는 소홀하면 안 된다면서도 권력만큼은 절대 남에게 빌려주면 안 된다고 당부하고 있다. 물론 당시의 군주제 정치권력에서는 이런 당부가 지극히 당연하지 싶다.

이어지는 그의 말은 더욱 냉엄하게 들린다.

'日中必彗, 操刀必割, 執斧必伐. 日中不彗, 是謂失時. 操刀不割, 失利之期. 執斧不伐, 賊人將來.'
'해가 중천에 떴으면 (곡식을) 말리고, 칼을 들었으면 베고, 도끼를 들었으면 내리쳐야 합니다. 해가 중천에 떴는데도 곡식을 말리지 않으면 때를 놓치게 되고, 칼을 들고도 베지 않으면 때의 이익을 잃게 됩니다. 도끼를 들고도 내리치지 않으면 장차 도적을 만나게 됩니다.'
'涓涓不塞, 將爲江河. 熒熒不救, 炎炎奈何. 兩葉不去, 將用斧柯.'
'물이 졸졸 흐를 때 막지 않으면 장차 큰 강이 됩니다. 불길이 약할 때 끄지 않으면 나중에 큰 불로 번집니다. 떡잎일 때 제거하지 않으면 나중에 도끼자루를 들어야 합니다.'

표현이 거칠긴 해도, 강태공은 만사를 미리 대비하되 결정을 내려야 할 때가 오면 그 시기를 잃지 말라고 일러주고 있다. 시기를 놓치면 호미로 막을 수 있는 일을 가래로라도 막을 수 없게 되어 어찌해볼 도리가 없어진다는 얘기다. 군주는 자신과 백성의 영토를 잃지 않기 위해서는, 적기에 과단성 있는 결정을 내려야 할 책무가 있다.

한 국가의 땅을 적에게 빼앗기지 않고 지킨다는 것이 결코 쉬운 일이 아닐 테다. 냉엄해지지 않을 수 없다. 위급한 일을 당했을 때 어물어물하는 군주의 태도는 국방의 지혜로서 악덕일 수밖에 없다. 위기의 순간에 내리는 결정은 권한이기도 하지만 고통스러운 책임이기도 하다. 그 고통스러운 결정은 아무나 할 수 있는 일이 아니다. 그런 중요한 결정을 내리라고 하늘이(혹은 백성이) 군주를 지존의 자리에 앉혀놓은 게 아닌가. 군주를 단 한 명밖에 두지 않은 취지에는 결정을 효율적으로, 재빨리 하라는 뜻이 담겨 있기도 하다. 만약 군주가 두 명이나 세 명이라면 권한과 책임의 소재가 명확하지 않아 혼란스러워질 것이다.

절체절명의 위급한 순간에 결정의 책임을 다하지 않아 국가를 큰 위기에 빠뜨린 지도자가 우리 근현대사에 수없이 많았다. 참으로 무책임하고 무능하고 지혜롭지 못한 이들이었다. 물론, 급하게 결정을 내리다 보면 착오가 생겨날 위험이 없지 않다. 나중에 세월이 지나, 결과적으로 판단 오류가 있었던 것으로 밝혀질 가능성도 없지 않다. 하지만 아예 결정을 내리지 않음으로써 생기는 위기의 재앙이 그보다 더 심각할 수도 있지 않을까.

⑨ 나라 지키기: 싸우지도 말고 물러서지도 말라

군주로서 나라를 지키려면 어떻게 해야 하는지에 관한 문왕의 물음에, 강태공은 다음과 같이 대답했다.

'天生四時, 地生萬物. 天下有民, 仁聖牧之. 故春道生, 萬物榮. 夏道長, 萬物成. 秋道斂, 萬物盈. 冬道藏, 萬物靜. 盈則藏, 藏則復起. 莫知

所終, 莫知所始.'

'하늘은 봄여름가을겨울을 낳고, 땅은 만물을 낳습니다. 천하에 백성이 있어, 인자한 성인이 그들을 기릅니다. 그와 마찬가지로 봄이 낳으니 만물이 자라고, 여름이 기르니 만물이 무성하고, 가을이 거둬들이니 만물이 영글고, 겨울이 감추니 만물이 고요해집니다. 영글면 감추어지고, 감추어지면 다시 일어나니, 그 끝을 알 수 없고, 시작을 알 수 없습니다.'

강태공의 자연관이 소상하게 드러나 있다.

하늘이 따뜻하고 덥고 시원하고 추운 기운을 만들어내니, 땅은 그 기운에 맞추어 만물을 생성케 한다. 하늘과 땅의 기본 역할이 이 하나의 짤막한 글귀 속에 고스란히 녹아들어 있다. 하늘이 네 가지 기운을 만들어내듯이 천하에는 백성이 (만들어져) 있고, 땅이 만물을 생성케 하듯이 성인은 백성을 길러준다. 만물이 봄에는 자라고, 여름에는 무성해지고, 가을에는 영글고, 겨울에는 씨앗으로 보존되어 성장을 멈춘다. 만물은 늘 돌고 또 돌게 마련이다. 영글었다가 감추어지고, 감추어졌다가 다시 생겨나 자라는 과정을 끊임없이 반복하게 마련이다. 그러니 만물의 시작과 끝을 어찌 알 수 있겠는가.

'聖人配之, 以爲天地經紀. 故天下治, 仁聖藏. 天下亂, 仁聖昌. 至道其然也.'

'성인도 만물의 이치를 본받아, 세상을 다스리는 원리로 삼았습니다. 천하가 잘 다스려지면 성인이 눈에 보이지 않게 되고, 천하가 어지러우면 성인이 나타나 활동하게 됩니다. 세상의 지극한 도리는 바로 그런 것과 같습니다.'

자연관에 이어 이번에는 그의 세계관이 제시되고 있다. 성인의 도리를 자연 만물의 이치에 비유해 설명하고 있다. 태평성대가 이루어지면 성인이 필요 없게 된다. 아무것도 모자랄 것 없는 세상에 괜히 성인 노릇을 하려는 사람이 있다면 비웃음거리가 될 것 같다. 성인은 난세에만 모습을 드러내 자신의 역할을 하게 된다는 얘기다.

그러면서 '莫進而爭, 莫退而讓. 守國如此, 與天地同光.'이라는 말로 결론을 맺고 있다. 곧 '나아가서 싸우려하지 말고, (그렇다고 해서) 물러나 양보하지도 마십시오. 나라 지키기를 이와 같이 하면, (군주의 덕은) 천지와 함께 환히 빛날 것입니다.' 라는 뜻이다.

모름지기 한 나라는 군주 혼자만의 것이 아니라 온 백성의 것이다. 독단적으로 일을 벌이지 말고 만물의 섭리에 맞춰 나라를 다스리라는 메시지다. 여기서 강태공은 결코 어정쩡한 태도나 중용의 미덕을 말하고 있는 게 아니다. 그저, 나라를 지키려면 세상만물의 자연스러운 이치를 본받으라는 얘기다. 이를테면 국책사업이란 이름으로, 흐르는 물길을 인위적으로 막아 함부로 대규모 토목공사를 일으킨다든지 하는 것은 이 메시지에 반한다.
이런 사고는, 노자가 설파한 무위자연(無爲自然)과도 맥이 닿아 있다. 국가 지도자의 통치방식은 작위적이어서는 안 되며, 세상만물의 자연적인 순리를 따르라는 가르침이다. 하물며 지도자는 국민의 마음을 거슬러서는 국가공동체를 이끌어나갈 수 없다.

군주의 도리 II
| 육도의 무도에서 |

① 천하는 천하의 천하다

상나라 주왕의 포악함이 극에 이르자, 문왕이 강태공에게 상나라 백성을 위해 어떻게 해야 할지 물었다. 그의 답변에 다음과 같은 말이 나온다.

'天下者, 非一人之天下, 乃天下之天下也.'
곧 '천하라는 것은, 군주 한 사람만의 천하가 아니라, 천하의 천하입니다.'로 새겨진다.

만약 천하의 소유권을 따진다면, 그 소유권은 군주 한 사람에게 있는 것이 아니라는 얘기다. 온 백성에게 있다는 뜻이다. 그래서 군주가 천하를 자기 마음대로 독단적으로 경영해서는 안 된다고 그는 지적하고 있다.

이어 곧바로 다음과 같이 부연설명을 하고 있다.

'取天下者, 若逐野獸, 而天下皆有分肉之心. 若同舟而濟, 濟則皆同其利, 敗則皆同其害.'
곧 '천하를 취한다는 것은, 들짐승을 사냥하는 것과 같아서, 천하의 모든 사람들이 그 고기를 함께 나누려는 마음을 갖게 됩니다. 또 한 배를 타고 물을 건너는 것과 같아서, 건너는데 성공하면 모든 사람들이 그 이익을 나누지만, 실패하면 모든 사람들이 그 해를 입게 됩니다.'

군주는 천하와 운명을 함께 하는 태도를 가져야 한다는 얘기다. 그런 태도로 천하를 다스리면 천하의 온 백성들로부터 방해를 받지 않고 오히려 지지를 받게 될 것이라고 그는 말하고 있다.

그는 문왕에게 다음과 같은 말도 했다.

'大智不智, 大謀不謀, 大勇不勇, 大利不利. 利天下者, 天下啓之. 害天下者, 天下閉之.'
'큰 지혜는 지혜가 아니고, 큰 꾀는 꾀가 아니고, 큰 용기는 용기가 아니며, 큰 이로움은 이로움이 아닙니다. 천하를 이롭게 하는 자는 천하가 이끌어주지만, 천하를 해롭게 하는 자는 천하가 마음을 닫아버립니다.'

여기서 '크다(大)'라는 의미는, 군주가 저 혼자 이 궁리 저 궁리 하면서 생각해내는 독단성이다. 즉, 군주의 지혜와 꾀와 용력과 이로움이 제 아무리 크다 해도, 자신만을 위하거나 천하를 해롭게 한다면 온 백성들로부터 외면을 받게 될 것이다. 천하의 백성들을 돌볼 수 없는 군주의 지혜·꾀·용기·이로움이라면 쓸모없어 외로울 수밖에 없다.

또 이런 말도 했다.

'無取於民者, 取民者也. 無取於國者, 取國者也. 無取於天下者, 取天下者也.'
'백성으로부터 취함이 없다는 것은 백성으로부터 취함이 있다는 것입니다. 나라로부터 취함이 없다는 것은 나라로부터 취함이 있다는 것입니다.

천하로부터 취함이 없다는 것은 천하로부터 취함이 있다는 것입니다.'

군주가 백성을 사사로이 착취하지 않는다면, 오히려 백성들의 마음을 얻을 수 있다. 군주가 국가의 부를 빼돌리지 않는다면, 국가가 부유해져 국부를 얻을 수 있다. 군주가 천하를 노략질하지 않는다면, 천하의 온 백성으로부터 사랑을 받아 천하를 얻게 된다.

국가의 최고 지도자가 개인적인 영달을 꾀해서는 안 된다. 정치권력을 사사로이 이용해 거액의 비자금을 몰래 챙기거나, 퇴임 이후의 안락함을 위해 사사로운 이익이나 노린다면, 그 자신은 물론이고 국민까지 불행해질 수밖에 없다. 실제로 그런 방법으로 개인적인 영달을 꾀한 국가 지도자가 우리 현대정치사에 또렷이 남아 있다.

② 망국의 조짐은 어떻게 나타날까

강태공은 문왕에게 상나라가 멸망할 조짐을 보이고 있다면서, 그 망국의 징후들을 다음과 같이 말하고 있다.

'今彼殷商, 衆口相惑, 紛紛渺渺, 好色無極. 此亡國之徵也.'
'지금 저 상나라는 뭇사람들이 서로 현혹하고 있어, 어지럽고 아득하며, 호색의 풍조가 극에 달해 있습니다. 이것은 나라가 망할 징조입니다.'

요사스러운 말이나 유언비어가 조정 신하들 사이에 떠돌면서, 백성들까지 이에 현혹되고 있다. 또 색을 밝히는 음란한 풍조가 만연하고 있다. 결국 상나라는 나중에 주나라 무왕에 의해 멸망한다. 하지만 무왕의 아버지 문왕 때 이미 상나라는 멸망의 조짐을 보이고 있는 것이다. 문왕과 무왕, 두 군주의 책사를 지낸 바 있는 강태공은 지금은 문왕의 책사로서 상나라의 멸망 징후를 주시하고 있다.

주(紂)왕은 상의 마지막 군주로서, 충신을 멀리하고 간신을 불러들여 정사를 올바로 돌보지 않았다. 그래서 조정에서는 충신이 살해되거나 옥에 갇히고, 간신이 주왕을 등에 업고 온갖 요사스러운 행동을 일삼았다. 여기서 '호색무극(好色無極)'은 주왕이 요부 달기에 빠져 총기(聰氣)를 잃었음에 빗댄 표현이다.

그는 계속해서 상나라의 멸망 징조를 문왕에게 설명하고 있다.

'吾觀其野, 草菅勝穀. 吾觀其衆, 邪曲勝直. 吾觀其吏, 暴虐殘賊, 敗法亂刑. 上下不覺, 此亡國之時也.'
'내가 들판을 둘러보니 잡초가 곡식을 이기고 있으며, 내가 그 백성을 둘러보니 사악함이 올바름을 이기고 있으며, 내가 그 벼슬아치를 둘러보니 포학하고 잔인해 법령을 어기고 형벌제도를 어지럽히고 있습니다. (그런데도) 윗사람 아랫사람 구별할 것 없이 모두 (현실을) 자각하지 못하고 있으니, 이것은 나라가 망할 때가 되었음을 나타내는 것입니다.'

곡식이 자라지 못할 만큼 논밭에 잡초가 무성하다면 백성들이 논밭을 돌보지 않음을 말해준다. 백성들이 삶의 의욕을 잃었기 때문이다. 그릇되고 왜곡된 뜻이 올바름을 누른다면 사회의 정의가 죽어 있음을 말해준다. 벼슬아치들이 백성들을 상대로 포악한 짓을 일삼고 있다면 통치기강이 무너졌음을 말해준다. 법과 형벌이 제대로 작동하지 않는다면, 제도적 양심의 마지막 보루인 사법체계마저 기능을 잃었음을 말해준다. 더욱 암울한 것은, 현실의 사정이 그러함에도 불구하고 지도층도 백성도 모두 사태의 심각성을 깨닫지 못하고 있다는 것이다. 이른바, 총체적 난국이다.

오늘날의 우리 들판을 한번 돌아보자. 과연 이 땅의 농민들은 논밭을 충실히 돌보고 있는가. 논밭을 버리는 이들이 속출하고 있다. 심지어, 논밭의 경작을 포기하는 대가로 국가는 농민에게 '휴경보상금제'라는 이름으로 장려금을 지급하기까지 했다. 농민들이 희망을 잃고 실의에 빠져 스스로 목숨을 끊는 일이 빈번하다. 젊은이들이 농촌을 버리고 있다. 오늘날 우리 들녘은 곡식이 아닌 잡초로만 무성한 곳이 여기저기 널려 있다.

또 벼슬아치들은 과연 부정부패로부터 얼마나 자유로울까. 뇌물이나 불법이나 탈법으로부터 얼마나 떳떳하며, 국민일반의 상식적 도덕률에 얼마나 부합하는가. 혹, 법과 형벌의 운용이 무전이면 유죄이고 유전이면 무죄이지는 않은가. 사법정의가 올바로 서 있다는 말에 얼마나 많은 이가 동의할까. 나아가, 뭇사람들은 상나라의 백성들과는 달리, 오늘날의 현실을 똑바로 인식하고 있을까.

③ 백성을 고요하게 하라

강태공은 성인, 혹은 군주가 지켜야 할 도리를 문왕에게 얘기하면서 '天下之人如流水'라는 표현을 썼다. 이 말은 '천하의 온 백성은 흐르는 물과 같다.'는 뜻이다.

그는 이어 흐르는 물의 속성을 '障之則止, 啓之則行, 靜之則淸.'이라고 말했다. 곧 '(백성은 흐르는 물과 같아서) 막으면 그치고, 터주면 나아가고, 고요하게 해주면 맑아진다.'는 뜻이다.

군주는 백성의 마음을 읽되, 그 속성을 깊숙이 파악할 줄 알아야 한다는 얘기다. 여기서 '고요(靜)하게 해준다.'는 것은 대체 어떤 의미일까. 그는 다음과 같이 말하고 있다.

'上勞則刑繁, 刑繁則民憂, 民憂則流亡. 上下不安, 其生累世不休.'
'윗사람이 수고로우면 형벌이 무거워지고, 형벌이 무거우면 백성이 근심하게 되고, 백성이 근심하면 흐름(소통)이 사라집니다. (윗사람이 수고로워 아랫사람까지 불안해져) 윗사람과 아랫사람이 모두 안정을 찾지 못하면, 삶이 여러 세대에 걸쳐 편히 쉬지 못하게 됩니다.'

군주는 괜히 무리하게 일을 벌여서는 안 된다는 얘기다. 그 수고로움 탓에 백성의 삶이 연쇄적으로 불안해질 수 있다. 사실, 군주나 지도층의 부지런함이 반드시 미덕인 것만은 아니다. 어리석거나 개인의 사특함이 개입된 부지런함은 백성의 삶을 고되게 할 뿐이다. 일을 벌이지 않고 꾹 참는 것도 현명한 미덕일 수 있다. 군주의 수고로움으로 인한 백성의 불안한 삶은 당대에 그치지 않고 여러 세대에 걸쳐 지속적으로 이어진다. 이 얼마나 끔찍한 일인가. 고요하게 해준다는 것은, 곧 백성의 삶을 평안하게 해준다는 뜻이다. 백성을 고요하게 해주려면 군주는 어떻게 해야 할까. 강태공은 다음과 같이 말하고 있다.

'與天下共其生, 而天下靜矣. 太上因之, 其次化之.'
'(군주가) 천하의 백성과 삶을 함께 하면, 천하는 저절로 고요해집니다. 그것(고요함)이 가장 좋은 방법이며, 교화로써 백성을 다스린다는 것은 그 다음일 뿐입니다.'

가장 이상적인 정치는 온 백성의 뜻을 자연스럽게 따르는 것이다. 그것이 곧 '고요함'으로 나아가는 지름길이다. 그렇게 하면 천하 백성의 삶이 고요해진다. 백성을 인위적으로, 억지로 가르쳐려하는 것은 백성의 뜻을 자연스럽게 따르는 것보다 못하다. 백성은 가르쳐야 할 대상이 아니다. 백성의 뜻이 군주의 뜻과 다르다고 해서 백성을 군주의 눈높이에 억지로 갖다 맞추려 해서도 안 된다.

오늘날 국가가 주도하는 사업들 가운데 국민을 가르쳐가며, 혹은 홍보라는 이름으로 국민의 반대의견을 설득해가며 억지로 벌이는 일이 없지 않다. 백성의 뜻에 반하는, 백성의 삶의 질을 떨어뜨리는 일이 종종 눈에 띈다. 그 같은 국가의 일에 반대하거나 항의하는 사람들은 집단이기주의적 혹은 지역이기주의적 행동을 일삼는 불순한 무리로 매도당하곤 한다. 그들은 언제나 성숙한 시민의식을 갖추라고 요구받는다. 반면에 시민주권의식은 강권력에 의해 억압됨으로써 제대로 표출되지 못하기 일쑤다.

국민의 의견을 널리 들어보지 않은 채 성급하게 미국과 쇠고기 수입 협상을 벌여 쇠고기 시장을 그 나라에 내어준 일. 그럼으로써 한우를 기르는 축산농가의 삶을 어렵게 했다. 또 그 미국산 쇠고기가 광우병에 걸려 있을 위험이 있어 소비자도 광우병에 걸릴지 모른다는 두려움을 국민의 마음속에 깊이 심어놓기까지 했다. 그리고 국토를 자연 그대로 내버려두는 것이 순리일 법한데도, 억지로 파헤치거나 물길을 인위적으로 돌려 막는 일이 도처에서 벌어지고 있거나 논의되곤 한다. 심지어 국책 토목사업을 벌이면서 지역 주민의 동의를 구하려는 노력을 다하지 않은 채 밀어붙이기 식으로 행정을 집행하곤 했다. 국가의 일이 제아무리 중요하고 신성불가침하다고 해도 축산농가나 소비자나 지역주민 등의 처지에서는 생존이 걸린 문제일 수 있다. 그들의 이해를 미처 구하지 않은 채 비밀리에 또는 막무가내로 일을 밀어붙여놓고는, 그 일에 반대하는 사람들이 거리 시위라도 벌이면 '엄단'의 엄포를 놓곤 한다.

일을 하지 않으면서 봉급만 챙기는 사람들을 '철밥통'으로 비아냥거리는 풍조 탓인가. 아니면, 무슨 일이든 억지로 만들어내야 조직이나 개인의 밥그릇이 달아나지 않을 것이라는 안전보장 기대심리 탓인가. 왜 하지 않아도 될 일을 국가가 주도적으로 나서 억지로 하려고 들까? 왜 불필요한 일을 벌여 가뜩이나 고단한 사람들의 삶을 더욱 고달프게 할까? 국민을 상대로 하는 이른바 '정신개조' 성격의 관제캠페인이 국가사업으로 요란하게 벌어지곤 하던 어두운 시절을 연상케 한다. 전체주의 혹은 파시즘의 유산이요 망령일지도 모른다.

만약 누군가 '일을 안 해도 봉급을 줄 테니 제발 사람들의 삶의 질을 떨어뜨리는 일을 억지로 만들지 마십시오.'라고 한다면, 화를 낼 수 없는 사람이 꽤 많이 있을 듯하다.

④ 군사를 일으키기 전의 방책 열두 가지

문왕은 강태공에게 문벌(文伐), 곧 군사를 일으키기 이전에 문사(文事)로써 적을 공략할 할 방책에 관해 물었다. 이에 그는 무려 열두 가지나 제시하고 있다. 모두 선무공작에 관한 것들이다.

그 첫 번째로 '因其所喜, 以順其志.'라 했다. 곧 '(적이) 기뻐하는 바대로 그 뜻을 따르라.'는 뜻이다. 그렇게 하면 '적장(혹은 군주)이 교만해지고, 좋아하는 일에 탐닉하게 된다(彼將生驕, 必有好事).'고 했다.

이 계책대로라면 강태공은 인간의 이성이나 합리성을 별로 신뢰하지 않은 듯하다. 물론 그 자신은 정치적으로 대단히 노련하다.

두 번째로 '親其所愛, 以分其威.'라 했다. 곧 '(적이) 좋아하는 바와 친해짐으로써 그 위엄을 나눠가지라.'는 뜻이다. 그렇게 하면 '적의 한 마음이 둘로 쪼개져, 중심이 반드시 쇠하고 조정에 충신이 사라지며 사직이 반드시 위태로워진다(一人兩心, 其中必衰, 廷無忠臣, 社稷必危).'고 했다.

세 번째로 '陰賂左右, 得情甚深.'이라 했다. 곧 '몰래 신하에게 뇌물을 주어 그 뜻을 깊게 얻으라.'고 했다. 그렇게 하면 '적국의 신하는 몸은 안에 있되 마음이 바깥에 있어 그 나라에 장차 해로운 일이 생긴다(身內情外, 國將生害).'고 했다.

네 번째는 '輔其淫樂, 以廣其志.'이다. 곧 '음란한 즐거움을 부추기고, 마음의 변절을 확산시키라.'는 말이다. 재물을 뇌물로 쓰기보다는, 신체의 말초신경, 곧 감각을 자극하라는 계책이다. 곧 적에게 육체적 쾌락을 불러일으켜 약점으로 이용하라는 얘기다.

다섯 번째로 '嚴其忠臣, 而簿其賂. 稽留其使, 勿聽而事.'라 했다. '(적국의) 충신에게 뇌물을 엄청나게 많이 안겨줌으로써 (적장에게는 상대적으로) 뇌물을 적게 준 것처럼 하라. (적국의) 사신을 맞아 머물게 해놓고 그의 말을 들으려 하지 말라.'는 뜻이다.

뇌물의 많고 적음으로써 적국의 충신과 적장 사이를 이간질하려는 의도다. 또 사신의 말을 듣지 말라는 것은, 적국의 사신과 군주 사이, 그리고 사신과 사신 사이를 이간질하려는 의도다. 즉, 사신의 말을 듣지 않으면 적국의 군주는 그 사신을 신임하지 않으려들 것이다. 이에 군주는 자신이 신임하는 유능한 사신을 새로 보내올 테고, 무능한 사신과 유능한 사신 사이에 공적(功績)을 다투는 시샘이 생길 것이다.

여섯 번째는 '收其內, 間其外.'이다. 곧 '(적국의) 내부를 끌어들여 외부와의 사이를 멀어지게 하라.'는 의미다. 적국의 조정 내부에 있는 신하들을 뇌물 등으로 매수하여, 내부의 신하들과 외부의 신하들 사이에 알력이 생기게 유도하는 방책이다.

일곱 번째는 '欲錮其心, 必厚賂之, 收其左右忠愛.'라 했다. '(적국의 군주나 장수의) 마음을 고립시키려면, 반드시 뇌물을 후하게 써서 측근들의 충성과 사랑을 빼앗으라.'는 뜻이다. 군주 주위의 신하를 간신으로 바꾸고, 장수 주위의 참모를 배신자로 돌아서게 하라는 얘기다.

여덟 번째는 '賂以重寶, 因與之謀. 謀而利之, 利之必信.'이다. '(적장에게) 후한 보물을 뇌물로 씀으로써 (적장에게도) 더불어 이익이 생기도록 도모하라. 그러면 그 이익 때문에 (적장의) 신뢰를 얻을 수 있다.'는 의미다. 적이 뇌물 앞에서 피아를 구분하지 못하도록 하라는 계책이다.

아홉 번째로 '尊之以名, 無難其身, 示以大勢, 從之必信.'이라 했다. 곧 '이름으로써 적을 높이고, 적의 몸을 어렵지 않게 하고, 적이 큰 힘을 가진 것처럼 나타낸다면, 반드시 적으로부터 신뢰를 얻을 것이다.'는 뜻이다.

비록 자존심 상하는 일이긴 하지만, 적장(혹은 군주)을 이름 한번 근사하게 불러주면서 예우하는 것은 그리 어려운 일이 아니다. 더욱이, 적장을 그렇게 대한다면 한 나라를 차지할 수 있다는데. 번지르르한 이름은 헛된 명예에 지나지 않는다. 적의 몸을 편안하게 해주거나, 적이 큰 힘을 지녔다고 추켜세우는 것도, 나중에 한 나라를 취할 수 있다면 그다지 어려운 일이 아니다.

열 번째로는 '下之必信, 以得其情. 承意應事, 如與同生. 旣以得之, 乃徵收之. 時及將至, 若天喪之.'라고 했다. 곧 '적보다 낮추어 신뢰를 얻음으로써 그 마음을 얻을 수 있다. (적의) 뜻을 이어받아 섬기는 척하면서 마치 생을 함께 할 것처럼 한다. 적의 마음을 얻었으면 곧 거두어들인다. 장차 때가 미치어 이르게 되면, (무력을 쓰지 않고도) 마치 하늘이 적을 멸망케 하는 것이나 마찬가지다.'로 새겨진다.

열한 번째로 '塞之以道.'라 했다. 곧 '도(道)로써 적의 군주를 고립시킨다.'는 의미다. 여기서 '도'란 인간의 자연스러운 심리를 가리킨다. 곧이어 '人臣無不重貴與富, 惡死與咎.'라 말한다. '신하된 자는 (인간으로서) 귀(貴)와 부(富)를 소중히 여기지 않을 리 없다. 또 죽음과 허물을 미워하지 않을 리 없다.'는 뜻이다. 인간의 이런 자연스러운 심리(道)를 이용해 군주를 신하들로부터 고립시킨다는 계략이다. 이어 '陰示大尊, 而徵輸重寶, 收其豪傑.'이라는 말로 '크게 존귀한 것을 얻을 수 있는 것처럼 암시하면서, 이어 귀한 보물을 보내 적국의 호걸을 끌어들인다.'고 말한다. 그 호걸들은 진귀한 보물에 마음이 혹해 군주의 뜻을 제대로 받들지 않을 것이다.

이로써 결국 군주는 신하들의 충성으로부터 멀어져 고립될 수밖에 없다. 강태공은 군주가 신하들로부터 고립된 상태를 일러, '有國而塞, 安能有國', 즉 '나라가 있으면서도 군주가 고립된다면 나라가 있다고 할 수 없다.'라고 한다. 군주의 고립은 곧 나라가 망한 것이나 다름없는 상태라는 뜻이다.

마지막 열두 번째는 '養其亂臣以迷之, 進美女淫聲以惑之.'이다. 곧 '난신을 길러 군주의 마음을 어지럽히고, 미녀와 음란한 음악을 바침으로써 군주를 유혹하라.'는 뜻이다.

이상의 열두 가지 방략은 제각기 미세한 차이가 있긴 하지만, 넓게 보아 대동소이하다. 대체로, 뇌물을 쓰거나 육체적 쾌락을 자극함으로써 적국의 내부를 어지럽히고 이간질하라는 뜻으로 요약된다. 제국주의시대에 영국이나 프랑스 같은 유럽 열강들이 아프리카나 인도를 지배할 때 즐겨 썼던 이른바 '분리지배(Divide and Rule)'의 책략을 연상케 한다. 그들은 현지 국가의 부족 사이, 또는 종교집단 사이에 이간질을 부추김으로써 한 국가의 힘이 강성해지는 것을 견제했다. 또 이 같은 방략은 '이이제의(以夷制夷)' 책략의 원조 격이기도 하다.

강태공은 이상과 같은 열두 가지의 방책이 갖추어져 시행된 뒤에 군대를 일으킬 수 있다(十二節備, 乃成武事)고 말했다. 다시 말해 '上察天, 下察地, 徵已見, 乃伐之.'라며 '위로는 하늘의 뜻을 살피고, 아래로는 땅의 뜻을 살펴, 그 징조가 보이면, 적국을 (무력으로써) 정벌할 수 있다.'라고 했다.
그의 말에는 무력을 함부로 사용하지 말라는 뜻이 담겨 있다. 그런데 좀 달리 생각하면, 무력을 사용하기 이전에 먼저 적을 적극적으로 교란해놓으라는 뜻으로 풀이되기도 한다.

 이런 방략은 이웃의 큰 나라인 상나라를 적국으로 삼아 고안됐을 테다. 뇌물, 미인계, 이간질 등의 개념을 연상케 해 도덕적 논란의 여지가 없지 않다. 다만 무력 사용의 신중함을 강조하고 있다는 점에서, 외교적 실리를 논하고 있다는 점에서, 오늘날의 군 통수권자나 외교 당국자들의 새겨 들을 만하다.

군주의 도리 Ⅲ
| 삼략에서 |

① 유·강·약·강(柔剛弱强)을 겸비하라

 강태공은 삼략의 상략 편에서 군주의 도리를 논하면서 다음과 같이 말하고 있다.

 '柔有所設, 剛有所施, 弱有所用, 强有所加. 兼此四者, 而制其宜.'
 '부드러움에도 베풀 만한 쓰임새가 있으며, 굳셈에도 보완해 고쳐야 할 것이 있으며, 약함에도 쓰일 만한 장점이 있으며, 강함에도 더 채워 넣어야 할 것이 있다. 이 네 가지 성질을 고루 겸비해야 마땅히 옳은 바를 이룰 수 있다.'

 부드럽거나 약하다고 해서 그 쓰임새에서 아무런 효력이 없는 것은 아니다. 굳셈이나 강함을 보완해주는 장점을 갖고 있게 마련이다. 또 부드럽다고 해서, 약하다고 해서 언제나 변함없이 부드럽고, 약한 상태로 머물러 있지만은 않다. 마찬가지로, 굳세고 강하다고 해서 언제나 변함없이 그런 상태로 머물러 있지만은 않을 것이다. 군주로서는 유·강·약·강(柔剛弱强)의 덕목을 조화시키는 지혜가 필요하다는 뜻이다.

이어 다음과 같은 말도 곁들이고 있다.

'端末未見, 人莫能知. 天地神明, 與物推移, 變動無常. 因敵轉化, 不爲事先. 制而輒髓. 故能圖制無疆, 扶成天威. 匡正八極, 密定九夷. 如此謀者, 爲帝王師.'

'무슨 일이든 처음과 끝이 모두 드러나지 않고서는, 사람은 그 일을 능히 알 수 없다. 천지신명은 사물과 함께 늘 변하게 마련이어서 언제나 똑같지는 않다. 그리하여, 적국을 상대할 때도 먼저 성급하게 일을 이루려 하지 말라. 먼저 (유·강·약·강으로써) 옳은 바를 이루고 나면, 적국은 저절로 아국을 따르려 할 것이다. 마찬가지로, (유·강·약·강으로써) 옳은 바를 끝없이 이룰 수 있다면, 이는 하늘의 위엄을 세우는 것이다. (그리하면) 팔극(동·서·남·북·북동·북서·남동·남서)의 온 세상을 널리 바르게 하고, 동쪽의 아홉 오랑캐들과도 긴밀한 관계를 유지할 수 있다. 이런 일을 도모하는 자가 제왕의 스승이 된다.'

지금 그는 자신이 속한 주나라의 외교관계에 대해 군주가 취해야 할 도리를 말하고 있다. 비록 상대가 약소국이라 할지라도 굳세고 뻣뻣한 태도로서만 대하지 말라고 이르고 있다. 또 비록 강대국이라 할지라도 늘 부드러움과 나약함의 저자세로만 대하지 말고, 굳셈과 뻣뻣함을 섞어 유·

강·약·강의 조화로운 태도로 상대하라고 이르고 있다.

베풀 것은 베풀고, 양보할 것은 양보하고, 할말은 하는 태도로 외교관계를 유지해나가라는 얘기다. 그렇게 하면, 변방의 여러 이민족들과도 불필요한 싸움을 피할 수 있어 천하가 평화로워진다. 그런 세상을 만드는 군주야말로 천하에서 가장 훌륭한 군주다.

이 유강약강 조화이론은 주나라가 상나라를 멸하고 천하를 평정하는 데 큰 역할을 하게 된다. 주나라 무왕이 상을 정벌할 당시, 상의 주변 제후국 대다수가 상에 등을 돌린 채 무왕을 지지하거나 도왔다. 또 이민족 국가들도 대부분 무왕을 지지했다. 유강약강 조화이론을 대외정책에 적용함으로써 거둔 외교적 성과였다. 다시 말해, 변방을 먼저 공략해 중심부를 포위한다는 구상의 외교정책에 이 이론이 적용된 것이다.

유강약강을 조화롭게 운용하는 태도가 어디 대외정치나 국제외교관계에서만 적용되겠는가. 현명한 지도자라면 국내정치에서도 얼마든지 적용하거나 응용할 수 있는 지혜가 아닐까.

② 현자에 의지하고 백성을 믿으라

강태공은 자신의 정치철학에서 늘 현자(賢者)와 백성을 중시하는 태도를 보이고 있다. 현자와 백성을 중시하는 유가의 정치철학도 어쩌면 강태공의 철학으로부터 많은 영향을 받았을지 모른다. 하긴 시공(時空)을 아우르는 한 사상이나 철학이 순전히 어느 한 사람만의, 혹은 어느 한 집단만의 머리 속에서 나올 수는 없을 테다. 공자의 유가사상도, 오래되고 드넓은 시공의 집대성에 다름이 아닐 것이다. 물론 강태공의 사고체계도 순전히 그 자신의 영민함으로 이루어진 것만은 아닐 테다.

각설하고, 그는 상략 편에서 다음과 같이 말했다.

'夫爲國之道, 恃賢與民. 信賢如腹心, 使民如四肢, 則策無遺. 所適如肢體相隨, 骨節相求, 天道自然. 其巧無間.'
'대체로 국가를 다스리는 도는 현자와 백성에 의지한다. 현자를 믿기를 자신의 배와 마음 같이 하고, 백성을 부리기를 자신의 팔다리 같이 한다면, 계획이 어그러지는 일이 없을 것이다. 또 그와 같이 한다면, 뜻하는 바가 자신의 몸처럼 서로 따르고 뼈마디가 서로 도와서 하늘의 도리처럼 자연스럽게 이루어질 것이다. 그 기교에는 틈이 벌어지지 않아 겉돎이 없다.'

어질고 지혜로운 현인을 믿고 따르고, 백성을 제 몸처럼 여긴다면, 군주는 국가를 잘 다스릴 수 있다는 얘기다. 그렇게 하면 군주는 뜻하는 바를 자연스럽게 이룰 수 있다. 사실 강태공 자신도 처음에는 이름 없는 야인에 지나지 않았지만, 나이 일흔에 문왕에 의해 현자로 정중하게 모셔지지 않았던가. 그래서 국사이자 재상의 지위에까지 오르지 않았던가.

한편 그는, 군주가 백성을 어떻게 대해야 하는지 다음과 같이 다소 장황하게 설명하고 있다.

'軍國之要, 察衆心, 施百務. 危者安之, 懼者歡之, 叛者還之, 冤者原之, 訴者察之, 卑者貴之, 强者抑之, 敵者殘之, 貧者豊之, 欲者使之, 畏者隱之, 謀者近之, 讒者覆之, 毁者復之, 反者廢之, 橫者挫之, 滿者損之, 歸者招之, 服者居之, 降者脫之.'
'군을 통솔하고 나라를 다스릴 때 중요한 것은, 무리(백성)의 마음을 살피고 온갖 일에 세심하게 신경을 써주는 데 있다. 즉, 위태로운 자는 편안하게 하고, 두려워하는 자는 기쁘게 하고, 배반한 자는 돌아오게 하고, 죄 없이 억울한 자는 용서하고, 억울함을 호소하는 자는 살펴주고, 비천한 자는 귀하게 대하고, 강한 자는 (횡포를 부리지 않게) 억제하고, 적대하는 자는 쇠잔케 하고, 가난한 자는 부유하게 하고, 의욕이 있는 자는 그렇게 하도록 해주고, 두려워하는 자는 불쌍히 여기고, 꾀가 있는 자는 가까이 데려오고, 모함하는 자는 내치고, 험담하는 자는 물리치고, 반역하는 자는 제거하고, 난폭한 자는 순하게 길들이고, 교만한 자는 삼가게 하고, 돌아오려는 자는 불러주고, 복종하는 자는 살게 해주고, 항복하는 자는 죄를 용서해주는 것이다.'

왜 이렇게 구구하게 장황설을 늘어놓고 있는 걸까. 군주는 백성의 세세한 일상생활을 소중하게 여겨야 한다는 뜻에서다. 요즘 흔히 하는 말로, 민생현장을 꼼꼼히 챙기라는 의미다.

군주는 뜻을 크게 가져야 마땅하다지만, 백성 한명 한명의 처지에서 볼 때 그 큰 뜻이라는 게 살갑게 여겨지지 않는다. 군주는 큰일을 도모해야 마땅하다지만, 백성 개인으로서는 어디까지나 가족의 생계와 행복이 우선이다. 백성의 일상이 즐겁지 않으면 군주로서는 민심을 얻을 수 없다. 하물며, 군주가 자신의 가족이나 측근을 위해서만 안위를 돌본다면 민심은 이반될 수밖에 없다.

그래서 이렇게 말하기도 했다.

'莫不貪强, 鮮能守微. 若能守微, 乃保其生.'

'강함을 탐내지 않는 사람은 드물고, 미세함을 능히 지킬 수 있는 이는 드물다. 미세함을 능히 지킬 수 있다면 생명을 보전할 수 있다.'

사람은 누구나 강해지려고만 한다. 사소한 것은 지키려하지 않는다. 그렇지만 사소한 것을 지킬 수 있어야 죽지 않고 살 수 있다는 얘기다. 백성의 삶이 그렇지 않은가. 아득히 높은 지위에 있는 군주로서는 백성들의 삶 하나하나가 하찮고 사소하게 보일 수도 있을 테다. 그러나 그 세세한 것 하나하나가 모여 민심을 만든다. 따지고 보면, 군주라는 큰 지위나 막강한 권력도 그 민심을 바탕으로 해서 유지되고 있지 않은가. 백성들의 일상에 관한 작은 것(微)들을 꼼꼼히 챙기지 않은 채 소홀히 한다면, 군주는 자신의 생명을 온전히 보전할 수도 없다.

오늘날로 치면, 국민은 누구나 자신의 일자리를 가진 채 생업에 전념할 수 있기를 원할 테다. 또 자신과 가족들이 건강하고 행복하게 오래 살 수 있기를 바랄 것이다. 자식들에게 교육을 잘 받게 해, 자식들이 복된 삶을 보장받고 세상이 나아지는데 무언가 기여할 수 있기를 바랄 테다. 그런 소망들이 이루어지면 사람들은 세상살이에서 용기와 희망을 얻고 보람도 느낄 것이다. 이 세상에는 사람들의 소중한 '작은 것'이 이루 헤아릴 수 없을 만큼 많다.

③ 은혜가 곤충에 미치면 성인이 돌아온다

강태공은 하략 편에서 군주의 은혜를 강조하면서 다음과 같이 말하고 있다.

'澤及於民, 則賢人歸之. 澤及昆蟲, 則聖人歸之. 賢人所歸, 則其國强. 聖人所歸, 則六合同.'

'은혜(澤)가 백성에 미친다면 현인이 돌아온다. 은혜가 곤충에 미친다면 성인이 돌아온다. 현인이 돌아오면 나라가 강해진다. 성인이 돌아오면 온 세상이 함께 한다.'

군주는 모름지기 백성뿐 아니라, 한낱 미물에 불과할 수도 있는 벌레에까지 은혜를 골고루 베풀어야 한다는 뜻이다. '곤충'이란 말을 쓴 것은 군주의 은혜가 그만큼 골고루 깊숙하게 미쳐야 한다는 점을 강조하기 위함이다. 현인뿐 아니라 성인까지 얻을 수 있다면, 군주는 자신의 나라뿐 아니라 세상 만물(六合, 하늘·땅·동·서·남·북)의 도움까지 얻을 수 있다.

그는 곧바로 이어 '求賢以德, 致聖以道. 賢去, 則國微. 聖去, 則國乖.'라고 말했다. 곧 '현인을 구할 때는 덕으로써 하고, 성인을 구할 때는 도로써 하라. (덕을 베풀지 못해) 현인이 떠나면 나라가 쇠약해진다. (도를 베풀지 못해) 성인이 떠나면 나라가 어그러진다.'는 뜻이다.

군주의 통치 덕목 가운데 덕과 도는 으뜸이 되는 가치다. 그 중요성은 새삼 말할 나위가 없다. 덕과 도는 시대에 따라 개념이 조금씩 달라지기는 하지만 인간의 본성이 변하지 않는 한, 예나 지금이나 그 가치에 변함이 있을 수 없다.

④ 선비는 기둥, 서민은 근본

강태공은 상략 편에서 다음과 같이 말하고 있다.

'夫所謂士者英雄也. 故曰 羅其英雄, 則敵國窮. 英雄者, 國之幹. 庶

民者, 國之本. 得其幹, 收其本, 則行政而無怨.'

'무릇 선비라고 하는 것은 영웅이다. 예로부터 말하기를, 영웅을 끌어모으면 적국이 궁해진다고 했다. 영웅은 나라의 기둥이요, 서민은 나라의 근본이다. 기둥을 얻고 근본을 모아들이면, 곧 정치가 올바로 이루어져 원망이 있을 수 없다.'

강태공의 시대에도 영웅은 국경을 자유롭게 넘나들 수 있었던 것 같다. 하긴 그 당시에는 국경 관념이 희박했을 테다. 천자의 나라 한곳을 제외하면 나머지는 모두 제후국들이다. 그래서 영웅은 자신을 알아주는 주군 혹은 나라를 자유롭게 찾아가 몸을 의탁하고 뜻을 펼 수 있었던 것 같다. 그렇기 때문에, 한 나라가 영웅을 싹쓸이 해버리면 다른 나라는 영웅을 잃어 가난해진다는 말이 있었던 모양이다. 나라는 영웅만으로 영위되지는 않는다. 군주가 덕을 베풀만한 서민이 없으면 국가가 성립되지 않는다. 군주의 덕이 널리 소문나 서민이 그 군주를 향해 구름처럼 몰려들 때 그 나라는 흥한다. 선비와 서민을 중시하는 강태공의 이 말은, 현자와 백성을 중시하는 그의 태도의 연장선에 있다고 볼 수 있다.

여기서 선비란 오늘날로 치면 '유능한 인재' 쯤에 해당한다. 우리는 오늘날 인재를 키우는데 얼마나 힘을 쏟고 있을까. 나아가, 인재를 끌어 모으는데 얼마나 노력하고 있을까.

현실적으로 인재는 제도교육 정책에 의해 길러질 것이다. 교육정책을 두고 여러 말들이 오가는 것을 보면 인재양성의 중요성은 누구에게나 널리 인식되고 있는 것 같다. 다만 여전히 그 방법모색 단계에만 머물고 있다. 인재양성의 효율성은 여전히 저급한 수준에 머물러 있음을 말해주는 듯하다.

　그나마 길러진 인재는 제대로 관리되고 있는가. 국경을 넘어 데려오기는커녕, 국내에서 길러진 인재들마저 국경너머로 빠져나가고 있지 않은가. 인재들이 자신의 재능과 뜻을 펼 수 있을 만큼 군주나 국가가 제 역할을 다하지 못하기 때문이 아닐는지. 강태공의 말대로라면, 인재가 과다하게 유출되면 나라가 궁해질지도 모를 일이다.

　오늘날 서민은 국가의 근본에 해당하는 대접을 받고 있을까. 이를테면, 서민은 월급쟁이로서, 장사꾼으로서, 중소사업가로서, 농민·노동자로서 모두 자신의 생업에 편히 종사할 수 있기를 바랄 것이다. 그러면서 월급이 깎이지 않기를, 돈이 많이 벌리기를, 물가가 폭등하지 않아 생활고에 시달리지 않기를, 풍년이 들기를 바랄 테다.
　최고 정치지도자와 국가는 서민들의 그런 바람에 제대로 부응하고 있는가. 서민들은 툭하면 구인난이나 구직난을 들먹이면서 서러워하고, 물가불안이나 실질소득 감소를 걱정하는 것이 현실이다. 농민은 풍년이 들어도 예전에 비해 그다지 달가워하지 않는다. 풍년이 들면 마음이야 풍족하겠지만 가계소득에는 큰 변화가 없다. 또 영세 자영업자는 장사가 안된다며 폐업하는 일이 다반사다. 일용노동자는 일거리가 없어 입에 풀칠조차 할 수 없다고 아우성치거나 노숙자로 전락하기 일쑤다. 강태공이 '나라의 근본'으로 지칭한 서민들은 이 땅에서 그렇게 아등바등 삶을 이어가고 있다.
　강태공은 인재를 얻고 서민을 모아들이면 정치가 올바로 이루어져 원망이 있을 수 없을 것이라 말하고 있다. 정녕 이 땅에는 원망이 없는가.

⑤ 덕치

강태공은 군주의 덕치(德治), 곧 덕으로써 다스리는 정치를 강조하고 있다.

하략 편에서 '有德之君, 以樂樂人. 無德之君, 以樂樂身. 樂人者, 久而長. 樂身者, 不久而亡.'이라고 말했다.

곧 '덕이 있는 군주는 즐거움으로써 남(백성)을 즐겁게 한다. 덕이 없는 군주는 즐거움으로써 자신의 몸만을 즐겁게 한다. 남을 즐겁게 하는 자는 영구히 길게 산다. 자신의 몸만 즐겁게 하는 자는 오래가지 못하고 망한다.'고 했다.

덕은 이기심을 이기는 데 있다. 덕은 말초신경적인 쾌락을 쫓아내는 데 있다. 군주도 인간인 이상 이기심이나 쾌락의 유혹에 빠질 수 있을 테다. 하지만 덕치를 이루려면 자신이 아닌 백성을 즐겁게 해야 한다.

그런가 하면, 곧 이어 '務廣地者荒, 務廣德者强. 能有其有者安, 貪人之有者殘. 殘滅之政, 累世受患. 造作過制, 雖成必敗.'라고 말하고 있다.
'땅을 넓히는데 힘쓰는 자는 황폐해지고, 덕을 넓히는데 힘쓰는 자는 강해진다. 능히 보유할 만한 것을 보유하는 자는 편안해지고, 남의 것을 탐내는 자는 쇠잔해진다. 잔멸(殘滅)의 정치는 여러 세대에 걸쳐 우환을 받게 한다. 일을 지나치게 무리하게 하면, 비록 이룰 수는 있을지라도 언젠가는 반드시 패망하고 만다.'는 얘기다.

여기서, 땅을 넓히는데 힘쓴다는 것은 전쟁하기를 좋아한다는 뜻이다.

굳이 다른 나라와 전쟁을 벌이지 않더라도, 자신의 뜻을 무력으로 이루려 하지 말라는 얘기다. 그리고 욕심을 부리지 말아야 한다. 무력을 쓰기를 좋아하고 욕심을 부리는 군주는 곧 잔멸의 정치를 하는 군주다. 그런 군주라면 자신의 세대뿐 아니라 여러 세대에 걸쳐 불행을 대물림하게 된다.

이 말은 먼 남의 나라, 그리고 오랜 시절의 얘기가 아니다. 우리 현대사에서도 덕치를 행하지 않은 지도자들로 인해 오늘날까지 많은 사람들이 고통 받고 있는 악업이 한두 가지가 아니다. 그들은 제 나라의 군대를 동원해 제 나라의 국민을 집단으로 학살한다든지, 국민을 상대로 권력을 함부로 휘두른다든지, 멀쩡한 자연생태계를 함부로 파괴해 미물의 생명을 빼앗는다든지 해서, 누대에 걸쳐 불행을 대물림하고 있다.

그는 또 중략 편에서 '主不可以無德. 無德則臣叛.'이라 말하고 있다. 곧 '군주가 덕을 갖추지 않으면 나라를 통치한다는 것이 불가능하다. 군주가 덕이 없으면 신하가 배반한다.'는 뜻이다.
군주에게 덕은 권위와 같다. 군주가 덕을 갖추지 않으면 권위를 잃게 된다. 군주가 권위를 잃으면 신하들로부터 업신여김이나 배반을 당하게 마련이다. 덕은 통치의 정당성을 인정받는 토대다.
우리 현대정치사에서도 정치 최고지도자가 신하로부터 배반당한 전례가 없지 않다. 심지어 최고지도자가 흉기를 든 신하에 의해 목숨을 잃은 적도 있다. 그래서 그 자신뿐 아니라 국가와 국민을 위태롭게 또는 불안케 했다. 물론 그것은 지도자가 덕을 갖추지 않아 권위를 잃었기 때문이다.
곧이어 '無威則失權.'이라 했다. '권위가 없으면 권력을 잃게 된다.'는 얘기다. 정치에서 권력을 잃은 군주라면 무능하여 쓸모가 없다. 현실적으로 권력은 통치의 기반으로, 나라와 백성을 국내외의 적으로부터 보호하는 역할을 한다. 또 군주의 권력상실은 정변이나 권력다툼이나 혼란을 부르게 마련이다.

결국 한 나라의 큰 어지러움은 애당초 군주가 덕을 갖추지 않은 데에서 비롯되는 셈이다.

⑥ 신하도 덕이 있어야 한다

강태공은 중략 편에서 '臣不可以無德, 無德則無以事君.'이라 했다. '신하는 덕을 갖추지 않으면 (군주 보필이) 불가능하다. 덕을 갖추지 않으면 군주를 섬길 수 없다.'는 말이다.

이어 '無威則國弱.'이라고도 했다. '(신하가) 권위를 갖추지 않으면 나라가 약해진다.'는 말이다.

신하가 하는 일 가운데 중요한 것의 하나는 군주와 백성 사이의 가교 역할이다. 신하가 덕이 없으면 언행에 권위가 서지 않는다. 권위는 덕으로부터 나온다. 신하가 덕이 없어 권위를 잃으면 군주로부터 외면을 당하게 마련이다. 덕과 권위를 잃게 되면 제아무리 충언을 간해도 군주의 마음을 움직일 수 없다. 신하가 군주의 마음을 움직일 수 없으면 민심이 군주에게 올바로 전달되지 않는다. 군주는 백성의 마음을 읽지 못하게 되고, 백성은 군주의 뜻을 알 수 없게 된다. 군주와 백성 사이에 소통이 잘 될 리 없다.

더욱이, 덕과 권위를 잃은 신하라면 백성들로부터도 외면을 당할 것이다. 그런 신하는 군주의 뜻을 백성들 사이에 펼 수 없게 된다. 결국 덕과 권위를 잃은 신하가 많아질수록, 그 나라는 쇠약해지고 민생은 도탄에 빠질 수밖에 없다. 군주는 마땅히 그런 자를 내쳐야 한다.

이어 하략 편에서는 '使怨治怨, 是謂逆天. 使讐治讐, 其禍不救.'라 했다.
'원한으로써 원한을 다스리지 말라, 그것은 역천이다. 원수로써 원수를 다스리지 말라, 그렇게 하면 화를 구제할 수 없다.'로 새겨진다.

평소 백성들로부터 원성을 듣는 자라면 백성들로부터 덕과 권위를 잃은 사람임에 틀림없다. 그런 인물이 군주를 보필하면서 관직에 앉아 있다면 백성들의 원한을 달랠 수 없다. 백성들의 원한을 달래기는커녕 되레 민심을 자극하기 십상이다. 만약 군주가 그런 인물을 앞세워 백성의 마음을 달래려 한다면 그것은 역천(逆天)으로서 하늘의 뜻을 거스르는 일이다. 군주가 그런 인물을 자꾸만 싸고돈다면, 백성의 심기를 건드려 나라에 큰 화를 부르게 된다.

국민의 가슴에 못질을 한 자가 관직을 유지한 채 민생을 돌보는 역할을 하고 있다면 참으로 우스운 일이다. 그는 국민으로부터 덕이나 권위를 잃은 자로서 미움을 사고 있는 인물이다. 만약 그런 자가 임명권자와 뜻이 맞는다는 이유로, 또는 행정사무를 효율적으로 잘 처리한다는 이유로, 혹은 정치적 이해관계가 일치하는 동지(同志)라는 이유로, 관직을 보지한 채 녹을 받아먹고 있다면 국민의 삶을 고단하게 할 뿐이다. 국가 지도자와 국민 사이에서 소통 혹은 가교 역할을 하기는커녕 되레 틈을 더 벌어지게 할 뿐이다. 국가 지도자는 그런 인물이 없는지 주위를 돌아볼 일이다. 덕이 없는 관리는 지도자의 덕까지 빼앗게 마련이다.

하략 편에서 강태공은 다음과 같은 말을 했다.

'賢臣內, 則邪臣外. 邪臣內, 則賢臣斃. 內外失宜, 禍亂傳世.'
'현명한 신하가 조정에 있으면 사악한 신하는 조정 밖으로 밀려난다. 사악한 신하가 조정에 있으면 현명한 신하가 죽임을 당한다. 조정의 안팎이 마땅한 도리를 잃게 되면 재앙이 대대손손 미치게 된다.'

참으로 무서운 말이다. 조정에 어진 신하가 많아 군주의 국정을 잘 보필한다면, 사특한 신하가 조정에 발붙일 곳이 없다. 거꾸로 사특한 무리가 조정에 득실대면서 국정을 함부로 농단한다면, 어진 신하는 쫓겨나 죽음을 면할 수 없다. 그 화는 단기간에 멎지 않고 오래토록 이어진다.

신하가 덕을 갖고 있는지, 또는 조정에 덕을 가진 신하가 얼마나 많은지 여부에 따라 통치의 역량이 좌우된다. 어진 신하가 조정에서 쫓겨나는 일은 왜 생겨날까? 대체로 사특한 신하의 모함 탓이다. 그러나 궁극적으로 신하를 내쫓는 권한은 전적으로 군주에게 있다. 사특한 무리가 제아무리 어진 신하를 모함해도, 군주가 인사권을 올바로 굳건히 행사하면 어진 신하가 쫓겨나는 일은 일어나지 않을 것이다. 군주가 현명하다면 사특한 무리가 어진 신하를 함부로 모함하는 일이 생기지 않거나, 모함이 있어도 힘을 발휘할 수 없다. 그렇다면 신하의 참된 덕은 군주의 역량에 의해 지켜지는 것이 아니겠는가.

오늘날 국가정책이 갈피를 잡지 못한 채 우왕좌왕할 때가 종종 일어나곤 한다. 사실 국정의 혼란은 어느 때나 예고 없이 불쑥 생길 수 있다. 다만 혼란이 조기에 수습되지 않거나 날로 악화될 때는 적잖은 후유증을 남기곤 한다. 서민의 살림살이가 피폐해지고 삶이 고달파진다는데 문제의 심각성이 있다.

　국정혼란이 장기화되는 까닭은 무엇일까? 그 난맥상을 곰곰이 들여다보면 으레 참모의 덕이 눈에 잘 뜨이지 않는다. 혼란의 와중에서도 덕이 보이지 않는 것은 사특한 무리에 의해 어진 참모의 지혜가 가려지거나 내팽개쳐지기 때문이 아닐까. 또 다른 이유로, 참모의 덕이 국가 지도자의 아둔함이나 독단에 짓눌리기 때문이 아닐까.

⑦ 군주가 병기(兵器)를 사용하는 까닭
　강태공은 하략 편에서 다음과 같이 말하고 있다.

　'聖王之用兵, 非樂之也. 將以誅暴而討亂也. 兵者不祥之器, 天道惡之. 不得已而用之, 是天道也.'

　'어진 군주가 병기(兵器)를 쓰는 까닭은 (취미로 놀이삼아) 즐기려 하는 것이 아니다. 장차 일어날지도 모를 폭력을 제압하고 난세를 바로잡기 위한 것이다. 병기는 상서롭지 못한 도구로서, 하늘의 도리는 그것을 미워한다. 다만 병기를 부득이하게 사용할 때만큼은 그것은 하늘의 도리다.'

　한 나라의 군주가 군대를 기르고 병기를 다루는 것은 병정놀이를 즐기려는 목적이 아니다. 치안이나 국방의 소임을 다하기 위함이다. 군대나 병기는 생명 살상을 위한 도구로서 그것들을 좋아할 사람은 없다. 군주가 군대나 병기를 쓰는 것은 하늘의 뜻을 거스르는 행위다. 다만 군대나 병기는 현실적으로는 필요하다. 군주가 치안이나 국방의 소임을 다하기 위해 군대나 병기를 쓰는 것은 하늘의 도리에 부합한다.

무력 사용에 관한 강태공의 생각이 잘 드러나 있다. 강태공은 한 나라의 재상으로서 상나라의 군주인 주(紂)를 척결하는 소임을 맡고 있었다. 그로서는 응당 무력 사용을 합리화할 필요성을 갖고 있었을 것이다. 그래서 '폭력을 제압하고 난세를 바로잡기 위한' 목적으로 무력이 필요하다고 그는 말하고 있다.

하지만 그는 기본적으로는 무력을 '상서롭지 못한 도구'로, 무력 사용을 '하늘의 도리에 어긋나는 행위'로 보고 있다. 폭력 제압과 난세 평정 이외의 목적으로는 무력 사용을 엄격히 경계하고 있다. 그가 한 나라의 병법을 주관하는 최고 전술가이자 무인(武人)이었음을 감안할 때, 무력으로써만 만사를 해결하려는 태도를 드러내지 않은 점이 다소 이채롭기도 하다(사실, 그는 육도와 삼략의 전체내용을 통틀어 무력만능을 얘기한 적이 없다. 오히려 인명 살상을 경계하면서, 무력 사용 이전의 정치적 해결을 중시했다).

오늘날 한 국가의 최고 지도자는 군 통수권자로서, 국방과 치안으로 상징되는 무력의 존재이유를 결코 등한시할 수 없다.

무력은 실제로 사용될 때에만 가치가 있는 것이 아니라, 창고에 비축되어 있을 때에도 가치를 인정받고 있는 것이 엄연한 현실이다. 한 국가의 평화는 무력이 창고 속에 충분히 확보되어 있을 때 유지된다고 한다. 게다가 무력 확보는 한 국가의 국방과 치안뿐 아니라, 무기 거래를 둘러싼 국제 외교와 국제 교역과도 연관되어 있다. 또 국내적으로도 군수 산업이나 첨단과학 산업, 일자리 창출과 고용 등과 밀접하게 관련되어 있는 형편이다. 그 같은 사정을 감안할 때, 군 통수권자가 제아무리 개인적으로 성품이 어질다 해도 무력을 취급하는데 소홀할 수 없는 노릇이다.

무력의 그 같은 특수성을 감안하더라도, 우리나라에서는 공권력에 의한 무력 사용이 그다지 엄격히 통제받지 않았다. 군대나 병기에 쉽게 접근할 수 있는 자가, 어리석게도 무력 사용의 유혹을 뿌리치지 못했던 전례가 여러 차례 있었다. 분단 상황을 이용해 호전적인 말을 내뱉거나 실제로 국지적인 교전을 감행함으로써 무력을 사용하곤 했다. 치안 유지를 명분으로 삼아 제 나라의 국민에게 총칼을 겨누기도 했다. 민주화나 생존권 보장을 요구하는 시위나 집회 현장에서 진압용 장비를 무리하게 사용하는 일도 빈번하게 일어났다. 그 바람에 수많은 사람들이 목숨을 잃거나 다쳤다.

그들이 무력 사용의 유혹을 뿌리치지 못했던 것은 무력을 '상서롭지 못한 도구'로 보지 않았거나, 무력 사용을 '하늘의 도리에 어긋나는 행위'로 인식하지 않았기 때문일 테다. 또 '폭력 제압'과 '난세 평정'이라는 무력 사용의 정당성을 너무 자의적으로 과도하게 해석했기 때문일 수도 있다. 혹은 물리적 공권력과 병기를 동원하는 것을 마치 꼬마들의 병정놀이쯤으로 착각했던 것은 아닐까.

인재등용 I
│ 육도의 문도에서 │

① 육적(六敵)을 멀리하라

강태공은 문왕에게 군주가 걸어야 할 길, 곧 도(道)를 얘기하면서 인재를 부릴 때는 육적(六賊), 곧 여섯 가지 도적을 경계해야 한다고 말하고 있다. 그 도적들은 대부분 지도층에 있다고 보고 있다.

첫 번째로 꼽힌 도적은 '臣有大作宮室池樹, 遊觀倡樂者'다. 곧 '화려한 저택에다 연못과 정자를 만들어놓고 노래와 춤을 즐기는 신하'다. 이런 신하는 '왕의 덕을 훼손하는(傷王之德)' 자로서 마땅히 물리쳐야 한다는 것이다.

3천여 년 전의 청동기시대에도 이런 공직자가 수두룩하게 많이 있어 폐해가 심각했음을 말해주고 있다. 또 당시에도 공직자들의 그런 태도는 윤리적으로 용납될 수 없었음을 나타내고 있다. 그런 태도가 용납될 수 없었음은, 헐벗거나 굶주리거나 집 한 채 갖지 못한 채 유리걸식하는 백성들도 많았음을 시사한다. 요샛말로 사회·경제적인 '양극화'가 심각했다는 얘기다. 그래서 그의 지적은 오늘날에도 유효하게 통할 수 있다.

돌이켜보면 부동산 투기로 재산을 불리고, 불법 또는 편법적인 호화주택을 소유한 채, 호의호식하는 공직자가 어디 한둘이던가. 게다가 그런 사람들이 거리낌 없이 고위 공직에 등용되곤 했던 세태로 보건대, 오늘날 이 땅에는 강태공이 중시했던 도덕적 양심이 한없이 추락하고 있는 듯하다. 또 오늘날의 공직임명권자는 마음이 매우 너그러운가보다. 그는, 자신이 임명한 공직자가 온당치 않은 방법으로 축재를 한 사실이 드러나도 내치기는커녕 감싸주기에 급급하지 않았던가. 그는, 일부 공직자의 양심불량 탓에 자신의 덕이 훼손당할 우려가 있어도 꾸짖기는커녕 그냥 눈감아주려 하지 않았던가. 그 같은 관용을 군신 사이에 지켜져야 할 최소한의 예 또는 의리라고 말할 수 있을까.

두 번째로는, '民有不事農桑, 任氣遊俠, 犯歷法禁, 不從吏敎者'가

꼽혔다. 곧 '농사일이나 누에치기에 종사하지 않으면서, 즉흥적인 기분으로 협객 행세를 한답시고 법령이나 금령을 자주 어기고 관리의 지시를 따르지 않는 백성'이다.

오늘날로 말하면, 법을 지키지 않는 백성을 경계해야 한다는 뜻이다. 그 당시에는 백성은 대다수가 농사일에 종사했다. 백성이 곧 농민이었다. 그래서 농민이 법질서를 따르지 않는 일이 자주 생기면 국가에 좋지 않은 일이 생기는 것은 당연했다. 강태공의 이 지적이 오늘날에도 유효할까? 하긴 지도층이 호화생활을 일삼으며 윤리의식을 저버리는 판국에, 백성들이 법을 제대로 지키려 하겠는가. 농산물시장이 대책 없이 개방되고, 세계화가 가속화되고, 신자유주의 가치관이 만연하면서 서민의 삶이 피폐해지는 마당에 강태공의 꾸짖음이 제대로 통할 수 있을지 의문스럽다. 어쨌든, 그 당시에도 법을 집행하려는 관리들과, 그에 응하지 않으려는 백성들 사이에 다툼이 자주 벌어졌던 모양이다.

셋째, '臣有結朋黨, 蔽賢智, 鄣主明者'다. 이들은 '파벌을 만들어 현자의 지혜를 가리고 군주의 총명을 가로막는 신하'다.

현자와 군주의 권위를 능멸하는 자들이다. 신하들 사이에 그런 세태가 만연할수록, 현자와 군주의 뜻이 백성들 사이에 실현될 수 없음은 물론이다.

오늘날로 말하면, 개인이나 특정 집단의 사사로운 이익을 위해 몰래 사조직을 결성하려는 공직자들의 세태를 경계하는 것이리라. 이른바 '줄서기' 풍조도 그에 해당한다. 그들은 대체로 공직에 대한 사명감이 부족하고, 자신의 본분이 국민을 위한 봉사자라는 의식이 희박하다.

넷째, '士有抗志高節, 以爲氣勢, 外交諸侯, 不重其主者'다. 곧 '자기 뜻을 굽히지 않은 채 함부로 절의를 높여, 그 기세로써 제후들과 어울리고 군주를 업신여기는 선비'다. 이들은 '왕의 위엄을 훼손하는(傷王之威)' 자다.

오늘날에야 지방자치와 지방분권이 제도적으로 마련되어 있지만, 그 당시는 군주제로서 권력이 적절히 분배되지 않은 채 중앙집권화 되어 있었다. 다만 당시에는 봉건제라는 통치방식이 있었다. 이 제도는 천자의 나라를 다스리는 중앙의 군주가 변방 국가에다 제후를 '작은 왕'으로 임명하는 방식이다. 오늘날의 지방분권을 연상케 하지만, 사실 군주로서는 제후들이 반란을 일으키지나 않을까 노심초사했을 테다. 지금 강태공은, 절의를 내세우는 선비가 제후와 결탁해 군주에게 대들거나 반란을 꾀하지나 않을까 걱정하고 있는 것이다.

다섯째, '臣有輕爵位, 賤有司, 羞爲犯難者'다. '자신의 작위를 가볍게 여겨 본분을 천시하고, 위험한 일을 하기를 부끄럽게 여기는 신하'다.

공직자들이 자기 직분에 충실하지 않는 세태를 꾸짖고 있다. 그 당시에도, 일하지 않으면서 놀고먹으려는 공직자들이 적지 않았던 모양이다. 일을 하지 않으니 책임을 질 필요도 없었을 테고, 무사안일의 태도가 팽배했던 모양이다. 오늘날로 말하면 '철밥통' 공직자를 경계해야 한다는 뜻이리라. 그 당시로서는 공직자의 관직은 군주로부터 받은 것이다. 그 직분을 다하지 않는다는 것은 군주의 권위를 가벼이 여기는 것이나 다를 바 없다.

여섯째, '强宗侵奪, 陸侮貧弱者'다. 곧 '백성을 침탈하면서, 가난하고

약한 사람들을 업신여기는 지역 족벌세력'이다. 이들은 서민의 생업을 훼손하는(傷庶人之業)' 자다.

어느 시대에나 지역 토착세력들의 횡포가 있게 마련인 모양이다. 그 당시 군주제에서도 중앙권력이 말단 지방조직에까지 미치지 않아, 행정력과 법의 사각지대가 많이 생겨났던 것 같다. 그 틈에 토호들이 관직을 참칭하거나 물리적 협박을 가함으로써, 함부로 서민들의 재산을 빼앗거나 이권에 개입하곤 했던 모양이다.

② 칠해(七害)를 경계하라

강태공은 문왕에게 육적을 말하면서, 군주가 사람을 고를 때나 인물의 됨됨이를 판단할 때 유념해야 할 일곱 가지 유형, 곧 칠해(七害)도 곁들여 제시하고 있다.

그 첫 번째로는 '無智略權謀, 而以重賞尊爵之.'다. 곧 '지략과 계략이 없는데도 후한 상과 큰 벼슬을 주는 것.'이다. 이어 그는, 군주가 그런 태도를 취하면 용맹함만 앞세우거나 전쟁을 소홀히 여기는 자가 요행을 얻게 되므로 그런 자는 장수로 삼아서는 안 된다고 지적하고 있다.

이것은 주로 전쟁을 치를 때 지켜야 할 원칙이다. 군주는 전쟁을 할 때 용맹의 무모함보다는 전략전술의 지혜를 가진 자를 중용해야 한다는 의미다. 물론 무모함보다는 지혜를 소중히 여겨야 한다는 그의 지적이 반드시 전쟁에서만 통하는 원칙일 리는 없다. 또 그 같은 지적은 강태공의 시대와 나라에서뿐 아니라, 오늘날의 우리 사회에서도 새겨들을 만한 가치가 있다.

두 번째로는, '有名無實, 出入異言, 掩善楊惡, 進退爲巧. 王者愼勿與謀.'라고 말했다.

'이름만 있고 내실이 없으며, 들어올 때와 나갈 때 서로 말이 다르며, 남의 바른 덕을 감추고 단점을 들추어내며, 나아갈 때와 물러날 때 간계를 일삼는 자가 있다. 군주는 이런 사람과 함께 일을 의논해서는 안 된다.'는 것이다.

업무를 처리하는 능력뿐 아니라 도덕성까지 겸비한 인물과 더불어 큰일을 도모하라는 뜻이다. 간교한 술수를 쓰는 자와 더불어 큰일을 도모했다가는 나중에 자칫 배신을 당할 수도 있음을 경계하고 있다. 그런 자를 조정에 들인다는 것은 간신을 키우는 것이나 마찬가지일 테다. 일을 잘한다는 이유로 어떤 사람을 관직에 앉혔다가 뇌물을 받아 챙기거나 해서 도덕적으로 물의를 일으키는 사례는 오늘날에도 종종 눈에 띈다.

세 번째로, '語無爲以求名, 言無欲以求利, 此僞人也. 王者愼勿近.'이라고 말했다.

곧 '명성에 욕심을 내면서도 말로는 그렇지 않은 척하고, 이익을 추구하면서도 말로는 그렇지 않은 척하는 자가 있는데, 그는 위선을 부리는 자다. 군주는 그런 자를 삼가 가까이해서는 안 된다.'고 했다.

그런 부류의 위선자는 대개 어떤 행색을 하고 있을까? 강태공은 '朴其身躬, 惡其衣服.'이라 말했다. 즉 '겉으로 봐서는 몸가짐이 소박하고, 옷차림새가 조악하다.'는 얘기다. 위선자는 그런 초라한 행색을 하고 있으므로, 군주는 그의 거짓 행세에 속아 넘어가서는 안 된다.

사실, 겉과 속이 언제나 일치하는 사람을 구해 쓰기란 결코 쉽지 않다.

뭇사람들 가운데 명리에 초연한 사람을 만나기도 쉽지 않다. 그것은 시공을 초월해, 언제 어디서나 맞닥뜨리는 고민인가보다. 강태공의 시대와 나라에서도 위선자나 명리에 연연하는 이가 너무 많아, 조정에서 쓸만한 사람을 구하기가 하늘의 별따기만큼이나 어려웠던 것 같다.

물론 그런 부도덕한 세태는 오늘날에도 도처에서 횡행하고 있다. 위선을 행하거나 명리만을 추구하는 세태는 동서고금을 떠나 인지상정일지 모른다. 다만 그런 사람은 관직에 등용되어서는 안 된다. 이를테면, 탈법이나 편법을 앞세운 부동산 투기로 재산을 많이 모은 사람은 부동산 회사를 차리거나 개인 영리사업을 하면 그만이다. 그런 인사가 공직에 등용되어서는 곤란하다. 그런 사람이 공직에 들어오면, 부동산 투기가 나라 전체로 확산되거나 도덕적으로 정당화되는 결과를 낳기 십상이다. 그리하여, 정직하게 살아가는 대다수의 서민들에게 삶의 용기와 희망을 앗아갈 게 뻔하다.

네 번째, '虛論高議, 以爲容美. 窮居靜處, 而誹時俗. 此姦人也. 王者愼勿寵.'이라 했다.

곧 '고상한 논의를 하는 듯하지만 헛된 말을 일삼으며 겉만 가꾸는 자와, 조용한 곳에서 궁핍하게 살아가는 듯하지만 세상사를 비방하는 자가 있는데, 이들은 간사한 자다. 군주는 그들을 삼가 총애해서는 안 된다.'고 했다.

그런 자는 대개 어떤 행색을 하고 있을까? '奇其冠帶, 偉其衣服, 博聞辯辭.'라 했다. 즉 '특이한 관대를 착용하며, 의복을 위엄스럽게 드러내며, 아는 게 많은 것처럼 떠들고 다닌다.'고 했다. 속이 빈 사람일수록 겉

모양을 치장하는데 열중한다는 옛말은 우연히 생긴 게 아닌가보다.

세 번째와 네 번째는 겉모습만으로 사람을 판단하지 말라는 당부다. 그 당시에는 사람의 겉과 속을 구별하기가 쉬웠을까? 오늘날은 이미지의 시대다. 영상의 시대다. 시각이 마음을 지배하는 시대다. 시각이 오늘날만큼이나 큰 권력을 행사했던 적은 일찍이 없었다. 이미지가 실체를 규정하면서, 실체는 이미지에 가려져 좀처럼 잘 보이지 않는다. 하지만 현실이 그러할수록, 겉과 속을 구별해 인재를 가려 뽑는 일은 더욱 중요하다.

다섯 번째, '讒佞苟得, 以求官爵. 果敢輕死, 以貪祿秩. 不圖大事, 得利而動. 以高談虛論, 說於人主. 王者慎勿使.' 라 했다.
'남을 헐뜯고 아첨하고 구차하게 얻으려는 태도로써 관직을 구하려 하고, 자신의 목숨을 함부로 가볍게 여기면서 녹봉을 탐내고, 큰일을 도모하지 않으면서 이익을 구하려 행동하고, 고상해보이지만 헛된 말로써 군주를 설득하려는 자가 있다. 군주는 그런 자를 삼가 부려서는 안 된다.' 고 했다.

사람을 관직에 쓸 때는, 거짓되고 허황된 행동을 일삼으면서 명리에만 눈이 어두운 자를 경계해야 한다고 말하고 있다. 그런 행동이라면 장차 군주를 능멸하면서 간신으로 자라날 가능성이 농후하다.

사람의 됨됨이를 판단하는 기준은 그 당시나 지금이나 변함이 없나보다. 또 공직에 있는 사람들끼리 서로 헐뜯거나, 허장성세를 부리거나, 국민의 세금인 공금과 예산을 횡령하고 허투루 쓰거나, 윗사람에게 거짓보고를 일삼곤 하는 일은 강태공의 시대부터 있었던, 고질적인 병폐였던 것 같다.

여섯 번째, '爲雕文刻鏤, 技巧華飾, 而傷農事. 王者必禁之.'라 했다. 즉 '(자신의 가옥 따위에다) 조각술로써 문양을 화려하게 새기거나, (자신의 몸을) 화려하게 꾸미는 재주에 탐닉함으로써 농사를 게을리 하는 자가 있다. 군주는 그런 행위를 반드시 금지해야 한다.'고 했다.

아마, 그 당시에 자신의 집 따위에다 화려한 문양을 새기거나 해서 사치스런 생활을 하는 이가 많았던 것 같다. 또 몸을 화려하게 치장하는 풍조가 널리 퍼져 있었던 것으로 보인다. 타인의 마음을 현혹하거나 자신을 과시하려는 욕구였을 것이다. 그런 유행은 단순한 취미라기보다는 허영심이었을 것이다. 그로 인한 사회적 폐단이 심각했던 모양이다. 특히 백성들이 그런 풍조에 물들거나 휩싸여, 산업의 근간인 농사의 본분에 소홀하기까지 했던 것으로 보인다. 강태공은 그런 풍조를 경계하고 있다.

마지막 일곱 번째로는, '僞方異伎, 巫蠱左道不祥之言, 幻惑良民. 王者必止之.'라 했다. 즉 '속임수를 부리거나, 헛된 무속을 일삼고 거짓 점을 치고 상서롭지 못한 말을 해서, 양민을 현혹하는 일이 일어나고 있다. 군주는 그것을 반드시 막아야 한다.'고 했다.

그 당시 도박이나 굿이나 점술이나 부적 등이 민간에 유행했던 것 같다. 아마 당시에는 그것들은 민심을 어지럽힌다는 이유로 금기시되었던 것 같다. 물론 오늘날에야 굿·점술·부적 등은 민간신앙이면서, 보존되어야 할 전통문화로 간주되기도 한다.

여섯 번째와 일곱 번째의 것은, 백성의 일상 풍속에 관한 내용이다. 강태공은 백성의 풍기문란에 대해서도 군주에게 주의하라고 당부하고 있다. 그는 정치와 전략에 능하면서도, 다른 한편으로는 백성의 삶의 태도에까지 일일이 신경을 쓸 정도로 세심한 성격을 지녔던 것으로 보인다. 백성이 풍속을 올바르게 하는 것은 군주를 위해서만이 아니라 자신들의 삶을 위해서도 바람직한 일인 것으로 강태공은 인식했던 것 같다.

③ 재상의 도리

강태공은 문왕에게 육적과 칠해의 위험성을 간언하면서 다음과 같은 말도 곁들였다.

'民不盡力, 非吾民也. 士不誠信, 非吾士也. 臣不忠諫, 非吾臣也. 吏不平潔愛人, 非吾吏也. 相不能富國强兵, 調和陰陽, 以安萬乘之主, 正群臣, 定名實, 明賞罰, 樂萬民, 非吾相也.'

'백성이 (생업에) 힘을 다하지 않으면 나(군주)의 백성이 아닙니다. 선비가 성신을 다하지 않으면 군주의 선비가 아닙니다. 신하가 충간을 하지 않으면 군주의 신하가 아닙니다. 아전이 공평하지 않고 깨끗하지 않고 사람을 사랑하지 않으면 군주의 아전이 아닙니다. 재상은 부국강병과 음양의 조화를 이루고, 군주를 편안하게 하고, 신하를 바르게 하고, 명분과 실질을 구별해 명확히 정하고, 상벌을 분명히 하고, 온 백성을 즐겁게 해야 하는데 그렇게 하지 못한다면 군주의 재상이 아닙니다.'

백성과 선비와 신하와 아전과 재상은 제각기 자신의 본분을 다해야 한다는 얘기다. 그 본분으로, 백성은 생업에 충실해야 하고, 선비는 성실하고 신의가 있어야 하며, 신하는 군주에게 옳으면 옳다고 그르면 그르다고 충직하게 진실만을 고해야 한다.

특히 재상의 본분에 대해 길게 말하고 있다. 재상은 강태공 자신의 직위이기도 하다. 곧 자신의 본분을 주군인 문왕에게 구체적으로 하나하나 설명하고 있는 것이다.

재상은 나라를 부유하게 하고 국방을 튼튼히 하는데 힘써야 한다. 또 하늘과 땅의 이치를 받들어 정치가 순리대로 나아가도록 해야 한다. 군주가 마음이 평안하도록 그 곁에서 보필하고, 신하가 부정한 일에 개입되지 않도록 공직의 기강을 다잡아야 한다. 나라의 일이 도덕적 대의와 물질적 실리를 혼동하는 일이 없도록 지혜롭게 조율해야 한다. 상을 주어 칭찬할 사람과 벌을 주어 징계할 사람을 명확히 구별해야 한다. 그리고 백성의 삶이 일상적으로 평안해지도록 힘써야 한다.

재상은 오늘날로 치면 국무총리에 해당한다. 국정을 조율하는 관직으로서, 재상의 본분이 오늘날의 그것에 비해 크게 다르지 않다.

④ 후환은 미리 없애라

강태공은 군주의 도(道)에 관해 문왕에게 의미심장한 말을 하고 있다.

'可怒而不怒, 姦臣乃作. 可殺而不殺, 大賊乃發.'
곧 '화를 내야 할 때 화를 내지 않으면 간신이 생기게 되고, 죽여야 할 때 죽이지 않으면 큰 도적이 일어납니다.'라고 충고하고 있다.

화근을 미리 잘라야 한다는 얘기다. 문왕의 책사로서 일벌백계의 중요성을 간하고 있는 것이다. 사사로운 정에 얽매여, 신하의 그릇됨을 알고서도 그냥 묻어둔다면 후환이 생겨날 것이라는 메시지를 전하고 있다.

그는 공직의 기강을 다잡아야 한다고 간언하고 있다. 공직의 기강이야 평소에도 중요하지만, 당시로서는 상나라를 무너뜨려야 하는 비상시국이어서 더욱 절실히 필요했을 테다.

그의 말을 오늘날에 되새겨보자면, 관직에서 내보낼 사람은 마땅히 내보내야 하고, 법의 심판을 받게 할 사람은 마땅히 받게 해야 한다는 메시지다. 학연이나 지연이나 혈연에 연연하면서, 공직자의 잘못을 엄정히 다스리지 못하는 경우가 오늘날에도 없지 않은 듯하다.

⑤ 세속의 평판에 기대지 말라

강태공은 인재를 고를 때 세속의 평판에만 귀가 너무 솔깃해져서는 안 된다고 말하고 있다.

문왕이 '군주가 현명한 사람을 구하려 해도 그 공을 얻지 못한 채 세상이 어지러워지고 위망에 이르는 까닭이 무엇입니까?'라고 물었다. 이에 그는 '世俗之所譽, 而不得眞賢也.', 곧 '세속이 칭찬하는 바에 의존함으로써, 진정으로 현명한 사람을 얻지 못하기 때문입니다.'라고 답했다.

소문에만 의존해 사람을 고르다보면, 겉치레로 인기가 많은 사람을 쓰게 되는 잘못을 범할 수 있다는 얘기다. 당사자가 속한 무리가 규모가 압도적으로 커 여론을 장악하게 되면 그를 지지하는 평판만 횡행할 것이기 때문에, 소문만 믿고 채용하지 말라는 뜻이다. 그와 반대로, 진정으로 현명한 사람은 지지자가 적어 칭찬 여론을 등에 업지 못하기 때문에 군주의 낙점을 받지 못하게 될 것이다.

그는 이어 그렇게 되면 '群邪比周而蔽賢, 忠臣死於無罪.', 즉 '간사한 무리들이 즐비하게 늘어서 현명한 이를 가리게 되고, 충신이 죄 없이 죽게 됩니다.'라고 문왕에게 말했다.

들린다고 해서 다 참된 소리가 아닐 것이다. 마찬가지로, 보인다고 해서 다 실체가 아닐 테다. 오늘날 우리가 눈으로 읽거나 귀로 듣는 것은 대부분 매스컴, 곧 대중매체를 통해서다. 공직 인사권자가 멀리 있는 밑바닥의 의사를 직접 보거나 듣는 경우란 그다지 많지 않다. 대중매체로 보이거나 들리는 것이 여론으로 그럴싸하게 포장되곤 하지만, 거기에는 이미 매체 자신의 시각과 청각이 가미되어 있다. 뭇사람들이 세상 동향을 파악할 때도 대중매체에 의존하곤 한다. 하지만 대개 참된 소리나 실체는 매스컴 앞에서 함부로 우쭐대지 않으며, 여러 사람 앞에 나서기를 좋아하지 않는 법이다.

오늘날 세상살이에서 목소리 큰 사람이 이득을 볼 때가 많다. 마이크 잡은 사람이 세상의 이목을 주도적으로 끌곤 한다. 목소리 작은 사람이나, 마이크를 잡지 않은 사람 가운데서도 현명한 이는 얼마든지 있을 수 있다.

⑥ 상신벌필

강태공은, 상벌에 관해 묻는 문왕에게 '用賞者貴信, 用罰者貴必.'이라고 대답했다. '상을 준다는 것은 믿음을 귀하게 여기는 일이고, 벌을 준다는 것은 본보기를 귀하게 여기는 일이다.'라는 뜻이다.

좋은 일을 한 사람에게 상을 줌으로써 다른 사람에게 '아! 좋은 일을 하면 상을 받게 되는구나.'라는 믿음을 심어주게 된다는 얘기다. 반대로, 나쁜 일을 한 사람에게는 벌을 내림으로써 '아! 나쁜 일을 한 사람은 반드시 벌을 받게 되는구나.'라는 본때를 보여주라는 얘기다. 시쳇말로 '시범케이스'로 삼으라는 뜻이다.

이어 '賞信罰必, 於耳目之所聞見, 則所不聞見者, 莫不陰化矣.'라고 했다. 곧 '상신벌필을 사람들의 이목이 듣고 보는 바대로 시행한다면, 듣고 보지 못하는 자라도 저절로 감화를 받게 된다.'고 했다.

상식이나 원칙에 맞춰 상과 벌이 내려지면, 멀리 있어 듣지도 보지도 못하는 사람들도 감동을 받게 된다. 그래서 좋은 일을 하는 사람은 더욱 잘 하게 되고, 악행을 일삼는 사람은 악행을 그쳐 좋은 일을 하게 될 것이라는 얘기다.

좋은 일을 해도 알아주는 사람이 없거나, 나쁜 일을 해도 아무런 징계를 내리지 않는다면 어떻게 될까. 동기부여의 효과를 기대할 수 없을 것이다. 좋은 일을 즐겨 하는 사람은 좋은 일 하기를 그만두려할 것이고, 나쁜 일을 하는 사람은 나쁜 일 하기를 더욱 즐기려 하지 않을까.

오늘날 신상필벌(信賞必罰)이 널리 행해지고 있지만 그 원칙이 제대로 지켜지고 있는지 의구심을 자아내곤 한다. 상을 받아서는 안 될 사람이 받는다든지, 작은 상을 받아야 할 사람이 큰 상을 받는다든지 해서 말썽이 자주 일어나곤 한다. 물론 벌을 받아서는 안 될 사람이 벌을 받는 일도 없지 않을 테다.

언젠가 공직의 비리나 기강을 다잡는 기능을 하는 감사원이 공직의 잘못을 지적하는 감사결과를 내놓자, 해당 관청이 수긍할 수 없다며 반발하는 일이 생겨나기도 했다. 상식과 원칙이라는 것도, 보는 사람의 처지나 태도에 따라 서로 다를 수밖에 없나보다.

인재등용 II
| 삼략에서 |

① 멀리 있는 인물을 등용하라

강태공은 자신이 국사의 지위에 오르게 된 기억을 떠올리는 듯한 말을, 하략 편에서 하고 있다. 자신이 위수 강변에서 낚시를 하다가 문왕에 의해 전격적으로 발탁된 전례에 딱 들어맞는 말이다.

'千里迎賢, 其路遠. 致不肖, 其路近. 是以明王, 舍近而取遠.'
'천리 먼 곳에 있는 현인을 맞이하는 것은 그 길이 멀다. 어리석은 자를 맞이하는 것은 그 길이 가깝다. 그래서 지혜로운 군주라면 가까이 있는 사람을 버리고, 멀리 있는 사람을 취한다.'

군주와 가까운 곳에 있는 사람이라면, 관직에 등용되려는 욕심을 가진 사람일 가능성이 높다. 그런 사람은 대체로 현명하지 않은 인물이다. 군주로부터 멀리 떨어져 있는 사람이라면 관직에 대한 욕심이 없는 사람일 가능성이 높다. 그런 사람은 대체로 어질고 지혜로워, 현명한 인물이다. 그래서 군주는 고생스럽더라도 불원천리하고, 멀리 있는 현명한 인물을 모셔야 한다는 얘기다. 군주로부터의 거리와 인물의 현명함 사이에 반드시 일정한 함수관계가 있는 것은 아닐 수 있다. 다만 훌륭한 인재를 고르는데 전력을 다해야 한다는 뜻이다.

오늘날로 치면, 정권실세에 줄을 대거나 아부를 하면서 관직에 나아가려 하는 사람을 경계하라는 메시지다.

왜 나를 불러주지 않는 걸까, 설마 나를 잊은 걸까, 하면서 노심초사 정권실세로부터 부름이 오기만을 기다리는 이가 없지 않은 듯하다. 그들은 대체로 한달음에 달려갈 수 있는 곳에 머물면서 실세의 부름을 받기를 학수고대한다. 어질지도, 지혜롭지도 않은 이가 욕심만 앞세우다보면 일을 망쳐놓기 십상이다. 부름을 받자마자 한달음에 덜컥 관직에 나아갔다가, 자신의 몸과 마음과 명예를 잃곤 했던 전례가 한두 번이던가. 자신뿐 아니라 이웃의 삶까지 버려놓곤 하지 않았던가. 물론 그런 화를 부르게 된 것은 그 자신이 명리에만 집착한데다 현명하지 않고 어리석었기 때문이다.

② 현자를 해치면, 화가 아들손자에까지 미친다

강태공은 하략 편에서 다음과 같이 말했다.

'傷賢者, 殃及三世. 蔽賢者, 身受其害. 嫉賢者, 其名不全. 進賢者, 福流子孫.'

'현자(賢者)를 상하게 하는 자는 그 재앙이 세 세대(아버지·아들·손자)에까지 미친다. 현자를 가리면 그 몸이 해를 입는다. 현자를 질시하면 그 명예가 온전하지 못하게 된다. 현자를 (관직에) 나아가게 하면, 그 복이 아들과 손자에게까지 흘러 닿게 된다.'

현명한 사람을 다치게 하거나, 현명한 사람을 관직에 나아가지 못하게 숨기거나, 현명한 사람의 재능을 질투하지 말라는 말이다. 인재등용의 중요성을 강조하고 있다. 관직에 사람을 쓸 때는 현명한 사람을 적극적으로 가려 쓰라는 의미다. 현자를 등용하는데 훼방을 놓는 자는 큰 화(禍)를 입을 것이라 말하고 있다. 그런데 그 표현이 다소 저주스럽다. 화가 당대의 자신에게만 미치는 것이 아니라 아들과 손자에게까지 미칠 것이라 한다. 강태공에게 현자를 가려 쓰는 일이 얼마나 중요했으면, 저주에 가까운 표현을 쓰고 있을까. 거꾸로 현자를 관직에 나아가게 하는 사람은 역시 아들과 손자 세대까지, 곧 세 세대에 걸쳐 복을 받을 것이라 한다. 그에게는 저주가 아니라 축복이다.

오늘날은 경쟁력 만능의 시대다. 개인의 실력을 무한정으로 키워 이웃과 무한히 경쟁하도록 부추기는 세상이다. 한때 기업경영이나, 국가간의 무역이나, 경제 분야에서 통용되던 시장의 논리가 정치 · 사회 · 문화 등의 영역으로까지 널리 확산되고 깊숙해지면서 경쟁을 부채질하고 있다. 모두들 경쟁력을 갖추어야 살아남는다는 강박관념에 사로잡혀 있는 듯하다.

한 국가 안에서라면 경쟁력은 사실상 제로섬 게임에 가깝다. 현실적으로 모든 사람이 다 경쟁력을 똑같이 갖출 수는 없다. 모든 이가 다 동등한 경쟁력을 가질 수는 없다. 원론적으로 말한다면, 한 사람이 경쟁력이 풍부하다면 다른 한 사람은 모자란다는 얘기다. 한 사람이 경쟁력에서 이긴다면 다른 사람은 패배해 도태될 가능성이 높다. 그것이 세계화 바람과 신자유주의 질서 속에서 나타나는 불행이다. 시장의 논리가 강하게 지배할수록 패배와 도태, 그리고 승자독식이라는 불행은 더욱 심화될 것이다. 요즘 이른바 양극화가 해소되기는커녕 더욱 심화되는 이유도 이와 무관하지 않다.

무한경쟁으로 불리는 이 시대에, 타인의 지혜와 재능을 추천하거나 존중하는 풍토가 얼마나 깊이 뿌리내릴 수 있을까. 강태공도 신자유주의 질서와 경쟁력 만능의 시대가 올 것이라는 점을 미처 예견하지는 못했을 것이다.

③ 간신은 나뭇가지나 잎의 무성함과 같다

간신은 대체 어떤 사람일까. 어떤 언행을 할까. 이에 대해 강태공은 상략 편에서 다음과 같이 말하고 있다.

'世世作姦, 侵盜縣官, 進退求便, 委曲弄文. 以危其君, 是爲國姦.'
'대대로 간사한 짓을 저지르고, 군주의 권한을 침탈하며, 군주에게 다가가고 물러나는 것을 제멋대로 하고, 공문서를 왜곡해 농락한다. 군주를 위험에 빠뜨리니 이것이 곧 국가의 간신이다.'

어전에서 제멋대로 행동하는 간신의 모습을 표현하고 있다. 군주를 능멸하는 행동으로, 한마디로 안하무인이다.

그뿐이 아니다. 상략 편에는 이런 말도 나온다. 간신의 위세에 대해 말하는 대목이다.

'枝葉强大, 比周居勢. 卑賤陵貴, 久而益大. 上不忍廢, 國受其敗.'
'나뭇가지와 잎사귀가 무성하게 자라나 세력 있는 자리에 골고루 즐비하게 포진해 있다. 비천이 귀(貴, 임금이나 충신)를 능멸하면서 오래토록 날로 커져간다. 하지만 위(군주)에서는 차마 없애지 못하니, 나라가 패망한다.'

간신의 속성을 사실적으로 묘사하고 있다. 간신은 마치 나뭇가지나 잎과 같다. 자기네들끼리 서로 도우며 무럭무럭 자라나, 조정의 요직에 골고루 앉아 있게 된다. 개인적으로 따로 행동하지 않고 떼를 지어 상부상조하는 속성을 갖고 있다는 얘기다. 그 천박한 무리들이 임금이나 충신을 업신여기기 일쑤다. 그렇지만 임금이나 충신은 그들을 함부로 제거하지 못한다. 왜냐하면 그들의 세력이 너무 커져버렸기 때문이다. 사정이 그와 같다면, 나라가 망하는 것은 단지 시간문제일 뿐이다.

또 그는 다음과 같은 말도 하고 있다.

'善善不進, 惡惡不退. 賢者隱蔽, 不肖在位.'
'옳은 것을 보고는 옳다고 생각하면서도 그 옳음에 가까이 다가가지 못한다. 나쁜 것을 보고는 나쁜 줄 알면서도 그 나쁨으로부터 멀어지지 못한다. 현자는 숨어 있고, 어리석은 자들이 자리를 차지하고 있다.'

참으로 딱한 형국이다. 군주나 충신들이 옳은 것을 보고도 왜 그 옳은 것을 가까이 하지 못하는 걸까? 나쁜 줄 알면서도 왜 그 나쁜 것을 멀리 내치지 못할까? 다름 아닌 간신 탓이다. 간신들이 군주와 충신들의 눈과 귀와 마음을 가리고 있기 때문이다. 오죽하면 현명한 자는 보이지 않는 곳에 멀리 숨어 있고, 불초의 어리석은 자들이 조정의 자리를 차지하고 있겠는가. 사태가 이 지경에 이르게 된 것은 군주가 인재를 가려 뽑는데 소홀했기 때문이다. 또 간신의 싹을 미리 자르지 않아 그 가지와 잎이 무성해지도록 방치했기 때문이다. 그리고 군주가 현자를 구하거나 보호하는데 적극적으로 나서지 않았기 때문이다.

무조건 간신만 탓할 일은 아닌 것 같다. 군주나 여타 신하들이 뚜렷한 소신을 갖고 있다면, 그래서 할 말은 똑 부러지게 한다면, 간신이 조정을 모조리 장악하지는 못할 것이다. 더욱이, 만약 간신이 무섭거나 귀찮다는 이유로 현자가 멀리 숨어버린다면 그를 진정한 현자라 말할 수 없다.

군 리더의 자질 I
| 육도의 용도에서 |

① 오재십과(五材十過)

무왕이 장수의 자질은 무엇으로 논해야 하는지 강태공에게 물었다. 이에 그는, '오재(五材, 다섯 가지의 자질)'와 '십과(十過, 열 가지의 허물)'로 장수의 됨됨이를 평가할 수 있다고 대답했다.

그는 먼저 오재는 용·지·인·신·충(勇智仁信忠)이라고 말했다. 곧 이어 오재의 개념에 대해서는 '勇則不可犯, 智則不可亂, 仁則愛人, 信則不欺, 忠則無二心.'으로 설명했다. 즉 '용은 (남이 자신을) 범하지 못하는 것이고, 지는 (남이 자신을) 어지럽히지 못하는 것이며, 인은 (자신이) 남을 사랑하는 것이고, 신은 (자신이 남을) 속이지 않으며, 충은 (자신이 군주에게) 두 마음을 먹지 않는 것입니다.'라고 했다.

장수가 용감하면 적이 두려워하기 때문에 침범을 당하지 않을 테다. 또 장수가 지혜로우면 어려움에 부딪혀도 마음이 혼란스럽지 않을 것이다. 어질면 부하나 백성을 사랑할 것이기 때문에 그들로부터 존경을 받을 테다. 믿음이 있으면 군주나 부하나 백성을 속이지 않을 것이다. 충성심이 있으면 군주를 배신하지 않고, 두 군주를 섬기지도 않을 테다.
 이런 자질은 오늘날에도 군 리더로서 반드시 가져야 할 덕목이다. 물론 군 통수권자는 이런 자질을 가진 자를 군 리더로 삼아야 마땅하다. 이런 자질을 가진 자가 군 리더로 많이 중용될수록, 국방이 더욱 튼튼해지지 않겠는가.

 한편 다음과 같은 열 가지의 태도를 십과라 하고 있다.

 '有勇而輕死, 有急而心速, 有貪而好利, 有仁而不忍人, 有智而心怯, 有信而喜信人, 有廉潔而不愛人, 有智而心緩, 有剛毅而自用, 有懦而喜任人.'
 '용기가 지나쳐 목숨을 가볍게 여기고, 성질이 급해 너무 서두르고, 탐욕이 지나쳐 자기 이익만 챙기고, 너무 어질어 적에게 모질지 못하고, 지혜롭지만 겁이 많고, 신의에 집착하여 남을 지나치게 믿기를 좋아하고, 너무 결백해 남을 사랑할 줄 모르고, 지혜는 있지만 우유부단하고, 너무 강직해 자기 스스로의 힘만으로 일을 하고, 너무 나약해 남에게 일을 맡기기를 좋아하는 태도.'

 전쟁터에서는 이런 태도야말로 자멸의 원인일 테다. 군 리더로서는 치명적인 결격사유에 해당한다. 물론 군 통수권자는 이런 태도를 가진 자를 군 리더로 삼아서는 안 된다.

 계속해서 장수의 중요성에 대해 다음과 같이 말하고 있다.

'兵者, 國之大事, 存亡之道. 命在於將, 將者國之輔. 先王之所重也. 故置將, 不可不察也.'
'전쟁은 국가의 대사이며 존망의 근원입니다. 국가의 운명이 장수에게 있으니 장수는 국가의 보루입니다. 선대의 왕들도 장수를 소중하게 여겼습니다. 그러므로 장수를 자리에 앉히는 것을 면밀하게 살피지 않을 수 없습니다.'

국가의 명운이 달린 전쟁, 그리고 그 전쟁의 현장 책임자인 장수. 그러니 장수는 얼마나 소중한 존재인가. 군주가 장수를 임명하거나 평가할 때, 사사로운 정에 끌려 엄정함이나 공정함을 잃어서는 안 될 것이다.

② 장수를 평가하는 열다섯 가지 유형

군주가 군대를 일으키려면 뛰어난 장수를 뽑아 단련시켜야 하는데 어떻게 하면 장수의 좋은 점과 나쁜 점을 속속들이 알 수 있는지, 문왕이 물었다. 이에 강태공은 겉과 속이 서로 상응하지 않는 유형의 장수로 열다섯 가지를 제시했다.

'有嚴而不肖, 有溫良而爲盜, 有貌恭敬移心慢, 有外廉謹而內無至誠, 有精精而無情, 有湛湛而無誠, 有好謀而無決, 有如果敢而不能, 有悾悾而不信, 有悅悅惚惚而反忠實, 有詭激而有功效, 有外勇而內怯, 有肅肅而反易人, 有嗃嗃而反靜慤, 有勢虛形劣而外出無所不至無使不遂.'

'엄정하지만 실제로는 못나고 어리석은 자, 온량하면서도 도적질하는 자, 겉은 공경스러운데 속은 교만한 자, 겉으로는 깨끗하고 삼가지만 속으로는 성실하지 않은 자, 꼼꼼하고 자상한 것 같으면서도 정이 없는 자, 속이 여물어 보이지만 실제로는 성의가 없는 자, 일을 꾸미기를 좋아하면서도 결단을 내리지 못하는 자, 과감해 보이지만 실제로는 무능한 자, 성실하고 듬직해 보이지만 신의가 없는 자, 얼빠져 보이지만 실제로는 충실한 자, 궤상한 말을 늘어놓거나 과격해보이지만 일에서 공적과 효력을 거두는 자, 용감해 보이지만 겁이 많은 자, 삼가는 듯하면서도 실제로는 남을 업신여기는 자, 겉으로는 무서워 보이지만 고요하고 진실한 자, 부실하고 용렬해 보이지만 밖에 나가서는 이르지 못하는 바가 없고 시켜서 이루지 못하는 일이 없는 자.'

　이런 열다섯 가지의 유형을 적용할 때, 겉과 속이 완벽하게 일치하는 사람이란 있을 수 없을 테다. 만약 그런 자가 있다면 사람이 아닐 테다. 사람이라면 한두 가지 덕목이 충실히 갖춰져 있다고 해도 다른 덕목은 어딘가 모자라 보이는 것이 보통이다.
　하지만 군주라면 가능한 한 가장 미더운 장수를 뽑고 싶을 테다. 전장을 책임진 군 리더가 감당해야 할 어려움의 종류는 실로 한두 가지가 아닐 것이다. 공격이나 후퇴나 전략전술이나 지휘통솔 등 온갖 분야에서, 복잡다기하고 중첩되고 여러 겹으로 꼬인 난제들이 숱하게 생겨날 것이다. 전장의 리더로서 그런 난제를 풀어가려면 여러 가지 자질을 충실히 갖춰야 함은 물론이다.

　강태공은 성격이 매우 꼼꼼했던 것 같다. 평소 전쟁이나 장수의 자질에 관해 구체적으로 예리하게 분석해놓았던 것 같다. 무왕도 그의 꼼꼼하고 예리한 분석에 놀랐던지, 어떻게 그런 것을 분별해낼 수 있느냐고 물었다. 장수의 자질을 분별해내는 방법을 물은 것이다. 이에 그는 세세하게 여덟 가지 징조를 제시했다. 그의 꼼꼼하고 예리한 면모가 다시 한번 드러나는 대목이다.

'問之以言, 以觀其辭. 窮之以辭, 以觀其變. 與之間諜, 以觀其誠. 明白顯問, 以觀其德. 使之以財, 以觀其廉. 試之以色, 以觀其貞. 告之以難, 以觀其勇. 醉之以酒, 以觀其態.'

'말로 물어보아 그 답변하는 말씨를 살피기, 말문을 막히게 해놓고는 재치 있게 대처하는지 살피기, 몰래 첩자를 보내 성실한지 살피기, 다 드러내놓고 명명백백하게 물어서 덕성을 살피기, 재물을 다루게 해 청렴한지 살피기, 여색으로 시험해 정절이 있는지 살피기, 어려움에 처했다고 알려 용기가 있는지 살피기, 술에 취하게 해 그 태도를 살피기.'

그는 이상의 여덟 가지 방법을 쓰면, 장수로 삼으려는 사람이 현명한지 어리석은지 구별할 수 있다고 무왕에게 말했다. 그 가운데는 오늘날의 실정에 맞지 않는 방법도 있다. 다만 지혜로운 장수를 가려 뽑으려는 세심한 마음씀씀이와 적극적인 태도는 오늘날에도 시사하는 바가 크다.

③ 출전하는 장수가 지녀야 할 태도

군주가 전쟁을 수행할 장수를 뽑았다면 그 장수에게 전해야 할 말이 있게 마련이다. 군주가 군 최고통수권자로서, 전쟁을 치르는 자신의 뜻을 전하려는 것이다. 장수로서는 마땅히 깊이 새겨들어야 할 말이다.

'社稷安危, 一在將軍. 令某國不臣, 願將軍帥師應之.'

'사직의 안위가 모두 하나같이 장군에게 달려 있다. 어떤 나라(적국)가 신하의 도리를 다하지 않고 있으니(쳐들어오고 있으니), 원컨대 장군은 군사를 거느려 그 나라를 응징하라.'

물론 이 말은 군주가 장수에게 내리는 명령이지만 실제로는 강태공의 말이다. 그가 군주를 시켜 장수에게 하는 말이다. 출전을 눈앞에 둔 상황이라 지극히 의례적이고 선언적인 내용이다.

또 그는 군주에게, 다음과 같은 뜻을 장수에게 전하라고 말하고 있다.

'見其虛則進, 見其實則止. 勿以三軍爲衆而輕敵, 勿以受命爲重而必死, 勿以身貴而賤人, 勿以獨見而違衆, 勿以辯舌爲必然. 士未坐勿坐, 士未食勿食, 寒暑必同. 如此 則士衆必盡死力.'

'적의 허점이 보이면 나가 싸우고, 적이 여물게 보이면 진격을 멈추어라. 아군의 삼군(중군·좌익·우익)의 수가 많다고 해서 적을 가볍게 보지 말라. 군주의 명령을 아무리 중시한다지만 반드시 죽어야하는 것은 아니다. 자기 몸이 귀하다고 해서 남의 몸을 천하게 여기지 말라. 독단적인 견해로써 여러 사람의 의견에 반대하지 말라. 그럴듯한 말솜씨로만 자기의 뜻을 이루려하지 말라. 병사들이 앉아 쉬기 전에 먼저 앉지 말라. 병사들이 먹기 전에 먼저 먹지 말라. 추위와 더위를 병사들과 반드시 함께 하라. 이와 같이 처신하면 병사들이 반드시 죽을힘을 다해 싸울 것이다.'

장수가 전장에서 가져야 할 태도에 관한 내용이다. 싸움터에서는 신중해야 하고, 병사들과 동고동락할 것을 말하고 있다. 지극히 원론적인 말이지만 그 속에는 비장함이 담겨 있다.

한편, 장수도 군주에게 해야 할 말이 있다.

'國不可從外治, 軍不可從中御. 二心不可以事君, 疑志不可以應敵. 臣旣受命, 專斧鉞之威. 臣不敢生還.'
'나라는 나라 밖에서 다스릴 수 없고, 전장에 나간 군대는 나라 안에서 지휘할 수 없습니다. 두 마음으로 군주를 섬길 수 없고, 회의적인 태도로 적을 맞아 싸울 수 없습니다. 신이 이미 군주의 명을 받아 부월(斧鉞, 군주가 출전하는 장수에게 권위의 상징으로 내리는 도끼 모양의 칼)의 권위를 독점하게 되었습니다. 신은 감히 살아 돌아오지 않겠습니다.'

군주와 국가에 대한 장수의 충성을 강조하는 내용이다. 예나 지금이나, 주나라에서나 대한민국에서나, 전장에 나가는 장수라면 충성 이외에 다른 마음이 필요하겠는가.

④ 장수가 위엄을 잃지 않는 법

장수가 병사들 사이에서 위엄을 지키는 법에 대해 무왕이 강태공에게 물었다. 이에 그는 다음과 같이 대답하고 있다.

'將以誅大爲威, 以賞小爲明. 以罰審爲禁止而令行. 故殺一人而三軍震者, 殺之. 賞一人以萬人說者, 賞之. 殺貴大, 賞貴小. 殺及當路貴重之臣, 是刑上極也. 賞及牛竪馬洗廐養之徒, 是賞下通也. 刑上極, 賞下通, 是將威之所行也.'

'장수는 계급이 높은 사람에게 벌을 내림으로써 위엄을 이룰 수 있습니다. 또 계급이 낮은 사람에게는 상을 내림으로써 지혜를 드러낼 수 있지요. 벌은 깊이 따져보고 내려야, 금지할 것과 이행할 것에 관한 군령을 위엄 있게 세울 수 있습니다. 만약 한 사람을 죽여 삼군 모두가 두려워한다면, 죽여야 합니다. 만약 한 사람에게 상을 내려 만인을 기쁘게 한다면, 상을 주어야 합니다. 죽이는 것은 계급이 높은 사람을 귀하게 여기는 것이요, 상을 주는 것은 계급이 낮은 사람을 귀하게 여기는 것입니다. 만약 죽일 대상이 계급이 높은 중요한 부하라면, 그것은 형벌이 위로 철저하게 집행되고 있음을 나타내는 것입니다. 만약 상을 줄 대상이 목동이나 마부나 마구간청소부 같이 계급이 낮은 부하라면, 상이 아래로 널리 골고루 베풀어지고 있음을 나타내는 것이지요. 형벌이 위로 철저하고, 상이 맨 아래로까지 골고루 미친다면, 그것은 장수의 위엄이 잘 지켜지고 있다는 표시입니다.'

강태공은 장수가 전장에서 부하들로부터 위엄을 지킬 수 있는 지혜를 말하고 있다. 전장에서 장수의 위엄이 지켜지지 않으면 그 군대는 결코 승리할 수 없다. 장수의 위엄이 올바로 서지 않으면 군율이 무용지물이 되면서 군 기강이 해이해질 것이다.

장수의 위엄은 엄정한 군령집행으로부터 나온다. 만약 잘못을 저지른 부하를, 계급이 높거나 중요한 자리에 있다는 이유로 벌하지 않거나 가벼운 벌을 내리는데 그친다면, 군령이 올바로 서지 않을 것이다. 이를테면, 계급이 높은 자를 일벌백계로 사형으로 다스려 모든 부하들이 감화를 받는다면 군령이 바로 서는 것이다. 그래서 사형의 효과는 계급이 높을수록 크다. 또 계급이 매우 낮은 자에게까지 상을 내려 모든 부하들이 감화를 받는다면 그 역시 군령이 바로 서는 것이다. 그래서 상의 효과는 계급이 낮을수록 크다.

전시에서라면 평시에 비해 군령이 더욱 엄중하게 지켜져야 마땅하다. 장수의 위엄은, 군령을 엄정히 집행해 병사들에게 본보기를 보이고 감화를 줌으로써 지켜지는 것이다.

⑤ 삼승(三勝)

무왕이 강태공에게 다음과 같이 물었다.

'吾欲令三軍之衆, 攻城爭先登, 野戰爭先赴, 聞金聲而怒, 聞鼓聲而喜. 爲之奈何?'

'삼군의 군대가 성을 공격할 때 앞을 다투어 오르고, 야전에서 앞을 다투어 나아가며, 금성(金聲, 퇴각을 알리는 쇠북소리)을 들으면 화를 내고, 고성(鼓聲, 진격을 알리는 북소리)을 들으면 기뻐하기를, 나는 원합니다. 그러려면 어떻게 해야 할까요?'

무왕은 자신의 군대가 전장에서 용맹스럽게 싸워주기를 간절히 기대하고 있다. 퇴각신호를 싫어하고 진격신호를 기다릴 만큼 병사들의 사기가 높아, 자신의 군대가 용감하게 싸워 이겨주기를 바라고 있는 것이다.

이에 그는 '삼승(三勝, 승리하기 위한 세 가지 방도)'이란 개념을 제시하고 있다. 삼승이란 무엇일까? 그는 예장(禮將), 역장(力將), 지욕장(止欲將)을 들었다. 싸움에 임하는 장수의 자질과 태도를 말하고 있는 것이다.

먼저, 예장에 관해 '將冬不服裘, 夏不操扇, 雨不張蓋. 名曰禮將.'으

로 설명했다. 즉 '장수는 겨울에도 가죽옷을 입지 않고, 여름에도 부채를 들지 않으며, 비가 내릴 때도 우산을 펴지 않는 법입니다. 그런 장수를 예장이라 합니다.'라고 했다. 전쟁터의 추위와 더위와 비를 부하들과 몸소 함께 겪는 장수가 예장이다.

이어 역장에 관해서는 '出隘塞, 犯泥塗, 將必先下步. 名曰力將.'으로 설명했다. 즉 '장애물이나 진흙탕을 지날 때 장수는 반드시 (말이나 수레에서 부하들보다) 먼저 내려 걸어가야 하는 법입니다. 그런 장수를 역장이라 부릅니다.'라고 했다. 장수는 난관을 만났을 때 자기 몸으로 직접 체험해보지 않고서는 부하들의 노고를 알 수 없다. 친히 부하들의 노고를 체험하는 장수를 일러, 역장이라 한다는 얘기다. 다시 말해, 지휘본부에만 머물지 않고 부하들의 노고를 현장에서 직접 '힘써' 살핀다는 의미다.

마지막으로 지욕장에 관해서는 '軍皆定次, 將乃就舍. 炊者皆熟, 將乃就食. 軍不擧火, 將亦不擧. 名曰止欲將.'으로 설명했다. 즉 '군사들이 모두 머물 곳을 정한 다음에야 장수가 숙소에 들고, 군사들이 모두 식사를 마친 다음에야 장수도 식사를 하고, 군사들이 (난방을 위해) 불을 들지 않으면 장수도 불을 들지 않는 법입니다. 그런 장수를 지욕장이라 합니다.'라고 했다. 부하들보다 잘 자고 잘 먹으면 부하들의 배고픔을 알 수 없다. 부하들의 사기를 위해 자신의 욕구를 꾹 눌러 참을 줄 아는 장수가 지욕장이라는 얘기다.

장수가 예장과 역장과 지욕장의 태도를 몸소 내보여야, 병사들이 죽기를 두려워하지 않고 죽을힘을 다해 싸울 것이다. 강태공은 '높은 성이나 깊은 연못에서 싸움을 할 때 화살과 돌이 수없이 날아다녀도 병사들이 용감하게 싸우는 것은 죽기나 다치기를 좋아해서가 아니다.'라고 말했다. 자신이 죽거나 다치는 것을 좋아할 사람이 어디 있겠는가. 그럼 무엇 때문일까? 그는 '예장과 역장과 지욕장의 덕을 몸소 실천하는 장수로부터 병사들이 큰 감동을 받기 때문이다.'라고 말했다.

군 리더의 길은 멀고도 험하다. 오늘날에도 훌륭한 군 리더가 되려면 휘하의 병사들에게 예를 다하고, 그들의 노고를 몸소 힘껏 보살피고, 자신의 개인적 욕구를 참을 줄 알아야 한다.

⑥ 훌륭한 장수는 싸우지 않고 이긴다

적을 공격하려면 어떻게 해야 하는지 묻는 무왕에게, 강태공은 다음과 같이 말했다.

'善戰者, 不待張軍. 善除患者, 理於未生. 善勝敵者, 勝於無形. 上戰無與戰. 故爭勝於白刃之前者, 非良將也. 設備於已失之後者, 非上聖也.'

'전쟁을 잘하는 사람은 군대가 전투준비를 다 갖출 때까지 기다리지 않습니다. 근심거리를 잘 제거하는 사람은 일이 커지기 전에 미리 다스립니다. 적을 잘 이기는 사람은 적이 진용을 갖추기 전에 미리 부숩니다. 좋은 전쟁이란 싸우지 않고 이기는 법이지요. 그러므로 병기를 써서 승리를 다투는 사람은 훌륭한 장수가 아닙니다. 또, 다 잃은 뒤에야 자기를 대비하는 사람은 최상의 현명한 사람이 아닙니다.'

병장기를 사용하면서 전쟁을 하다보면 적군에도 아군에도 많은 인적,

물적 피해가 나게 마련이다. 그래서 피해를 내지 않고 이기는 전쟁과 그 장수는, 피해를 내면서 이기는 전쟁과 그 장수보다 더 지혜롭다.

이어 그는 다음과 같이 말하고 있다.

'智與衆同, 非國師也. 技與衆同, 非國工也. 事莫大於必克, 用莫大於玄默. 動莫神於不意, 謀莫善於不識. 夫先勝者, 先見弱於敵. 而後戰者也, 故士半而功倍焉.'
'지혜가 여느 뭇사람들과 같으면 국사(나라의 뛰어난 스승)가 아닙니다. 기술이 여느 뭇사람들과 같으면 국공(나라의 뛰어난 기술자)이 아닙니다. (군대를 다루는) 일은 (적을) 반드시 이기는 것보다 더 중요한 것이 없고, (병사를) 쓰는 것은 현묘하게 비밀리에 하는 것보다 더 중요한 것이 없습니다. 군대를 움직이는 것은 적이 의식하지 못할 때 하는 것보다 더 신출귀몰한 것이 없고, (작전을) 도모하는 것은 적이 알지 못할 때 하는 것보다 더 좋은 것이 없습니다. 대체로, 먼저 승리하는 자는 적에게 약점을 먼저 내보임으로써 승리를 거둡니다. 그런 다음에 싸운다면, 군사의 수는 절반이라 해도 공은 두 배로 세울 수 있습니다.'

이 대목은 정규전이 아닌 유격전을 연상케 한다. 어쩌면 유격전은, 3천여 년 전 강태공의 머릿속에 그 기원을 두고 있는지 모른다. 유격전술은 춘추전국시대 이후 중국에서 벌어진 정복전쟁에서 숱하게 발휘되었다.
현대사에서도 유격전은 모택동의 중국혁명에서, 그리고 호치민의 베트남전쟁에서, 체 게바라의 중남미에서 널리 활용되어 그 효용가치가 입증된 바 있다.

이어 그는 다음과 같이 말하고 있다.

'夫將有所不言而守者, 神也. 有所不見而視者, 明也. 故知神明之道者, 野無衡敵 對無立國.'

'무릇, 장수에게는 말을 하지 않고 지키는 것이 있으니 그것은 신(神)입니다. 보지 않고도 보이는 것이 있으니 그것은 명(明)입니다. 그래서 신명(神明)의 도(道)를 아는 장수에게는, 전장에서 적수가 없고 맞서는 나라가 없습니다.'

신명의 도란 뛰어난 지혜에 다름 아니다. 강태공은, 장수의 임면에 대한 권한을 가진 무왕에게 장수의 자질을 말해주고 있다. 장수의 가장 훌륭한 자질은, 전투에서 이길 수 있는 지혜일 것이다. 신명의 도에 해당하는 뛰어난 지혜를 갖춘 자를 장수로 뽑으라고 군주에게 일러주고 있다.

군 리더의 자질 Ⅱ
| 삼략에서 |

① 장수가 술을 강물에 쏟은 까닭

강태공은 상략 편에서 다음과 같이 말했다.

'良將之用兵, 有饋簞醪者. 使投諸河. 與士卒同流而飮. 夫一簞之醪, 不味一河之水. 而三軍之士, 思爲致死者. 以滋味之及己也.'

'한 훌륭한 장수가 거느리고 있는 병사가 대나무 단지에 든 술을 그 장수에게 갖다 바쳤다. 그러자 장수는 그 술을 모조리 강물에 쏟아 붓게 했다. 이어 그 장수는 부하들과 함께 강을 오르락내리락하며 강물을 마셔댔다. 무릇 한 단지의 술은 강물에 섞이면 그 맛을 느낄 수 없다. 하지만 삼군의 병사들은 (전쟁터에서) 죽어도 좋다고 생각하기에 이르렀다. 그 까닭은 병사들이 (황송하게도) 자신들도 술을 맛보았다고 생각했기 때문이다.'

전쟁터에 나간 한 장수가 부하로부터 선물로 받은 술을 자신이 마시지 않고 강물에 쏟아 부었다. 이어 여러 부하들과 함께, 술이 섞인 그 강물을 마셨다. 그렇다면 장수는 자신의 부하들과 함께 그 술을 나누어 마신 셈이다. 한 단지의 술은 양이 적어 여러 병사들과 함께 나누어 마실 수 없다. 하지만 강물에 풀어버리면, 비록 술맛은 나지 않지만, 여러 병사들과 함께 나누어 마신 것이나 마찬가지다. 이에 부하 병사들은 그 장수로부터 동고동락의 자애로움을 느꼈을 테고, 마침내 그 장수를 존경하게 된다. 그래서 병사들은 전쟁터에서 죽어도 좋다는 충성심과 용맹을 발휘하게 된다.

그는 지금 어느 훌륭한 장수에 얽힌 미담을 소개하고 있다. 그 장수가 선물로 받은 그 술을 혼자서만 마셨다면 뇌물이 되는 셈이다. 하지만 강물에 타서 여럿이 나누어 마셨기 때문에, 그 술은 뇌물이 아니라 사기를 북돋우는 묘약이 되었다. 생사고락을 함께 하겠다는 장수의 마음이 전쟁터의 병사들에게 널리 전달되는 효과를 발휘한 것이다.

군 리더가 생사고락을 함께 하겠다는 뜻을 부하들에게 전하는 것이 어디 전쟁터에서뿐이겠는가. 이를테면, 군 리더가 평시에 휴가를 다녀온 부하로부터 술이나 음식을 선물로 받을 수 있다. 그 선물을 여러 부하들과 함께 나눌 수 있다면 휘하의 사기가 더욱 높아질 것이다. 그 나눔으로써 군 리더 자신의 덕과 권위도 높아질 것이다.

② 장수는 나무꾼의 말이라도 귀담아 들어야 한다

강태공은 상략 편에서 장수는 남의 말을 잘 듣는 태도를 지녀야 한다고 말했다.

'仁賢之智, 聖明之慮, 負薪之言, 廊廟之語, 興衰之事. 將所宜聞.'
'어질고 현명한 사람의 지혜, 뛰어나고 지혜로운 사람의 염려, 나무꾼의 말, 조정 대신들의 말, 그리고 흥망성쇠에 관한 내력. 장수는 그것들을 마땅히 귀담아 들어야 한다.'

장수는, 어질고 현명하고 뛰어나고 지혜롭고 벼슬이 높은 사람들이 하는 말은 당연히 경청해야 할 것이다. 그뿐이 아니라 나무꾼의 말도 귀담아 들어야 한다. 나무꾼은 범부에 불과하지만 그의 말은 전쟁에는 쓸모가 있을지도 모른다. 하물며 자신의 휘하에 있는 병사들의 말을 듣지 않아서야 되겠는가. 부하들이 간하는 말을 들어주지 않으면 사기가 떨어지고 군령이 서지 않을 것이다. 나아가, 반란을 꾀하는 자가 생길 것이고 전쟁에서 이길 수도 없을 테다.

오늘날 흔히 말하는 탁상공론의 정책은, 현장의 실정을 무시한 채 머릿속의 막연한 상상에서 나온 것이다. 현장의 여러 변수를 도외시한 채 책상머리에서 세워진 계획은 겉으로는 그럴싸해 보인다. 그래서 결재나 정책결정 과정에서 명쾌하다는 평가를 받아 일사천리로 사업계획이 확정되곤 한다. 하지만 정작 시행과정에서는 여러 가지 난관에 부딪히곤 한다. 결국 그 사업은 시일이 더 걸리거나, 예산이 더 들어가거나 해서 성과를 제대로 보지 못한 채 유야무야되기 일쑤다.

 탁상공론으로 하는 일은 정책 불신과 예산 낭비를 낳으면서 국민의 삶을 고단하게 한다. 일이 그 지경에 이르러도 책임지는 이는 좀처럼 눈에 띄지 않는다. 탁상공론을 일삼는 이는 국민의 삶에는 별로 관심이 없다. 국민의 삶은 불안해져도 탁상은 안정적이다. 탁상공론의 정책이 실패하는 가장 큰 원인은 그 정책의 최초 입안자가 현장의 목소리를 귀담아 듣지 않았기 때문이다.

 오늘날 군의 전략전술도 이와 마찬가지다. 군사작전도 자칫 탁상공론이 될 위험이 없지 않다. 지형지물을 활용해야 하는 군사작전에서는 현장의 세세한 사정을 군 수뇌부가 구체적으로 꿰뚫고 있기란 어렵다. 현지 사정을 잘 아는 부하, 현장 사정에 밝은 '나무꾼' 등의 말을 잘 듣고 계획에 반영해야 작전의 실패 위험을 줄일 수 있다.

③ 탐욕스러운 자도 쓸 모가 있다

강태공은 중략 편에서 다음과 같이 말했다.

'使智使勇, 使貪使愚. 智者樂立其功, 勇者好行其志, 貪者邀趨其利, 愚者不顧其死. 因其至情, 而用之, 此軍之微權也.'

'지혜로운 자나 용기 있는 자도 쓸 데가 있지만, 탐욕스러운 자나 어리석은 자도 쓸모가 있다. 지혜로운 자는 공을 세우기를 즐기고, 용기 있는 자는 뜻을 행하기를 좋아하고, 탐욕스러운 자는 기꺼이 이익을 보려 하고, 어리석은 자는 죽음을 돌아보지 않는다. 그 지극한 태도를 존중해 그 것들을 쓰니, 이것이야말로 군대의 미권(微權, 자상한 권위)이다.'

군에서나 전쟁에서는 반드시 지혜나 용기만 필요한 것이 아닌가보다. 부리기에 따라서는 욕심이 많은 자나 우직한 자도 쓰임새가 있나보다.
이를테면 욕심이 많은 병사는 전쟁에서 적의 재물을 탐하려 할 것이다. 따지고 보면 그는 재물에 대한 욕심이 많기 때문에 전쟁에서 용맹스럽게 싸우는 것이다. 그러니 탐욕도 쓸모가 있는 셈이다. 어리석은 자도 마찬가지다. 어리석은 자는 좌고우면하지 않은 채 황소고집처럼 우직하게 싸움에만 열중할 것이다. 지혜로운 장수라면, 탐욕스럽거나 어리석은 병사를 무조건 홀대하지는 않는다. 필요에 따라 그들을 적재적소에 부리려할 것이다. 군을 통솔하는 장수는 큰 권위뿐 아니라 자상한 권위도 두루 겸비하고 있어야 한다. 그러자면 군 리더는 휘하에 있는 참모나 병사의 성격이나 자질을 꼼꼼히 분석해둬야 할 것이다.

④ 어진 병사라도 경계해야 할 때가 있다
강태공은 중략 편에서 다음과 같은 말을 했다.

'無使辯士談說敵美, 爲其惑衆. 無使仁者主財, 爲其多施而附於下.'
'말을 잘 하는 병사에게 적의 좋은 점을 말하게 하지 말라. 무리(병사들)를 현혹시킨다. 어진 병사에게 재물을 주관케 하지 말라. 재물을 많이 베풀어 부하들을 가까이하려 한다.'

전쟁터에서는 눈치 없이 사실을 사실대로 말한다는 것이 쓸모가 없거나 도리어 해가 되기도 한다. 이를테면, 적의 힘이 아군보다 강하다든지 적의 군량미가 아군보다 많다든지 하는 것은 사실일 수 있지만 그것이 아군 병사들에게 알려지면 좋을 게 없다. 도리어 아군의 사기를 떨어뜨릴 뿐이다. 군 내부에 말을 잘 하는 병사가 있어, 그가 적의 좋은 점을 말하고 다닌다면 아군 병사들 사이에 동요가 일어날 수 있다. 말만 그럴듯하게 잘 하는 병사라면, 사실이 아닌 말을 지어내어 사기를 떨어뜨릴 수도 있다. 하긴 전쟁터에서 말만 번지르르하게 잘 하는 병사는 별로 쓸모가 없지 싶기도 하다.

하지만 진실을 말하려는 충직한 태도까지 금기시되어서는 안 될 것이다. 나아가, 전쟁이란 특수한 상황을 이용해 진실을 감추려는 음모적인 태도도 허용될 수 없음은 물론이다.

또 어질기만 해서 무조건 이롭지만은 않을 것 같다. 만약, 어질기만 한 자가 군 재정을 맡게 된다면 재정난을 부를 수도 있지 않을까? 예를 들자면, 그는 마음이 모질지 못해, 가난해 보이는 이에게 사사로이 예산을 떼어줄 수도 있지 싶다. 또 군수품 보급에 차질을 빚게 할 수도 있지 않을까? 그는 마음이 약해, 불쌍해 보이는 병사에게 보급품 따위를 함부로 넉넉히 베풀려고 할 수도 있지 싶다. 게다가 군 내부에서 그의 마음약한 태도를 악용해 사리사욕을 채우려는 이가 생겨날 수도 있을 것 같다.

물론 어진 이가 경계의 대상이 되는 것은 전쟁이라는 특수한 상황에만 한정될 뿐이다. 평시라면 어진 성품을 가진 사람은 군대 안에서든 밖에서든 늘 존경과 예우를 받아 마땅하다.

⑤ 간사한 장수란?

만약 간사한 신하가 장수가 되어 전쟁을 수행하게 된다면, 그는 어떤 태도를 취할까. 또 그는 겉으로 어떤 행동을 할까.

강태공은 간사한 장수의 태도와 행동에 대해 구체적으로 언급하고 있다. 그는 상략 편에서 다음과 같이 말하고 있다.

'引威自與, 動違於衆, 無進無退, 苟然取容, 專任自己, 擧措伐功, 誹謗盛德, 誣述庸庸, 無善無惡, 皆與己同, 稽留行事, 命令不通, 造作苛政, 變古易常. 君用佞人, 必受禍殃.'

'위엄을 끌어다 자기 것으로 삼고, 행동이 무리(군대)에 위배되고, 진격하지도 않고 후퇴하지도 않고, 구차하게 얼굴 표정으로만 일을 하는 척하고, 자기 마음대로만 하고, 전공(戰功)만 세우려 하고, 남의 훌륭한 덕을 비방하고, 속이고 술수를 부리려 하고, 좋은 일도 하지 않고 나쁜 일도 하지 않고, 모든 일을 자기의 일에 맞추려 하고, 일을 꾸물대면서 처리하고, 군주의 명령을 사졸들에게까지 통하게 하지 않고, 군주가 가혹한 정치를 하고 있다는 헛소문을 만들어내고, 옛것(옛 관습이나 군율)을 늘 바꾸어버린다. 군주가 간사한 사람을 장수로 쓰게 되면 반드시 화와 재앙을 받게 된다.'

간사한 장수의 유형이 이렇게 자세하게 열거될 수 있는 것은 강태공이 지략가로서 평소 그런 인물들을 자주 경험했기 때문이었을 것이다. 간사한 장수도 조정 내부의 간신배가 취하는 언행과 별반 다르지 않아 보인다. 흔히 하는 말로, 안에서 새는 바가지가 밖에서라고 새지 않을 리 있겠는가. 조정의 간신이 전쟁터의 장수가 된다고 해서 충성스러운 장수가 될 수는 없나보다. 군주는 장수를 잘못 쓰는 바람에 전쟁에서 패할 수밖에 없을 테고, 결국에는 자신의 나라가 패망하는 큰 화를 입게 될 것이다.

한계 : 백성에 대한 이중적 태도
| 육도와 삼략에서 |

강태공은 육도와 삼략에서 백성을 존중하는 태도를 일관되게 보여주고 있다. 다만, 전쟁이나 용병을 말할 때만큼은 부분적으로 다른 태도를 드러내기도 한다. 전쟁과 용병에서도 기본적으로는 덕치를 말하면서, 가끔 비정하고 냉엄한 태도를 보인다. 이런 태도는 당시의 시대상황을 반영하고 있지만 오늘날에는 도덕적 비난의 대상이 되기도 한다.

① 전쟁은 백성에게 고통을 준다
강태공은 삼략의 상략 편에서 다음과 같이 말했다.

'夫運糧百里, 無一年之食. 二百里, 無二年之食. 三白里, 無三年之食, 是爲國虛. 國虛, 則民貧. 民貧, 則上下不親. 敵攻其外, 民盜其內, 是謂必潰.'

'대개 백리에 양식을 보내면 일년 분량의 먹을거리가 없어진다. 이백리라면 이년 분량의 먹을거리가 없어진다. 삼백리라면 삼년 분량의 먹을거리가 없어진다. 이것은 곧 나라가 텅 비게 된다는 것을 뜻한다. 나라가 비게 되면 백성이 가난해지고, 백성이 가난해지면 지도층과 백성이 서로 친하지 않게 된다. 그러면 적이 밖에서 공격해오게 되고 백성들은 나라 안에서 도둑질을 일삼게 되니, 이것이야말로 궤멸이다.'

　덕치를 강조하는 태도가 나타나 있다. 그는 전쟁으로 인한 백성의 고통을 말하고 있다. 전쟁을 위해 적국으로 쳐들어간 병사들에게 댈 양식을 현지에서 조달하지 못한다면, 별 수 없이 본국에서 보내야 할 테다. 본국에서는 군량을 마련하느라 국가가 백성으로부터 세금을 더 많이 징수하거나 곡식을 현물로 거두게 될 것이다. 국가는 재정상태가 나빠지고 백성들은 헐벗거나 굶주리게 될 테다. 그러면 국가와 백성 사이에 미움과 불신이 생기고, 도처에 도적 떼가 들끓어 백성이 도탄에 빠지게 될 것이다.
　백성에게 고통을 주는 전쟁을 함부로 벌이지 말라는 얘기다. 어쩔 수 없이 전쟁을 하게 되더라도 백성의 고통을 최소한으로 줄여야 한다는 메시지다.
　예나 지금이나, 전쟁으로 인해 가장 큰 피해와 고통을 겪는 쪽은 백성일 수밖에 없다. 우리 역사만 보더라도, 전쟁이 나면 군주와 지배층은 백성과 도성을 버린 채 멀찍이 도주했던 사례를 그리 어렵지 않게 찾을 수 있다. 반면에 백성들은 살육과 질병으로 무수히 희생되거나, 전장으로 나가 목숨을 바쳐야 했다.

② 적국의 백성을 어질게 대하라
　강태공은 육도의 호도 편에서 무왕에게, 적국의 성과 마을을 공격할 때 취해야 할 전술을 다음과 같이 말했다.

'無燔人積聚, 無壞人宮室. 塚樹社叢勿伐. 降者勿殺. 得而勿戮.'

'남이 모아놓은 재물을 불태우지 말고, 남의 집을 파괴하지 마십시오. 무덤에 심어진 나무나 사당의 풀을 베어내어서는 안 됩니다. 항복하는 자는 죽이지 마십시오. 사로잡아 얻은 자(포로)를 살육하면 안 됩니다.'

전쟁에서 병사들이 적국의 성 안으로 들어갔을 때 취해야 할 도리다. 적국의 백성을 어질게 대하라는 말이다.

그는 계속해서 다음과 같이 말하고 있다.

'示之以仁義, 施之以厚德. 令其士民曰, 罪在一人. 如此, 則天下和服.'
'적에게 인의를 내보이고, 적에게 후한 덕을 베푸십시오. 적국의 병사와 백성에게 죄는 오직 한 사람(적국의 군주)에게만 있다고 말하십시오. 그렇게 하면 천하가 화평해지고 복종할 것입니다.'

전쟁이 아무리 잔인하다지만 그 속에서도 지켜져야 할 덕이 있게 마련이다. 그는 국사(國師)로서, 군주의 스승이자 책사로서 늘 정복전쟁을 꾀하면서도 다른 한편으로는 인(仁)의 지혜를 잊지 않았음을 보여주고 있다. 주나라가 상나라를 무너뜨리고 천하를 통일하게 된 데는, 적국의 백성까지 품어주는 그의 어짊이 단단히 한몫했을 테다.

정복전쟁을 벌이는 과정에서 적국의 민심을 잃게 되면, 비록 전쟁에서 승리하더라도 나중에 큰 후유증을 떠안게 된다. 물리적으로는 통일을 이뤘을지 몰라도, 내부적으로는 끊임없이 갈등과 내란이 일어날 가능성이 높다. 원한은 복수를 낳게 마련이기 때문이다. 그것은 진정한 통일이 아니다.

③ 전쟁의 무기는 백성의 생업 속에 있다

무왕은 육도의 용도 편에서 강태공에게 다음과 같이 묻고 있다.

'天下安定, 國家無事, 戰攻之具, 可無修乎? 守禦之備, 可無設乎?'
곧 '천하가 안정되고 국가가 무사하다면, 싸우고 공격하는데 필요한 도구를 만들지 않아도 되고, 지키고 방어하는데 필요한 준비를 해놓지 않아도 됩니까?'라는 질문이다. 곧 나라가 평화로울 때는 전쟁에 대비하지 않아도 되는지 묻고 있는 것이다.

이에 그는 먼저 '戰攻守禦之具, 盡在於人事.'로 대답했다. 곧 '싸우고 공격하거나, 지키고 방어하는데 필요한 도구는 모두 백성들의 일 안에 있습니다.'라는 답변이다. 전쟁과 백성의 일이란 따로 멀리 떨어져 있지 않고, 서로 밀접하게 관련되어 있다는 얘기다.

그는 이어 구체적인 예를 들어 '馬牛車輿者, 其營壘蔽櫓也. 牛馬, 所而轉輸糧用也.'라 했다. 곧 '(농사에 쓰이는) 말이나 소나 수레라는 것은 진영이나 보루를 (적의 공격으로부터) 가리는 방패 역할을 할 수 있으며, 소나 말은 양식(군량미)을 운반하는 용도로 쓰일 수 있습니다.'라는 얘기다. 이와 마찬가지로, 그는 또 농부들이 곡식을 수송하고 꼴을 거두어들이는 것은 군대의 창고를 채우는 것과 다름이 없다고 했다. 그래서 그는 '전시에서 나라를 잘 다스리는 자는 백성의 일에서 지혜를 얻습니다(善爲國者, 取於人事).'라고 말했다.

이와 같은 그의 말은 백성의 생업이 널리 보호되고 활발하게 장려되어야 한다는 뜻으로 들린다. 생업을 적극 일으킨다는 것은 국부의 기본이다. 생업은 태평성대를 이루기 위한 물질적 토대이기도 하다. 생업은 백성의 평안한 삶을 보장하는 기초다. 그러나 다른 한편으로는, 백성의 생업이 전시동원체제에 따라 전쟁을 치르기 위한 수단으로 바뀔 수도 있다는 얘기로 들리기도 한다. 하긴, 동양이든 서양이든 고대로 거슬러 올라갈수록 병농일체(兵農一體)가 강조되는 사회였다. 그래서인지 강태공의 말에서도 병농일체의 냄새가 배어나온다.

그가 무왕의 책사로 있을 당시에는, 중국대륙의 중심 국가인 상나라가 폭정을 일삼는 바람에 천하의 민심을 되돌릴 수 없을 정도로 크게 잃어버린 상황이었다. 상의 멸망은 단지 시간문제일 뿐이라는 분위기가 지배적이었다. 무왕의 주나라로서는 상을 무너뜨리기 위한 전쟁이 불가피했을 테다. 전쟁이 장기전으로 나아가면서 소모전으로 치달을수록 주나라는 전시동원령의 강도를 높여야 할 것이고, 생업이 군비조달이나 군사작전 등의 목적으로 대거 전용될 수밖에 없을 테다. 실제로 나중에 주나라가 상나라를 무너뜨릴 때 백성의 생업은 평시와는 매우 달랐을 것으로 추정된다. 다만, 그는 단지 전시동원령의 대상으로서만 생업이 보호되거나 장려되어야 한다고 보지는 않았을 것이다.

백성의 생업을 중시하는 그의 태도는 전쟁 앞에서는 일정한 한계를 띨 수밖에 없었다. 군주의 책사라는 정치적 지위는 군주의 통치현실과 백성의 행복을 늘 저울질했을 것이다. 무엇보다도, 전쟁을 앞둔 비상시국이라는 현실이 그에게 이중적 태도를 갖게 했을 테다.

④ 비정한 군사조련 방법

무왕이 육도의 견도 편에서 군사를 조련하는 방법에 관해 물었다. 이에 강태공은 열한 가지 종류의 부대를 조직해 조련하라고 대답하고 있다.

열한 가지 부대 가운데 첫 번째가 '모인의 병사(冒刃之士)'다. 곧 '칼날을 두려워하지 않는 병사'들로 구성된 조직이다. 이 조직을 만드는 방법에 관해 그는 다음과 같이 말하고 있다.

'軍中有大勇, 敢死樂傷者, 聚爲一卒, 名曰冒刃之士.'
'군대 안에 큰 용기를 가진 자들이 있다면, 죽음을 두려워하지 않고 부상당하는 것을 즐기는 병사들을 한데 불러 모아 한 부대의 졸(卒)을 편성하십시오. 그 부대를 모인의 병사로 부르기로 합니다.'

그 당시의 군대조직 단위로 오(伍)는 다섯 명, 양(兩)은 스물다섯 명, 졸(卒)은 백 명이다. 그래서 모인의 병사라는 부대의 인원수는 백 명이다.

그와 같은 방식으로, 그는 함진의 병사(陷陣之士, 적진을 함락시키는 병사)라는 부대를 백 명의 인원으로 조직하라고 말하고 있다. 이 부대는 예리한 기운이 있고, 용감하며, 굳세고 거친 자(有銳氣壯勇彊暴者)들로 구성된다.

세 번째는 용예의 병사(勇銳之士, 용감하고 예리한 병사)로, 외모가 험상궂고 검을 잘 쓰며, 병기를 지닌 채 행군할 때 낙오하지 않는 자(有奇表長劍, 接武齊列者)들로 구성된다.

이어 용력의 병사(勇力之士, 용감하고 힘이 센 병사)다. 멀리뛰기를 잘 하고 쇠갈고리를 잘 휘두르고 힘이 세어서, 적의 쇠북을 찢어 부수고 적의 깃발을 찢어 없앨 수 있는 자(有披距伸鉤, 彊梁多力, 潰破金鼓, 絶滅旌旗者)들로 채워진다.

또 구병의 병사(寇兵之士, 기습을 잘 하는 병사)는 높은 곳을 뛰어넘을 수 있고, 먼 길을 빠르게 갈 수 있고, 발걸음이 가벼워 잘 달리는 자(有踰高絶遠, 輕足善走者)들로 채워진다.

여섯 번째는 사투의 병사(死鬪之士, 죽기로 싸우는 병사)다. 한때는 왕의 신하였다가 그 세력을 잃고 전쟁에서 다시 공을 드러내려는 자(有王臣失勢, 欲復見功者)들로 이루어진다.

이어 사분의 병사(死憤之士, 죽기로 분투하는 병사)는, 전장에서 죽은 장수의 자제들로서 아버지의 원수를 갚으려는 자(有死將之人子弟, 欲爲其將報仇者)들로 구성된다.

여덟 번째는 필사의 병사(必死之士, 꼭 죽겠다고 각오하는 병사)다. 이 부대는, 평소 살림살이가 빈궁해 울분을 참지 못하는 자들로서 전쟁을 통해 마음의 쾌락을 얻으려는 자(有貧窮憤怒, 欲快其志者)들로 채워진다.

이어 여둔의 병사(勵鈍之士, 둔함을 떨쳐내고 일어서려는 병사)다. 이 부대는, 데릴사위나 남의 노예로 있다가 예전의 비천한 신분을 감추고 이름을 날려보려는 자(有贅壻人虜, 欲掩迹揚名者)들로 이루어진다.

행용의 병사(倖用之士, 요행을 부리는 병사)는 죄를 지어, 옥살이를 한 적 있거나 그 형을 면한 사람(有胥靡免罪之人)들로 구성되는데 그들은 수치심을 씻어내기를 원하는 자(欲逃其恥者)들이다.

마지막 열한 번째는 대명의 병사(待命之士, 명령을 기다리는 병사)다. 이 부대는, 재능과 기술을 겸비한 사람들로서 무거운 짐을 진 채 멀리까지 갈 수 있는 자(有材技兼人, 能負重致遠者)들로 구성된다. (이 부대는 전투에 직접 참가하는 조직은 아닌 것으로 보인다. 즉 군수품을 후방에서 전장까지 날라다주는 역할이 주된 임무인 것으로 보인다.)

이상의 열한 가지를 소개하고 난 뒤 그는 '此軍之練士, 不可不察也.'

라 말했다. 즉 '이 방안들은 군에서 부대를 편성해 병사를 조련하는 방법이며, 가볍게 여겨서는 안 됩니다.' 라고 무왕에게 당부했다.

  그의 이 같은 계획은, 병사들이 가진 잠재력을 적극 활용해 특수부대를 조직하자는 얘기다. 병사들이 가진 다양한 특기나 적성을 전쟁의 용병에 활용한다는 점에서 퍽 지혜로운 발상인 것처럼 보인다. 그러자면 먼저, 병사 개개인에 대한 인적사항이나 민간인일 때의 신분 등에 관한 조사가 면밀히 이루어져야 할 테다. 그런 조사를 거쳐 선발된 병사들을 열한 가지 부대로 각각 분류해, 별동대를 조직하자는 구상이다.

  하지만 거기에는 그가 누차 강조해온 덕치의 당위성에 위배되는 점이 몇 가지 있다(그렇다고 해서, 그가 덕치를 중시하지 않는다는 얘기는 아니다). 무엇보다도, 병사 개개인의 마음속에 내재되어 있는 열등의식이나 분노를 일깨워 전쟁에 이용하고 있다는 점은 명백히 덕치의 취지에 반한다. 특히 사투의 병사, 사분의 병사, 필사의 병사, 여둔의 병사, 행용의 병사 등의 부대가 덕치에 반하는 대표적인 조직이다.

  군에 입대하기 전에는 한때 왕의 신하로서 큰 권세를 누리다가 그 세력을 잃었다면, 마음속에 적잖은 상실감을 갖고 있을 테다. 아비를 전쟁터에서 잃은 아들이라면 평소 마음속에 분노를 품고 있을 것이다. 그래서 강한 적개심을 갖고 있을 테다. 또 살림살이가 가난한 백성으로 평소 울분을 참지 못하는 성미라면 세상에 대한 증오가 없지 않을 것이다. 오죽하면, 강태공의 말대로 전쟁을 통해 마음의 쾌락을 얻으려 하겠는가. 군에 들어오기 전에 비천한 신분이었다면, 또 죄를 지어 옥살이를 한 적 있다면, 그들은 신분상승이나 명예회복을 향한 욕구가 남달리 강할 테다.

인생에서 막다른 골목에 이르렀다는 극한의 한계심리를 부채질해 전력을 극대화한다는 구상에는 적잖게 논란의 여지가 있다. 병사에게 군율을 엄중히 적용하는 것과는 별개의 문제다. 오늘날로 치면 인권침해에 해당하지 않을까. 그 당시에는 오늘날과 같은 수준의 인권 혹은 인격이란 관념이 없었거나 중시되지 않았을 수도 있겠다. 하지만 아무리 전쟁을 수행하는 병사라 해도, 그들 역시 강태공 자신이 덕치로써 다스려야 한다고 누누이 강조해온 그의 백성이다.

나아가, 마음에 큰 상처를 입은 사람이 특수부대 공작원이 되어 전쟁에 참가한다면 예기치 않은 불상사를 낳을 수도 있을 것 같다. 우선, 그 자신의 목숨을 소중히 여기지 않은 채 함부로 행동할 가능성이 없지 않다. 또 적국의 백성을 함부로 살상하지 말라든지, 적국의 재물을 함부로 빼앗지 말라든지 하는 그 자신의 덕치에 반하는 결과를 부를 수도 있을 것 같다.

하긴 우리 6.25전쟁 이후의 현대사에서도, 극한상황에 내몰린 인간의 심리를 이용해 특별한 목적을 이루게 하려는 공작원부대를 국가가 비밀리에 조직한 적 있다. 그 결과는 어떠했는가. 지금까지 수없이 많은 끔찍한 후유증을 남겨놓았다.

그 부대는 목적을 이루지 못했다. 부대원들 가운데 다수가 목숨을 잃었으며, 살아남은 사람들도 마음의 상처를 깊게 입고 말았다. 사망자든 생존자든, 그 가족들도 마음의 상처를 치유하지 못한 채 지금까지 고통을 겪고 있다. 그것은 개인의 고통이기도 하지만, 국가와 역사의 부담이요 아픔이기도 하다.

⑤ 미인계

강태공은 적국을 교란할 목적으로 미인계를 써야 한다고 자주 말하고 있다. 그의 미인계는 주로 전쟁을 일으키기 이전의 외교적 책략의 하나로 제시되고 있다.

육도의 무도 편에서, 군사를 일으키기 이전에 취해야 할 열두 가지 방책을 문왕에게 간하면서 미인계를 권유한 바 있다. 이를테면, '輔其淫樂(음란한 즐거움으로써 적을 부추김)'이나 '進美女淫聲以惑之(아름다운 여자와 음란한 음악을 바쳐 적을 유혹함)'은 미인계에 관한 방책이다.

이어 또다시 육도의 무도 편에서, 적을 공격하기에 앞서 먼저 적국 군주의 지혜를 가리라고 말했다. 이번에는 문왕의 책사가 아니라 무왕의 책사로서 권유하는 말이다. 적국 군주의 지혜를 가리기 위한 방법의 하나로 '음지이색(淫之以色)'이란 계책을 제시했다. 즉 '미녀를 이용해 적국의 군주를 음란에 빠져들게 하라'는 얘기다.

그 밖에도 미인계는 육도의 무도 편에 여러 차례 등장하는데, 주로 값진 재물(뇌물), 요사스러운 음악, 맛있는 음식 등을 이용한 계책과 함께 제시되고 있다. 다시 말해, 계략을 쓰는 수단으로서 미인이, 재물과 음악과 음식과 나란한 위치에 놓여 있는 셈이다.

미인을 이용하는 계책은 백성을 존중하는 그의 지론과는 사뭇 상반된다. 미녀는 그의 백성이 아닌가. 미녀는 한 국가를 정벌하는데 이용할 수단에 지나지 않는단 말인가. 개인의 생김새나 성의 차이가 왜 국가에 의해 외교 책략의 방편으로 쓰여야 할까. 물론 그 당시에는 여성을 대하는 가치관이 오늘날과 같지 않았기 때문일 테다.

사실, 빈계지신(牝鷄之晨, 암탉이 새벽을 알린다)의 고사도 주나라와 상나라의 무력대치라는 시대상황 속에서 생겨난 것이다. 상의 폭군인 주(紂)의 통치는 그의 비(妃), 달기에 의해 좌지우지되고 있었다. 강태공의 주나라는 주왕의 학정을 세상에 널리 알리기 위해, 심리전의 하나로 달기의 요사스러움을 적극 이용하려 했다. 그리하여, '새벽이 왔음을 알리는 것은 수탉의 울음이어야 마땅한데 암탉(달기)이 새벽을 알리고 있으니, 이것은 나라가 망할 징조다.'라는 말을 백성들에게 퍼뜨렸다. 오늘날 여성이 암탉에 비유되면서 비하되곤 하는 것도 이와 무관하지 않을 성싶다.

오늘날 강태공은 '여성을 존중하는 태도를 지니고 있지 않았다.'라는 평을 고스란히 감수해야 할 듯하다. 그의 사고체계가 태생적으로 지닌, 어쩔 수 없는 한계 탓일 테다. 또 오랜 시간의 간극으로 생겨난, 시대적 가치관의 차이 탓이기도 하다.

저자 후기

출판사에 이 책의 원고를 넘긴 이후, 세상에는 글로벌한 변화가 여럿 생겨났습니다. 그 가운데 가장 주목할 만한 것이 미국 월가(Wall Street)에서 터져 나온 국제 금융시장의 교란이었습니다. 이른바 '서브프라임모기지 부실화' 사태 이후 '리먼브러더스'라는 월가의 거대한 국제 투자은행이 도산했습니다. 월가에서 촉발된 금융 패닉은 국제 금융시장의 질서를 어지럽히면서 지구촌 전체의 실물경제까지 거덜 내고 있습니다. 그리하여 지구촌 사람들 모두가 삶을 하루하루 힘겹게 이어가고 있습니다.

월가가 어떤 곳이던가요. 세상에 내로라하는 금융의 귀재들이 한데 모여 국제 금융질서를 관장해온 곳입니다. 세계 금융시장의 심장부요, 초국적 거대자본의 본거지입니다. 세계화와, 그 기본 이념인 신자유주의와, 그리고 '아메리칸 스탠더드'를 금융의 힘으로 전파하고 떠받쳐온 중심부입니다. 조지 소로스라는 인물로 상징되는 국제 투기성자본의 메카이기도 합니다. 1997년 한국이 외환위기를 맞았을 때 그 위기를 부른 세력 가운데 하나이면서, 또 동시에 그 위기를 지금까지 실질적으로 '관리'해온 금융 권력입니다. 지금까지 지구촌의 그 어느 나라도 월가의 금융지배로부터 자유로웠던 적이 없습니다. 그런데 그곳에서 발생한 금융 회로상의 장애가 세계경제를 요동치게 하고 있습니다. 세계화의 흐름을 금융으로 떠받쳐온 최고 지휘본부의 권위가 흔들리고 있습니다.

그러고 보니 미국과 옛 소련을 두 축으로 하는 냉전 체제가 허물어진지 얼추 이십년이 다 되어갑니다. 그 사이, 미국에 의한 새로운 패권질서의 구축을 의미하는 세계화가 지구촌 구석구석을 떠돌며 사람들의 삶을 무척 고단하게 했습니다. 미국식 표준화와 규격화를 억지로 들이밀면서, 작지만 소중한 변방의 여러 가치와 문화와 공동체를 몰아내어 왔습니다.

세계화의 망령된 모습은 멀리 볼 필요 없이 바로 이 땅 한국에서도 쉽게 찾을 수 있습니다. 백만 명의 혈기 왕성하고 해맑은 영혼을 가진 청년들이 일자리가 없다는 이유로 세상과 널리 소통하지 못한 채 거리를 헤매거나, 혹은 세계적 소통을 위해 도서관과 학원에서 마냥 영어단어를 외우면서 지내고 있습니다. 중산층이 무너져 내리면서 사회 양극화의 틈바구니는 더욱 넓게 벌어지고 있습니다. 농촌은 심신에 휴식을 줄 수 없을 정도로 피폐해져 가고 있습니다. 그리하여 이 땅에서는 작고 연약한 것들이 쉽게 사라지거나 상처받고 있습니다. 이 땅의 가치나 쓸모는 오로지 국제 경쟁력이라는 잣대 하나로만 시험당하고 있습니다. 지난 세월, 우리의 삶은 너무나 힘들었습니다. 지금도 힘겹기는 매한가지입니다. 앞으로도 얼마 동안은 더 힘들 것이 뻔합니다. 그리고 이 땅의 금융질서가 월가를 중심으로 한 국제 금융질서에 매우 단단하게 묶여 있다는 현실을, 곧 금융

주권이 취약하다는 현실을, 나아가 이 땅 사람들의 삶의 자주권도 취약하다는 현실을 놀라움과 두려움으로 새삼 확인합니다.

다만, 한 가지 위안거리로 삼을 만한 것이 있을 듯합니다. 월가를 시발점으로 하는 미국식 금융질서의 위기가, 혹시 세계화가 자기모순에 봉착한 것을 의미하는 게 아닌가, 조심스럽게나마 추정해볼 수 있을 듯합니다. 그것은 십여 년 전 한국이 국민의 혈세로 금융기관에 천문학적인 돈을 쏟아 부어야 했던 아픔이 미국의 월가에서도 나타났다는 고소함이나 빈정거림이 결코 아닙니다. 공적자금이라는 이름으로 투입된 그 혈세 중에서도 만만찮은 금액이 튼실하지 않게 운용되었다는 우리의 아픔을 월가로부터 보상받겠다는 심리도 결코 아닙니다. 그것은 맹렬한 기세로 세계화를 주도해온 세력이 이제 그 흐름을 주체적으로 이어나갈 수 있는 역량을 상실한 것이 아닌가, 하는 판단입니다. 그리하여 배타적이고 탐욕스러운 기운이 걷히고, 작고 연약한 것들이 다복하게 살아가는 날이 언젠가는 올 것이라는 희망을 가져봄직도 합니다.

지금까지 지구촌 사람들은 환상에 빠진 채 우상을 숭배하며 살아온 것인지도 모릅니다. 지구촌의 그 환상은 자본주의에 대한 맹신에서 비롯되었고, 그 우상은 자본에 대한 숭배로부터 비롯되었을 것입니다. 세계화는 그 환상과 우상을 축지법으로 떠받치는 수단이었습니다.

월가의 부도사태는 지구촌의 그런 환상과 우상이 언젠가는 파국을 맞을 수밖에 없다는 것을 여실히 입증했습니다. 밑천이 투입되지 않은 채 서류상으로만, 혹은 컴퓨터회로 속에서만 이익이 무한히 파생적으로 늘어날 수 있다는 것은 마치 자본주의가 신통력이라도 가진 것인 양 여겨지곤 했습니다. 밑천 없이 장부상으로만 다단계로 이익을 만들어내는 자본주의와 거대자본의 신통력에, 사람들은 한동안 솔깃해하며 압도당했습니다. 하지만 그것은 리먼브러더스 같은 국제 투자은행이 세상을 현혹한 결과였음이 드러났습니다. 장부상의 파생적 이익실현이라는 신통력은 자본주의의 허구성과 월가의 부도덕성으로 귀결되었습니다. 그것은 시쳇말로 돈이 돈을 낳는다거나, 돈이 돈을 먹는다거나 하는 자본의 천박성과 기만성을 다시 한번 확인시켜주었을 뿐입니다. 나아가 양적 성장만을 추구해온 세계경제가, 그리고 시장의 무한팽창만을 추구해온 신자유주의가 얼마나 허구적인지 새삼 확인시켜주기도 했습니다. 그 과정에서 세계화는 허구적 파생상품의 가입자 수를 신규로 늘리는 역할을 했습니다. 자본이 돌고 도는 회로를 기존의 월가에서 유럽을 거쳐 아시아나 남미나 아프리카로까지 연결했으며, 그리하여 부도의 파장을 지구촌 전체로 넓히는데 기여했습니다.

하지만 역설적이게도, 월가의 부도사태는 지구촌이 환상과 우상을 걷어낼 계기를 마련해주었습니다. 환상과 우상이 걷히는 과정에서 불안과 공포가 일어나고 있긴 합니다만, 그것은 인체의 금단현상 같은 것입니다. 각성에는 언제나 고통이 뒤따르게 마련입니다.

이제 강태공의 주변을 돌아보겠습니다. 얼마 전 온라인상으로 강태공을 주인공으로 삼은 애니메이션 한 편을 접할 기회가 있었습니다. 그는 새하얀 수염을 길게 늘어뜨린 채, 망토인지 도포인지 가릴 수 없을 만큼 품이 넉넉한 원피스 자락을 펄럭이며 시공을 마음대로 오가고 있었습니다. 마치 '반지의 제왕'에 맞서, 동양에도 이렇게 멋진 판타지 세상이 있다며 시위라도 하는 듯한 느낌이었습니다. 물론, 그 애니메이션은 세계화가 지구촌으로 골고루 흘러가는데 적잖게 신세를 지고 있는 과학기술과 정보화와 컴퓨터그래픽의 도움이 없이는 생산되기 어려운 장르임이 분명합니다.

그런데 강태공의 모습 그 어디에도, 현실의 삶에 지침이 될 만한 지혜 비슷한 것이라고는 조금도 찾아볼 수 없었습니다. 그의 저서로 알려진 육도·삼략에서 종종 발견되곤 하는 알토란같은 슬기가 담겨져 있지 않았습니다. 물론 거기서 강태공이 부담스럽고 중후한 메시지를 갖고 등장하리라고는 애당초 기대하지 않았습니다. 그렇다고 해서, 시종 신출귀몰하는 환상적인 쇼를 펼치며 눈요깃거리만 제공할 것으로도 예상하지 않았습니다. 천연과즙이 들어 있지 않은 채, 목구멍을 톡 쏘면서 용트림만 나게 하는 탄산음료의 청량감이 느껴지긴 했습니다. 그냥 톡 쏘는 느낌을 주는 것만 해도, 사람들이 시름을 잊고 한세상 그럭저럭 살아가는데 활력소가 되나 봅니다. 아, 그래서 '환타지'인가 봅니다. 어차피 현실에서는 아무리 애를 써도 성취할 수 있는 것이 별로 없으니, 환상 속에서라도 마음껏 뜻을 펼쳐보라는 것이 강태공이 들고 나온 메시지인 듯했습니다. 하긴 요즘 화제가 되고 있는 어느 광고카피의 문구, '생각대로 하면 되고'도 현실의 삶보다는 환타지 세상을 말하는 것으로 비쳐집니다. 요즘 같은 현실에서는 생각대로 되는 것보다 생각대로 되지 않는 것이 훨씬 더 많으니까요.

　현실의 삶이 정말 팍팍하긴 합니다. 사장님 회사원 자영업자 일용노동자 농민 공무원 가릴 것 없이 모두들 삶이 자신을 속인다고 하소연합니다. 삶이 힘겹다고 너무 움츠려들지 말고, 가만히 기회와 때를 기다리는 여유를 가져보면 어떨까요. 사특한 망령이 이끄는 대로 조급하게 무조건 따르기만 할 것이 아니라, 삶이 고단할수록 주체적으로 사유하는 태도를 가져보면 어떨까요. 이럴 땐 동양의 선지자들이 외쳤던 말에 잠시 귀를 기울여보는 여유도 주체적 사유에 도움이 될 수 있을 듯합니다. 어쩌면 거기서, 망령을 쫓아내고 삶의 고달픔을 벗어던질 수 있는 뜻밖의 지혜를 얻을 수도 있지 않을까요.

　본문에서 강태공이 했던 여러 말들 가운데 '택급곤충, 즉성인귀지(澤及昆蟲, 則聖人歸之)'라는 구절이 언뜻 떠오릅니다. 세상에서 가장 작고 연약한 곤충에게까지 은혜가 미치는 날이, 그리고 세계화라는 악령이 던진 주술과 최면에 홀린 현인들이 깨어나 벌떡 일어서는 날이 하루라도 일찍 왔으면 좋겠습니다.

2009년 1월 저자 올림

| 참고문헌 |

- 김성기, 『남도의 시가』, 역락, 2002
- 김영수, 『사기의 인간경영법』, 김영사, 2007
- 김하명, 『강호에 병이 깊어 죽림에 누웠더니』, 보리, 2005
- 이기석, 『육도삼략』, 홍신문화사, 2002
- 이기동, 『논어강설』, 성균관대학교출판부, 2005
- 이기동, 『맹자강설』, 성균관대학교출판부, 2005
- 이만기, 『한국대표설화』 상, 빛샘, 1999
- 이명우, 『한국역대한시선집』 1, 집문당, 2007
- 이명우, 『한국역대한시선집』 2, 집문당, 2007
- 이상옥, 『육도삼략』, 명문당, 2007
- 이수웅, 『이승만 한시선』, 배재대학교출판부, 2007
- 정범진 외, 『사기세가』 상, 까치, 1994
- 정범진 외, 『사기세가』 하, 까치, 1994
- 정범진 외, 『사기열전』 상, 까치, 1995
- 조기영, 『한국 시가의 자연관』, 북스힐, 2004
- 하재철, 『육도 · 삼략』, 범우사, 1999